粤港澳大湾区
文化产业圈论纲

向晓梅　郭跃文　吴伟萍 等　著

OUTLINE OF
GUANGDONG-HONG KONG-MACAO GREATER BAY AREA
CULTURAL INDUSTRY CIRCLE

SPM
南方传媒　广东人民出版社
·广州·

图书在版编目（CIP）数据

粤港澳大湾区文化产业圈论纲 / 向晓梅，郭跃文，吴伟萍
等著 . —广州：广东人民出版社，2024.1

ISBN 978-7-218-16843-2

Ⅰ. ①粤⋯　Ⅱ. ①向⋯　②郭⋯　③吴⋯　Ⅲ. ①文化产
业—产业发展—研究—广东、香港、澳门　Ⅳ. ①G127.65

中国国家版本馆CIP数据核字（2023）第164321号

YUE-GANG-AO DAWANQU WENHUA CHANYEQUAN LUNGANG
粤 港 澳 大 湾 区 文 化 产 业 圈 论 纲

向晓梅　郭跃文　吴伟萍　等　著

出 版 人：肖风华

出版统筹：卢雪华
责任编辑：廖智聪
装帧设计：河马设计
责任技编：吴彦斌

出版发行：广东人民出版社
地　　址：广州市越秀区大沙头四马路 10 号（邮政编码：510199）
电　　话：（020）85716809（总编室）
传　　真：（020）83289585
网　　址：http://www.gdpph.com
印　　刷：广州市岭美文化科技有限公司
开　　本：787mm×1092mm　1/16
印　　张：27　　字　数：500 千
版　　次：2024 年 1 月第 1 版
印　　次：2024 年 1 月第 1 次印刷
定　　价：128.00 元

如发现印装质量问题，影响阅读，请与出版社（020-85716849）联系调换。
售书热线：020-87716172

　　实现中华民族伟大复兴需要文化基础和精神支撑。习近平总书记对中国特色社会主义文化发展规律和文化发展道路进行了深刻揭示，提出了包括坚定文化自信、建设文化强国等在内的一系列原创性的新理念新思想新战略，形成了习近平文化思想。作为习近平新时代中国特色社会主义思想的文化篇，习近平文化思想为做好新时代新征程宣传思想文化工作、担负起新的文化使命提供了强大思想武器和科学行动指南。习近平总书记2018年、2020年、2023年三次亲临广东视察调研都对广东予以殷殷嘱托、谆谆教导，对粤港澳大湾区文化建设提出要求。广东坚决贯彻落实习近平总书记、党中央决策部署，将文化强省建设纳入省委重要工作部署，省委全会、全省宣传思想工作会议、文化强省建设大会持续提出落地落实的工作举措。推进粤港澳大湾区建设，是习近平总书记亲自谋划、亲自部署、亲自推动的重大国家战略，《粤港澳大湾区发展规划纲要》提出了共建"人文湾区"目标，广东省接连打出政策"组合拳"：2019年制定实施《广东省推进"粤港澳大湾区文化圈"建设三年行动计划（2019—2021年）》；2022年5月中国共产党广东省第十三次代表大会报告进一步对"深入推进粤港澳大湾区文化圈建设"作出安排。2022年12月，中国共产党广东省第十三届委员会第二次全体会议指出，要突出文化自信自强，绽放岭南文化新光彩，实现文化发展新突破，为奋进新征程提供更加强大的价值引导力、文化凝聚力、精神推动力，讲好新时代中国故事、大湾区故事、广东故事。2023年6月，中国共产党广东省第十三届委员会第三次全体会议强调，要扎实推进文化强省建设，在交出物质文明和精神文明两份好的答卷上取得新突破。广东不断增强发挥文化建设的先导性、引领性、支撑性作用的政治自觉、理论自觉、行动自觉，从推进中华民族伟大复兴战略全局，增强中华民族文化认同感和凝聚力，更好满足人民美好生活需要的角度，奋力推进粤港澳大湾区文化圈建设不断走深走实。

国民之魂，文以化之；兴湾之魂，文以铸之。只有文化产业繁荣兴盛、蓬勃发展了，文化自信的底色才更亮丽，文化软实力的根基才更深厚，凝聚力向心力才更强大，社会主义核心价值观才更润泽人心，大众精神文化获得感才更充实，中华文化"走出去"才更能大放异彩。构筑和纵深推进粤港澳大湾区文化产业圈，是加快落实粤港澳大湾区建设战略、增强文化自觉、坚定文化自信的根本体现和关键支撑。高质量推进大湾区文化产业圈建设，有助于彰显文化自信，夯实中国文明型崛起的文化根基。共同推动优秀文化产品和服务"走出去"，提升中华文化在全球化舞台上的国际话语权；有助于传承保护中华优秀文化传统，赓续中华文化文脉，加快推动岭南文化创造性转化、创新性发展，进一步擦亮岭南文化品牌，充分活化利用历史文化资源，推动岭南文化焕发新的时代光彩，在"各美其美""美美与共"中融入中华文化大美；有助于塑造精神文化优势，深化文化体制改革，以文化公平促共同富裕。进一步完善以城带乡、城乡融合的文化发展机制，不断提高公共文化服务的覆盖面和普惠性，为人民群众提供更均衡、更丰富、更"对味"的精神食粮；有助于健全现代文化产业体系，增强文化产业综合竞争力，推动文化数字赋能、创意带动和文旅融合，培育壮大一批批具有国际竞争力的内容创意产业、大众文化和新兴文化产业链群；有助于要素跨区域协作联动，加速文化资源跨区域整合、产业链群跨区域联动和创新协同，加快核心圈层与外围地区文化产业功能有序分工，形成多点支撑、各具特色、各领风骚、优势互补、协调发展的产业发展新格局；有助于发挥粤港澳三地语言、文化基因以及文化传统相通相融的优势，加快重构粤港澳历史记忆，形成极具稳定性和根植性的文化共同体，筑牢国家意识根基；有助于形成强大的文化感召力和吸引力，打造新时代全球人才集聚高地，深化粤港澳三地媒体合作，向世界阐释推介更多具有中国特色、体现中国精神、蕴藏中国智慧的优秀文化，以文传声、以文化人，将海外华人华侨资源优势转化为协同助推大湾区建设、实现中华民族伟大复兴的磅礴伟力。

习近平总书记指出，文化自信是一个国家、一个民族发展中更基本、更深沉、更持久的力量。文化认同是最深层次的认同，是民族团结之根、民族和睦之魂。广东推进粤港澳大湾区文化产业圈建设的生动实践充分彰显了与大湾区经济优势相匹配的独特文化魅力。文化产业规模持续增长，文化产业结构不断高级化，文化创新创造活力充分迸发，文化市场主体愈发活跃，文化产品供给质量有效提升，文化辐射力影响力持续释放，港澳同胞的文化向心力、认同感不断提升。数字内容、动漫游戏、电子竞技、视频直播、数字出版等文化新兴产业集群加速形成。文旅融合加速推进，一幅生态美、文化兴、产业旺的乡村文旅新画卷正在大湾区徐徐铺开。以穗深港为核心的世界级创意设计新高地加快构建，大湾区文化产业联盟、文化创意产业促进会、文学联盟、美术家联盟、音乐艺术联盟相继成立，互联互通、活力活跃的现代文化市场体系逐步健全，城乡居民文化消费潜力充分释放。创新文化金融体制机制，拓展文化与金融合作渠道，优化文化与金融合作环境，多层次、多渠道、多元化的文化产业投融资体系逐步形成。文化"走出去"行稳致远，奏响湾区"正能量"舆论强音，南方+等新型主流媒体建设成效显著，连续成功举办"读懂中国"国际会议（广州）、从都国际论坛、"21世纪海上丝绸之路"中国（广东）国际传播论坛，统筹各方力量讲好中国共产党故事、中国故事、大湾区故事、广东故事。深圳文博会、广州文交会、中国（广州）国际纪录片节、深港澳数字创意设计三城展、深港设计双年展、深澳创意周、香港国际影视展等国际影响力持续提升。先后公布两批广东省粤港澳大湾区文化遗产游径，以文塑旅、以旅彰文的文旅融合高质量发展格局逐渐明朗。广州、深圳、佛山、惠州、东莞、江门入选第一、第二批国家文化和旅游消费试点城市，4家单位入选第一批国家级夜间文化和旅游消费集聚区。澳门历史城区、开平碉楼与村落入选世界文化遗产。广州番禺区和江门台山市2家单位创成首批国家全域旅游示范区。广东旅博会、澳门国际旅游（产业）博览会、珠海中国国际马戏节的全球影响力进一步扩大。

当前，粤港澳大湾区文化产业圈建设，在中华民族壮丽的复兴长卷中奋力续写增进文化自信、升华文化认同的绚丽篇章。广东省社科院挑选精兵强将，听令而动，尽锐出战，历时九月，凝心聚力编写完成《粤港澳大湾区文化产业圈论纲》。该专著基于"一国两制"、文化强国及文化强省建设的宏大背景，结合粤港澳大湾区的地域文化特色以及"多中心多圈层"鲜明特性，从文化产业圈的空间动力机制、文化资源基础、总体战略定位、多圈层空间布局、优势文化产业与新兴文化业态、"9+2"城市文化产业联动、"一核一带一区"文化融合等多个视角，全方位考察粤港澳大湾区文化产业圈的空间格局、演化趋势及发展路径，旨在为文化强省建设、粤港澳大湾区及各地市的文化产业发展提供决策参考。该书是一部宣传解读粤港澳大湾区文化产业圈建设的精品力作。一是有政治高度。通篇以习近平新时代中国特色社会主义思想特别是习近平文化思想为指导，聚焦"国之大者""省之要者"，以《粤港澳大湾区发展规划纲要》为纲，围绕省委重要工作部署，以"工笔画"方式生动描绘了粤港澳大湾区文化产业圈建设与发展的美好画卷。二是有理论深度。以产业经济学、城市规划学、人文地理学等交叉学科为背景，以文化资源为原点，通过对粤港澳大湾区文化产业圈层空间格局、产业形态与特征，产业融合发展机制模式的研究，揭示出粤港澳大湾区文化产业圈的经济学发展机理及空间演化规律。三是有实践厚度。运用空间分布图、数据图表、案例专栏等多元化研究工具，以鲜明的实践指导性，为政府官员、海内外学者读懂大湾区文化产业提供了一本实用性的工具书，为推动广东文化强省建设政策举措落实落地和地方文化产业发展提供理论支撑和实践指引。

郭跃文　向晓梅

2023年10月

目录
CONTENTS

第六章

珠三角九市联动打造粤港澳大湾区文化产业高地

第七章

粤港澳大湾区与"一带一区"文化产业的融合发展

第八章

粤港澳文化产业合作及"走出去"

第九章

粤港澳大湾区文化产业圈发展趋势与政策支撑

第一章

粤港澳大湾区文化产业圈的使命担当与动力机制

建设粤港澳大湾区文化产业圈是加快落实文化强国建设和粤港澳大湾区建设国家战略的重要体现和关键支撑，具有增进文化自信、提升中华文化软实力的重大价值和使命担当。在世界级城市群的战略目标导向下，建设粤港澳大湾区文化产业圈既顺应文化地理圈发展演化的一般规律，也遵循产业链空间发展演化的现实逻辑。粤港澳大湾区文化产业圈演化发展是文化、产业、城市群三大作用力相互耦合、联动反馈的动态过程，并历经单中心集聚、单中心近域扩散、多中心圈层互动、圈域耦合以及圈层外溢四个阶段的聚散过程。当前，广州、深港为集聚核的核心圈层仍保持着强劲增长势头，广佛、深莞、珠中江等次级圈层功能性圈域耦合加速，并逐步向外域圈层乃至大湾区外围外溢与辐射过渡。作为一种文化现象，粤港澳大湾区文化产业圈是在岭南文化区这一文化共同体本底下逐渐发展、融合、成熟的文化经济体。作为一种经济现象，粤港澳大湾区文化产业圈的形成发展离不开其特有的城市群地理格局与现代产业体系。从空间机制讲，在"9+2"城市群经济地理格局下，粤港澳大湾区形成了特有的内部圈域互动以及对外合作互动联系机制。

一　建设粤港澳大湾区文化产业圈的重大使命与价值

国民之魂，文以化之；兴湾之魂，文以铸之。踏上新征程，习近平总书记和党中央明确提出到2035年建成文化强国的战略目标。在文化强国建设伟大实践中，着力推动文化产业高质量发展，是满足人民多样化、高品位文化需求的重要根基，也是厚植文化软实力、凝聚发展向心力的必然要求。加快构筑和纵深推进粤港澳大湾区文化产业圈，是加快落实粤港澳大湾区建设这一国家战略、发挥文化建设引领支撑作用的重要体现和关键支撑，能为建设社会主义文化强国、增进文化自信作出湾区表率、奉献湾区力量。

（一）彰显文化自信，夯实中国文明型崛起的文化支点

习近平总书记指出，文化自信是一个国家、一个民族发展中更基本、更深沉、更持久的力量。文化兴则国家兴，文化强则民族强。党的十八大以来，我国文化建设在正本清源、守正创新中取得历史性成就、发生历史性变革，呈现出文化更加繁荣、蓬勃发展的生动景象。在新的历史起点上推进文化强国建设，既需要硬实力的坚实，更需要软实力的强大。在国际文化秩序变化与世界文化格局重构的相互激荡期，作为国家文化软实力和社会主流价值观传播的重要载体，文化产业的繁荣程度直接关乎文化自信和文化软实力的底色和支撑力，关乎中国文明型崛起的文化彰显。

粤港澳大湾区拥有丰富的文化资源以及庞大的潜在文化内需市场优势、科技创新特别是数字技术广泛应用的世界领先优势，影响力辐射力不断扩大的文化企业和产业平台载体迈向品质化、开放式、创新型、国际范，共同推动中华优秀文化产品和服务"走出去"，不断增强中华文化产业国际竞争力。由于粤港澳大湾区文化产业、文化创新力和文化自信持续增强，在全球化舞台上中国文明型崛起就具备坚实的文化支点，中华文化

习言习语

文化是一个国家、一个民族的灵魂。文化兴国运兴，文化强民族强。

发展中国特色社会主义文化，就是以马克思主义为指导，坚守中华文化立场，立足当代中国现实，结合当今时代条件，发展面向现代化、面向世界、面向未来的，民族的科学的大众的社会主义文化，推动社会主义精神文明和物质文明协调发展。

的世界影响力和国际话语权就具备强有力的战略抓手，并在人类文明的新一轮跃升中成为影响世界文明秩序重构的主导力量之一。

（二）根植中华文化传统，赓续中华文化文脉

习近平总书记指出，为什么中华民族能够在几千年的历史长河中生生不息、薪火相传、顽强发展呢？很重要的一个原因就是中华民族有一脉相承的精神追求、精神特质、精神脉络。他多次强调，中华优秀传统文化是我们最深厚的文化软实力，也是中国特色社会主义植根的文化沃土。源远流长、博大精深的中华优秀传统文化，积淀着中华民族最深层的精神追求，包含着中华民族最根本的精神基因，代表着中华民族独特的精神标识。这是中国在国际文化竞争与世界文明互鉴中的独特优势，更是在世界思潮相互激荡中站稳脚跟的根基。

作为中华文化的重要支脉，岭南文化历史悠久、底蕴深厚、源远流长，文化资源灿若繁星，文化遗产不胜枚举。唯有推动中华优秀传统文化创造性转化、创新性发展，文脉传承才能弦歌不辍、历久弥新。建设粤港澳大湾区文化产业圈，仅仅依靠技术创新提升经济效益是不够的，更要把中华优秀传统文化尤其是岭南文化中具有当代价值、具有世界意义的精神标识与文化符号通过"双创"（创造性转化、创新性发展）挖掘出来、提炼出来、表达出来、展示出来。通过深入挖掘利用粤港澳三地优秀传统文化资源，创作更多体现传统文化精髓、具有鲜明岭南风格、反映当代价值观念的文艺精品，运用各种现代数字技术和创意元素，兼具时代眼光和国际视野，与时俱进地推进优秀传统文化的现代表达。在融入新发展格局中提升中华民族文化的全球高位态，在赓续中华优秀传统文化基础上实现文化内容创新和思想创造，为人类文明的发展提供了有益的价值和思路。

（三）强化文化引领支撑，塑造湾区精神文化优势

习近平总书记指出，实现中华民族伟大复兴的中国梦，物质财富要极

习言习语

　　没有中华文化繁荣兴盛，就没有中华民族伟大复兴。一个民族的复兴需要强大的物质力量，也需要强大的精神力量。没有先进文化的积极引领，没有人民精神世界的极大丰富，没有民族精神力量的不断增强，一个国家、一个民族不可能屹立于世界民族之林。

大丰富，精神财富也要极大丰富。在新的历史起点上推进文化强国建设，就是要繁荣发展文化事业和文化产业，不断丰富人民精神文化生活。作为国家文化软实力提升路径和社会主流价值观传播的重要载体，文化产业的发达程度将直接关乎文化强国建设的基本依靠和可持续发展能力。实践经验一再表明，建设文化强国和坚定文化自信必须显现为现实中文化产业的壮大与大众精神文化获得感、满足感的增强。

　　推进粤港澳大湾区文化产业圈建设，是落实粤港澳大湾区建设国家战略、发挥文化建设引领支撑作用的必然要求，也是深刻影响文化强国建设的结构性力量。伴随粤港澳大湾区建设驶入快车道，国际一流湾区和世界级城市群建设迈出坚实步伐，加快建设与大湾区经济优势相匹配、与大湾区丰富文化资源相适应的精神文化优势迫在眉睫。在经历高速发展和体量规模扩张后，粤港澳大湾区文化产业在经济新常态和供给侧结构性改革中同样面临着高质量发展的现实要求。在粤港澳大湾区文化建设实践中，文化产业的视野越发趋于现代化、数字化、全球化，文化与科技、经济交融程度不断加深，文化产业的全球资源配置能力、互动能力显著增强，"走出去"的步伐蹄疾步稳，人民群众的文化获得感、幸福感持续增加。在多重视野驱动下，高标准协同共建粤港澳大湾区文化产业圈，是粤港澳大湾区文化产业迈向新发展阶段追求高质量战略导向的逻辑必然，又是勇担建设文化强国重任以及建设宜居宜业宜游优质生活圈的现实使然。

（四）深化地域联动协作，增强文化产业竞争优势

习近平总书记指出，要推动文化产业高质量发展，健全现代文化产业体系和市场体系。提升文化产业对国民经济增长的支撑和带动作用，需要加强区域间、城乡间文化产业发展的统筹协调，引导各地根据资源禀赋和功能定位，发挥比较优势，促进形成多点支撑、各具特色、优势互补、协调发展的区域和城乡文化产业空间新格局。

粤港澳大湾区文化产业发展仍相对不平衡不充分，制度差异阻碍了文化创新要素流动和跨区域文化合作，产业协同发展步伐有待提速。为此，粤港澳三地围绕文化资源跨区域整合、产业链跨区域联动、创新协同等领域，不断提升发展能级和国际竞争力，已初步建成文化创意、新闻服务、出版发行和版权服务、广播影视、文化艺术、演艺娱乐、文化会展、文化装备制造、网络文化服务和文化产品等门类较齐全、产业链较为完整的文化产业体系。在空间圈层，粤港澳大湾区形成了以广州、深圳、香港为核心，核心圈层与外围地区文化产业功能分工有序，实现了散、短、弱产业链的圈域耦合，并在串点成链、织链成网、聚链成群中形成一批批具有国际竞争力的内容创意产业、大众文化和新兴文化产业链群。

（五）基于文化认同，形成极具稳定性和根植性的文化共同体

习近平总书记指出，文化认同是最深层次的认同，是民族团结之根、民族和睦之魂。文化是凝聚力、创新力、发展力的基础。文化认同是民族认同的基本要求，是政治认同、价值认同的根本前提。共建"人文湾区"是国家赋予粤港澳大湾区的崇高使命。随着粤港澳大湾区建设驶入快车道，人文湾区的价值与意义愈发引人关注。建设人文湾区要有与粤港澳大湾区整体战略目标相匹配的标杆，即打造一个文化认同感广泛深厚、文化创造力兴盛活跃、文化产业体系完善、文化交流国际化水平高、文化消费动力足的优质文化生活圈。

文化产业是人文湾区的重要依托，也是彰显湾区文化软实力的重要载体。作为区域性亚文化共同体，粤港澳大湾区以岭南文化为纽带，以社会群体的共同利益和文化记忆为基础，发挥三地语言、文化基因和文化资源以及文化传统相通相融的优势，寻求文化价值上的最大公约数，人文湾区建设成效初显。在粤港澳大湾区政府、企业和社会组织等多方力量携手合作下，三地在演艺、文化资讯、文化创意产业、新兴文化产业、文博、公共图书馆、非物质文化遗产保护等领域合作扎实推进，有机"黏合"了港澳同胞的文化向心力，并加快构建大湾区从以往基于模糊的地域文化圈转向以强大文化产业圈为支撑、具有深厚内聚力的文化身份认同共同体。

（六）以高品质文化供给和文化感召力，打造全球人才集聚高地

习近平总书记指出，满足人民日益增长的美好生活需要，文化是重要因素。他还强调，要更好推动中华文化走出去，以文载道、以文传声、以文化人，向世界阐释推介更多具有中国特色、体现中国精神、蕴藏中国智慧的优秀文化。无论是建构现代文化产业体系、培育增长新动能，还是满足人民的美好生活需求，都越发聚焦于高品质的文化产品和服务供给。而加快文化产品和服务输出，更是国家文化软实力、文化感召力和国际话语权的充分体现。

粤港澳大湾区具有多重政策叠加优势，正加快推动"文化+""+文化"跨界融合方式和新文化业态发展，加快建设数字文化引领地、文化创意新高地、文旅融合示范地以及世界级旅游目的地，文化产品和服务供给质量不断提升，文化辐射力影响力持续释放，已具备吸引汇聚全球高端人才资源的文化底气。在大湾区文化"走出去"进程中，一批批充分展现中华优秀传统文化和岭南文化魅力和生命力的精品力作润物细无声式贴近全球消费者。此外，粤港澳大湾区具有独特的地缘优势和融媒体优势，在向全球尤其是"一带一路"沿线国家和地区讲好中国故事、湾区故事，以文

化为牵引扩大最大同心圆,将大湾区的海外华人华侨资源优势转化为我所用的人才优势方面,完全可以大有作为。

二 粤港澳大湾区文化产业圈的理论逻辑

构建粤港澳大湾区文化产业圈,首先需要从理论上厘清和梳理文化要素、文化产业、文化经济、文化产业圈等概念及内涵。文化要素具有地域性、历史性、动态性,但文化本身具有模糊性和渗透性,经济文化化、文化经济化已成为当代经济社会活动的显著特征。具有意识形态属性和市场属性双重特征的文化产业,其本质属性是意识形态属性,核心活动是知识创造、内容创意与主流价值观的传播、消费和弘扬。内容创意和现代科技要素构成文化产业价值链和文化企业核心竞争力的重要来源,数字技术黏合、重组和优化了文化产业生产要素配置,驱动文化产业质量、效率、动力"三大变革"。在世界级城市群的战略导向下建设粤港澳大湾区文化产业圈,既顺应文化地理圈发展演化的一般规律,也遵循产业链空间发展演化的现实逻辑。

(一)文化要素

1. 文化要素的历史地理特征

人民群众既是物质文化的创造者,又是精神文化的创造者。根据文化地理学,自然地理环境和历史人文地理环境共同建构了地域性文化要素的产生和布局。地域性文化要素是特定区域内在长期发展过程中形成的具有浓厚的地域特色的价值观念、思维方式、人文心态、民族艺术、风俗习惯、道德规范等要素的总和。地域性文化要素必须有地理作为载体,历史作为其时间的维度。首先,文化要素具有典型的地理本底。地理禀赋尤其是区位、地形、地貌、气候等自然地理环境是影响文化产生和发展的重要力量,对地区文化的形成和发展具有较大的塑造能力,决定了特定地域文化的基础和特征。比如，我国非遗分布具有明显的平原指向性特征，黄河下游、环渤海以及长三角等地区是我国非遗分布最为密集的区域；而山地和丘陵由于存在地理阻隔，较易产生并演化出独立且独特的非遗，造就了极富特色的文化遗产。其次，不同历史时期的地方开发水平、人口迁移导致的文化扩散决定了文化要素的演进过程，影响着特定地域文化的产生、发展乃至消亡。不同的历史背景、民族特征会养育出独特的文化类型，并呈现出别具一格的地域性、历史性和民族性。除了以上自然客观环境条件外，文化主体及其活动对地域文化的塑造，人的主观能动性对地域文化更是形成了鲜明的再造过程。例如人类对不同客观环境的改造形成了不同地区的古代文明，文明的形态如语言、文字、服饰、器物等均有不同的反映，人类对生产工具的掌握程度，也对地区文化的发育具有较大的影响。交通基础设施和互联网技术进步也在一定程度上为文化的改造和重塑带来了更多机遇。

2. 文化要素的空间扩散机理

文化扩散贯穿了人类发展的始终。文化扩散是指文化由文化源向外辐射散播或由一个文化区向另一区域文化接受体的传递过程，主要方式有商品贸易、人员往来、宗教传播、战争等。商品贸易是一种影响最直接也最深远的文化传播方式，官方使节、留学生、旅行者、移民乃至战争等，也都使得不同文化得以传播和融合。此外，宗教传播本身就是一种文化传播。物质文化交流与传播主要通过贸易进行，受不同历史背景和商品特质的影响，沿用不同的路线，以接触扩散和迁移扩散类型为主；艺术文化以宗教传播为手段，多为浸染扩散类型；宗教文化在时空演变过程中表现为多宗教并存，扩散过程受社会环境、民族迁徙的影响很大，采用了等级扩散、浸染扩散、迁移扩散等多类型复杂扩散方式。

3. 全球化和数字时代下的文化要素

全球化时代的文化扩散产生了与以往截然不同的文化景象，全球化伴随现代交通通信与传播媒介技术，将各种文化、思想、观念、信息瞬时无障碍交流融汇，以前所未有的速度重塑了文化的区域面貌，导致文化景观的根本变化。全球化传播也使得流行文化与独特的地方生态逐渐失去了联系，景观很难再成为地域环境的代表和文化的象征，这反而凸显了国家精神和民族文化的可贵。与全球化相关的另一个现象是数字技术带给全球经济社会的深刻影响。对文化而言，数字技术不仅是文化生产要素和载体，深入影响文化生产方式、传播方式、消费方式，也塑造文化新业态，开辟文化创造新语境。

（二）文化产业

1. 文化及文化经济

文化是一个很难取得广泛共识的基本概念，它的疑难不在于词义，而在于文化本身的模糊性、不精确性和动态性，以至于文化史上出现了260多种定义，但仍然缺乏一个严格、精确并得到共识的定义。在吸收多种观点的基础上，借鉴江小涓（2021）等学者的定义，我们认为，文化指人类发展过程中所创造的精神财富及其物质载体，以及与之相适应的日常行为习惯和制度形态。

当前，随着经济对文化的工具化利用和文化对经济的能动性渗透，文化已全面融入经济社会发展的生动实践中，经济文化化、文化经济化已成为当代经济社会活动的显著特征，由此，文化经济应运而出。文化经济是人类社会发展到高级阶段的产物，是人类在物质生活需要满足之后，以满足大众精神需求为出发点，以文化赋能、融合性与一体化为主要表现形态的一种新型经济。在技术驱动下，文化经济首先是创新性经济。由于文化创意和艺术创作等基本属于"纯人力资本投入"，资本技术密集度低，这也是文化产业以往常被视为低效率产业的缘由所在。近半个世纪以来，数字技术进步强劲，并展现出与文化产业的高度适配性，创新创意成为文化经济的内核，无论是思想内容、产业形态、技术载体，抑或是传播渠道、方式和手段，文化经济都呈现出高度的创新性。其次，文化经济是绿色低碳经济。生态文明时代下的文化产业因资源消耗低、环境污染少、科技含量高，呈现出低碳经济、绿色经济的特点，尤其是动漫、传媒、娱乐、演出、影视、数字艺术等新兴文化体验经济迅速崛起，加速了文化产业的绿色低碳转型。再次，文化经济是非物质性的符号经济。市场经济条件下，大众产品从结构功能、外观设计、产品包装到广告营销各个环节无不渗透文化的因素，符号体系和视觉形象对于操控消费趣味和消费时尚产生重要的影响，激活文化符号、提升文化品牌的精神价值成为增强文化产业竞争力的重要来源。复次，文化经济兼有经济属性和意识形态属性。除了文化产品本身自带的市场属性外，任何文化产品必然浸润着创作主体的情感、价值观念和理想信念，并对消费者的思想行为和精神消费产生持久的影响力。最后，文化产品生产具有高生产成本、低复制成本的特征，文化消费具有主观性、个体性、非基本性及无限性，与一般物质产品消费遵循边际效用递减规律不同，精神文化产品的消费呈现出一定的可重复性、非排他性和边际效用递增特征。

2. 文化产业的内涵与特征

尽管"文化产业"概念诞生了近70年，但对其定义至今仍无法统一，甚至没有形成统一的称谓，在不同的国家被称为文化产业、文化创意产业、创意产业、文化休闲产业和版权产业等。我国对文化产业概念的理解是随着社会主义市场经济不断发展完善和文化市场日益繁荣活跃而逐步清晰并明确的。2000年党的十五届五中全会第一次在中央文件中使用"文化产业"概念，2002年党的十六大报告首次明确将文化区分为文化事业和文化产业。文化发展经由文化事业和文化产业双轮驱动，这在思想和意识形态层面确立了文化的经济属性和文化产业的地位，这也是一种制度建构上的重大突破。2004年中宣部与国家统计局等有关部门首次正式编制出台《文化及相关产业分类》。随着文化体制改革发展日趋深入和文化与科技的日益交融，文化产业的内涵及外延不断丰富与调整，最近的一次重大调整是在2018年。本质上，文化产业是以文化创意为核心内容，并伴随着物流、资本流、信息流和商流，将抽象的文化直接转换成具有高度经济价值的产业。说到底，文化产业是内容产业，它就是主流价值观的传播、消费和弘扬。因此，文化产业的重心是文化的发展，有着一种人类文明进步的意义。

基于产业经济学视角，文化产业具备鲜明的双重属性：一方面，文化产业发展具有物质产业发展的一般特征，比如依赖土地、人才、资本、技术、数据等要素组合，也具有一般产业的资源依赖性、资本密集性、高风险性和追求经济价值增长等经济属性，但与一般制造业产业链以物理材料、能源与其他要素投入不同，文化产业链以文化资源为基础，以内容创意为核心要素，内容创意这一独特的要素投入是形成文化企业核心竞争力的重要来源。另一方面，文化产业实践表明，文化产业是一种有国家意识形态属性的产业。习近平总书记强调，文化产业既有意识形态属性，又有市场属性，但意识形态属性是本质属性。文化产业的核心活动是知识创造、文化创意与价值观的传播，产品本身的文化价值、审美价值和符号价值关乎国家和民族的文化追求和价值判断。因此，文化产业中属于文化价值范畴的意识形态属性远大于经济价值，社会效益优先是实现最优经济效益的前提条件，这是文化产业与制造业、一般性服务业最根本的不同之处。文化产业已成为传承中华民族优秀文化、沉淀文明成果、传播文化理念的主导方式和关键载体。培育发展文化产业必须坚持以社会主义核心价值观为引领，为人民群众奉献更多健康营养的精神食粮，促进人民精神生活共同富裕。值得重视的是，在当下全媒体传播时代，媒介与内容结合愈加紧密，思想内容的价值感召力成为媒介传播能力的重要支撑点。但伴随传媒产业化，资本运作在文化传媒行业越发如鱼得水，筑牢资本市场健康发展基石和加强文化产业治理能力建设就显得愈发迫切。

专栏1-1

《文化及相关产业分类（2018）》

2018年国家出台的《文化及相关产业分类（2018）》将文化及相关产业界定为：为社会公众提供文化产品和文化相关产品的生产活动的集合。范围包括文化核心领域以及文化相关领域两大类别。文化核心领域是以文化为核心内容，为直接满足人们的精神需要而进行的创作、制造、传播、展示等文化产品（包括货物和服务）的生产活动，具体包括新闻信息服务、内容创作生产、创意设计服务、文化传播渠道、文化投资运营和文化娱乐休闲服务等活动。文化相关领域是为实现文化产品的生产活动所需的文化辅助生产和中介服务、文化装备生产和文化消费终端生产（包括制造和销售）等活动。

3. 数字经济时代下的文化产业新特征

数字技术与文化元素融合为文化产业带来颠覆式变革。数字技术与文化产业具有高度适配性，数字技术加持下的文化产业的生产效率得到极大跃升，文化产品具有了更加多元的形态和更为丰富的表现力。在文化产业体系中，内容创意决定着文化产业附加值的多寡和产业链的宽度和广度，而科技创新则决定着产业链的深度和高度。在文化与数字技术深度融合的背景下，数字技术全面赋能并渗透到文创、生产、传播、交易和消费各环节，对文化产业发展产生了巨大推动力。

第一，内容创作环节。数字技术将个性化的文化创意创作灵感与强大的平台能力相结合，汇聚了巨量的创作与传播能量，传统文创内容提供者的垄断话语权开始被消解或削弱。尤其是新媒体技术的广泛应用，内容创作门槛大大降低，创意主体不再仅仅是原来概念中的艺术家或设计师，而是"人人都有麦克风，人人都是自媒体"的普罗大众。

第二，生产制作环节。科技创新在这一环节得到广泛应用，提高了文化产品开发制作的质量与效率。比如，以3D自动建模、特效制作、后期合成、动作捕捉、虚拟现实和游戏引擎为代表的数字技术极大强化了制作流程的技术创新及成本控制，文化产品表现力和感染力大幅增强，助力文化产品制造提质增效。

第三，产品或作品呈现环节。多媒体技术、虚拟现实技术、全景三维技术、体感技术等数字技术极大提升了文化产品的可视化，文化产品的内容渲染力与艺术表现力也显著增强。比如，2022年火"出圈"的河南卫视春晚节目《唐宫夜宴》让博物馆里的唐俑"活"起来，夜宴的乐师们展示了唐朝少女从准备、整理妆容到夜宴演奏的全过程。该作品充分运用了现代数字化技术和AR技术，是现代科技与传统文化交融带给我们的视觉盛宴。

第四，营销和传播环节。智能分发技术极大提升了文化产品传播的精准性，帮助生产者迅速寻找到喜爱自己产品的消费者。数字科技正在逐渐改变"渠道为王"的时代，新媒体作为数字内容产品的重要分销传播渠道，已成为文化产业链上的新增值环节。由于分销传播环节的竞争愈发激烈，优质的文化内容逐步替代传统渠道成为稀缺资源。

第五，消费环节。数字技术以极低的复制成本，将文化产品和服务便捷式、个性化、体验式地呈现给大众，VR/AR、智能穿戴式设备、沉浸式体验等数字技术促使文化消费从无形的精神内容变成可以观看、触摸、品味和感受的商品，极大地刺激了文化消费需求。此外，在大数据、人工智能、云计算以及新媒介的传播及营销模式下，数字技术赋能生产端与消费端的无缝对接，文化消费环节和生产环节实现高度互联互通，能够显著提升生产效率，并激活新的文化市场需求。

（三）文化产业圈

1. 空间圈层理论

空间圈层是客观存在的形态，在总体上表现为从核心空间向外围空间扩散的过程。空间圈层的范围不受行政区划的制约，体现的是产业、交通、人口流动等方面在空间的内在发展规律，呈现出中心城市建成区与周边中小城市建成区间紧密互动的城市空间形态，并具有"中心—边缘"层层递进的形式结构。

空间圈层是城市政治经济、社会结构及文化传统等内生要素的外在空间体现，并随着城市发展而不断演变。[①]有关空间形态的研究一直是传统地理学与城乡规划等学科的关键分析领域，比如杜能的农业区位论认为交通条件导致的级差地租形成了农业生产的圈层现象[②]；韦伯的工业区位论认为交通成本、劳动力成本、空间集聚等要素形成的生产成本最小化是工业圈层发展的逻辑[③]；克里斯塔勒的中心地理论解释了服务业圈层现象[④]；廖什的市场区位论指出市场需求才是产业圈层的核心要素[⑤]。伴随着治理体系与治理能力现代化的提高，空间科学也越来越深地进入到政策决策过程中，2014年国家在《国家新型城镇化规划（2014—2020年）》中提出了"都市圈"概念，即空间圈层理论的政策化概念，描述了中心城市建成区与周边中小城市建成区间紧密互动的城市空间形态。[⑥]2021年发布的《都市圈国土空间规划编制规程》进一步将都市圈概念定义为"以辐射带动功能强的城

---

① 王慧芳、周恺：《2003—2013年中国城市形态研究评述》，《地理科学进展》2014年第5期，第689–701页。

② Thünen J V., *Der isolierte Staat in Beziehung auf Landwirtschaft und Nationalokonomie*, Wiegant, Hempel & Parey, 1826.

③ Weber A., *Theory of the Location of Industries*, University of Chicago Press, 1929.

④ Christaller W., *Central Places in Southern Germany*, Prentice-Hall, 1966.

⑤ Lösch A., *The Economics of Location*, Yale University Press, 1954.

⑥ 汪光焘、李芬、刘翔、高楠楠、高渝斐：《新发展阶段的城镇化新格局研究——现代化都市圈概念与识别界定标准》，《城市规划学刊》2021年第2期，第15–24页。

市或具有重大战略意义的城市为核心，以一小时交通圈为基本范围，包括与核心城市有着紧密的产业、商务、公共服务、游憩等功能联系的各级各类城镇的跨行政区地域空间单元"。

以空间圈层理论为指导分析影响空间形态的因素及其作用机制是学术与政策研究的热点，前沿的讨论主要聚焦于新经济形态[1]、新兴产业发展[2]、产业结构演进等[3]。值得指出的是，目前关于新经济形态与新兴产业的研究更侧重于信息技术、旅游等产业，仍然缺乏对于新经济形态与新兴产业中的文化产业研究。[4]习近平总书记明确提出"文化产业是一个朝阳产业，既是一个迅速发展的产业，也是一个巨大的人才蓄水池"[5]，需要"繁荣发展文化事业和文化产业，健全现代文化产业体系"。在新时代背景下，科学地识别粤港澳大湾区文化产业圈的空间圈层与联动格局，认识粤港澳大湾区文化产业圈空间机制是践行"理论与实践双重探索"的研究任务。

2. 文化产业圈的逻辑内涵

空间是一种工具和媒介，是人类社会的生产、生活、生态的载体，根植于人类的生产模式以及社会关系之中[6]，同时也具有了符合空间性的普适规律。文化产业作为一种新产业形态，坐落于空间之上并具备空间效应，

① 吕拉昌：《新经济时代我国特大城市发展与空间组织》，《人文地理》2004年第2期，第17—23页。

② 运迎霞、杨德进、郭力君：《大都市新产业空间发展及天津培育对策探讨》，《城市规划》2013年第12期，第38—40页。

③ 刘艳军：《区域产业结构演变城市化响应形态的演化规律》，《人文地理》2011年第3期，第65—70页。

④ 李留通、张森森、赵新正、权东计、罗伊：《文化产业成长对城市空间形态演变的影响——以西安市核心区为例》，《地理研究》2021年第2期，第431—445页。

⑤ 《坚守人民情怀，走好新时代的长征路——习近平在湖南考察并主持召开基层代表座谈会纪实》，《人民日报》2020年9月21日。

⑥ 李志刚、何深静、刘玉亭：《中国城市社会空间》，北京：科学出版社，2021年，第1页。

因此，基于空间结构视角可以提出"粤港澳大湾区文化产业圈"概念。

进入新世纪，技术与文化呈现深度融合趋势，特别是受到数字科技在线、智能、交互、跨界等关键要素的影响，文化产业生产出现了由"在地""在场"向"在线"形态转向的新趋势，并由此带来数字文化产业空间分布的一系列新变化。数字技术极大地推动了文化产业发展，文化产业也成为数字技术最重要的应用领域之一，数字文化产业的现状与未来成为重要研究领域。[①]伴随着文化产业的发展及其数字化转型，文化产业也正在空间层面不断发生着圈层演变，研究分析其时空演化新特征，对于培育数字文化新型业态，扩大优质数字文化产品和服务供给，具有重要的现实意义。

（四）粤港澳大湾区文化产业圈理论演化进路

1. 文化产业链发展演化的逻辑

（1）文化产业链构成与特征

产业链形成的理论基础是社会分工的不断深化和细化。随着文化消费需求日益增长和多样化，以及国家对文化市场管制的逐步完善，文化市场规模得以迅速扩张，产业分工进一步细化，推动文化产业内部各产业之间的分工演化和相互交融，衍生出很多新兴、细分的子文化产业。一般的文化产业链条，包括内容的创意、生产制作、传播交易以及消费使用四大环节，相互交融构成庞大的文化产业生产体系。

文化资源是人们从事内容创意的源泉和素材，也是文化产品生产的资源。一般而言，异质性的文化资源分布决定了文化作品创作的地区差异。现代科技尤其是数字技术的普及应用，大数据资源以新的要素黏合、重组和优化了以往文化产业生产要素配置，以数字化、网络化、智能化方式驱动文化产业质量变革和效率变革。人才是文化创意创新的主体，从文

---

① 江小涓：《数字时代的技术与文化》，《中国社会科学》2021年第8期，第4—34页。

化资源转变为文化产品的过程，离不开高端创意设计人才和熟练使用各种制作软件或平台工具的高素质人才，以及专注于某一细分文化行业的娴熟工人。创意及科技是文化产业最具价值的两种要素，也是最难评估价值的要素。

文化产业价值链是以文化创意为核心，汇聚集合文化、数据、科技、人才、资本等多项生产要素，将原创性的文化创意规模化、产业化，为生产最终满足消费者精神需求的文化产品或服务所经历的价值增加过程。伴随内容创意生产不断精细化，加之与科技创新融合以及市场需求的扩大，刺激文化产业新产业链和专业性市场不断形成、新价值不断创造。文化产业价值链主要由创意内容的策划、产品设计和生产制作、营销推广和传播渠道以及消费者服务环节等几部分构成。从经济学角度分析，文化产品或服务消费与一般物质消费的最大不同在于：文化消费具有非消耗性和非丧失性，消费过程的终结正是蕴含在文化产品或服务中的文化元素积累和积淀。[1]与物质需求相比，人的精神文化需求更加广阔无垠。因此，文化消费需求无止境，在物质需求得到基本满足后，文化消费的收入弹性逐步增大，甚至超过了物质消费。另外，文化消费是对文化产品和服务的理解与欣赏，关乎个人情感与经验，不同知识背景、教育程度和消费品位的消费主体会产生截然不同的文娱消费体验与感知。[2]因此，消费者不仅注重文化产品的交换价值和使用价值，而且注重其符号价值和体验价值，更强调文化商品的情感诉求和审美诉求。

---

① 范玉刚：《"文化强国"战略视野中的文化产业发展研究》，北京：中国社会科学出版社，2017年，第248页。

② 曹佳斌、王珺：《为什么中国文娱消费偏低？基于人口年龄结构的解释》，《南方经济》2019年第7期，第83—99页。

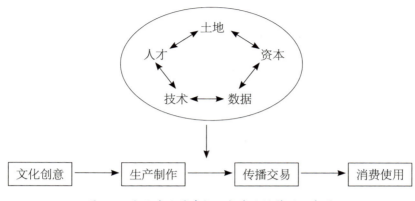

图1-1　文化产业要素投入与产业链作用示意图

　　文化产业具有很强的规模经济和范围经济效应。首先，文化产业是一个链式效应和关联效应较强的开放性产业，其扩展空间随创意而不断衍生和拓展，因此文化产业链的延展性、包容性非常强，而文化产业的高附加值往往就体现在其产业链的延伸和衍生品的开发上。其次，互联网（包括移动互联网）等新兴媒介的广泛普及，核心文化创意多渠道传播或者进行元素萃取的成本都较低，文化内容的展现表达更趋多元化，多种媒介共同传播同一种创意但形态不同的文化产品成为可能，这不仅满足了不同偏好的消费者需求，而且放大了核心创意的商业价值和社会效应，实现了消费者和企业的共赢。

　　另一种文化产业价值链增值的方式是跨界融合。随着文化产业分工的持续深化，在产业边界持续扩大且模糊的同时，还与其他产业不断进行融合，产业链上的组织结构、商业模式经常发生动态调整，一般来说会演化成多线条相互交叉的网状结构，"跨界""融合"发展成为一种新的商业潮流。文化产业与其他产业的融合更多以产品互补性融合为主，即发挥文化产业和其他产业的比较优势，发挥各自核心资源功效，最终实现产业的"双赢"或"多赢"。例如，文旅融合就是利用文化元素吸引游客以有效提升旅游产品或服务的附加值，这些文化元素可以是物质性的（如博物馆、历史遗址、传统建筑和手工艺品等），也可以是非物质性的（如文艺表演、宗教活动、传统节日等），构成以文化体验为核心、文旅及相关产业提供多元服务的过程中所结成的具有价值增值功能的战略关系链。

2. 文化地理圈发展演化的逻辑

粤港澳大湾区文化产业圈就是在特定的地理条件下，经过长期的自然、经济和社会文化等多种因素共同作用的复杂"自然—人文景观系统"。文化地理过程分析就是从区域角度观察和研究对应的复杂"自然—人文景观系统"，通过区划单元分异组合和划分合并，解释区域文化形成、发展以及整合过程，探讨内在的机制和规律。粤港澳大湾区文化源远流长，内涵丰富，独具特色，传统与现代并存。具体涉及以下三个方面：

（1）粤港澳大湾区文化产业圈以自然本底为根基

自然本底源于生态环境的内在联系，地形地貌的空间形塑以及气候环境的互联互通。由于地理环境和生态气候的自然差异，历经漫长演化过程，就产生了文化禀赋差异，形成了明显与地理位置有关的文化特征，这种文化就是区域文化。区域文化在时空上具有几个基本特点：传承性和兼容性，地域性和同化力，可塑性和创造性。粤港澳大湾区内部可以分为三大地理区域，北为山地丘陵，中部为河网密布冲积平原和三角洲平原，南部为沿海平原台地。这三种不同地理环境形塑了三种亚文化圈，奠定了文化区域差异的基础。北部地区以耕山为主，梯田文化占优势；中部地区"人多务贾与时逐"，逐渐形成了商业文化优势；沿海地区"逐海洋之利"，"习海竞渡角旺"，铸造了敢于冒险并向外开拓进取的精神。[①]

（2）粤港澳大湾区既有的社会经济格局是文化产业分工的支撑

社会经济要素包括人口、地域文化和外部驱动力三个方面。人口是社会环境子系统的主体，人口情况既包括人口数量也包括人口质量，直接关乎文化产业的整体活力。在环境承载力的阈值内，人口的聚集和数量的增加代表着文化产业活力的提升和社会环境的优化。地域文化对文化产业的

---

① 司徒尚纪：《广东文化地理》，广州：广东人民出版社，2013年，第4—5页。

影响虽是长期的，但潜移默化地影响到文化产业的外观以及内在的生产、生活方式，文化习俗、民族民系和宗教语言更是识别文化产业分异的重要符号。例如，中国400毫米等降水线北侧的游牧文化与南侧的农耕文化在生产、生活上具有较大差异。外部驱动力也是文化产业形成、演变和发展的重要条件，包括经济力、政策力、行政力和技术进步，这些因素对文化产业的影响最为快速也更为直接。此外，技术进步让文化产业在自然和社会环境影响下更具弹性。

（3）粤港澳大湾区文化产业圈是动态演进的历史性呈现

文化是一定历史时期经济、政治等社会发展现实的全面反映，它是个历史范畴，具有动态性、过程性和整体性。历史的沉淀与积累对粤港澳大湾区文化圈的形成同样具有重要作用。明清以后广东地区的传统农业发展达到繁荣巅峰，也基本确定了既有土地开发利用与景观生态的格局。以冶铁、陶瓷、纺织、制糖、食品、造船以及工艺制造为代表的商品经济发展极大地刺激了粤港澳大湾区海洋文化发展。同时，16世纪中叶以来的"西风东渐"时代也为粤港澳大湾区带来了异域文化，这种异域文化与传统岭南文化共同塑造了粤港澳大湾区的现代文化。在此过程中，粤港澳大湾区长期存在着大量华人出国工作与学习，他们一方面接触并吸收着海外的文化，另一方面仍与粤港澳大湾区保持紧密联系。改革开放以来，广大华侨华人以捐赠、投资、创办实业等方式强化与粤港澳大湾区的文化联系，事实上形成了粤港澳大湾区独树一帜的华侨文化。

3. 城市群视域下粤港澳大湾区文化产业圈演化——基于产业链视角

理论上，文化产业链的空间演化一般包含两层逻辑进路：一是文化产业链的内涵演化，包括文化产业链的纵向延伸和横向拓展，同一产业链的节点增加以及每个节点企业数量增加，以及文化产业链与其他产业链的关联融合度更加紧密复杂；二是文化产业链空间范围的动态演化，包括同一产业链在本地区内以及不同地区之间的地域拓展延伸。文化产业链的空间动态演化，正是产业链内涵深化和空间范围扩大的有机统一，它既推动了区域文化生产要素的流动、重组与协同，也推动了地区文化产业空间布局优化和产业结构梯度升级。

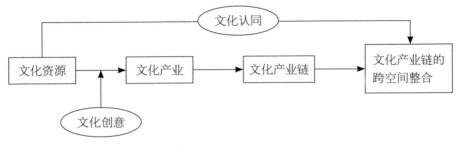

图1-2　文化产业链跨空间链接的形成

当前，城市群和都市圈是引领和驱动粤港澳大湾区文化产业发展的空间载体，是优化大湾区文化产业链空间布局的增长极和动力源。尽管大湾区文化资源各具特色、丰富深厚，细分文化产业的成熟度、要素密集度、技术复杂度存在较大差异，面临的国内外市场潜能也不同，但产业链的空间演化大致遵循以下两种基本路径。

（1）粤港澳大湾区文化产业链区域内整合

在粤港澳大湾区不同圈层城市，本地企业发挥区域文化资源优势，率先进入文化产业领域，通过企业扩张，解决生产能力、市场空间瓶颈后，获得持续盈利空间。此时，通过该核心文化企业的"点发散"模式，结合产业发展基础，辐射带动形成具有一定区域优势和集群化的特定文化产业集群。

由于存在产业基础、市场需求、创意人才、资本等专业配套能力的差异，广州、深圳、香港等中心城市与其他外围城市会发展出不同层次和类型的文化产业集群。外围城市因文化人才资源和技术约束，文化产业发展更多依托本地不易流动的独特自然和历史人文资源，以一般的低端文化制造类产业或粗放式的传统文旅业为主。如果离开本地，特色文化产业发展也就失去了重要支撑。对于具有独特文化资源的中心城市，也可发展出资源依赖性的文化产业，比如广州充分发挥粤剧、西关文化等岭南传统特色文化优势，大力发展文旅和文创类产业；香港拥有中外文化交流中心的独特地位，使其成为人才、资本、信息、商品和思想的汇聚点，创新和创造力活跃，电视、报纸等传统媒体行业优势明显，文化及创意产业也具备强大的发展基础和政策优势。此外，因中心城市拥有更高密度的文创人才、资本市场、现代服务业配套与需求规模，在研发平台、展示交易、传播营销等环节具有绝对优势，通过赋予本地文化制造独创的文创元素，可以打造出产业链条更长、利润价值更高的文化产品链。伴随新消费理念崛起，以文化与互联网、科技、金融、旅游和传媒等相关产业实现跨界融合形成的新兴文化产业门类在广州、深圳、香港等中心城市蓬勃兴起，这类产业具有科技依赖性、跨界融合性以及消费引领性等特征，更偏好于大城市。大城市科教资源富集程度高，创新创业氛围浓厚，产业技术积累程度高，并汇聚庞大的中产阶级群体，对新兴业态消费能力旺盛，在发展动漫游戏、电竞、数字内容服务、互联网服务、沉浸式体验及可穿戴智能文化设备等新文化产业具有显著优势。

此时，无论是粤港澳大湾区内的中心或外围城市，文化产业链整合通常有两种发展路径：一种是由点发散纵向延伸产业链。核心企业在掌握关键IP、关键模块和行业标准后，聚焦核心竞争力的锻造，剥离非核心业务，与其他企业联动向产业链上下游延伸，各自均获得满意的合作收益，进而正向强化和推动区域内形成完整的纵向生产链条，这也是文化产业发展初期的主要增长路径。另一种是横向拓展。无论是中心或外围城市，其形成的特定文化产业链，通过某一新的产业链或产业链片段，与该城市内具有业务关联的其他产业链"连接"起来，形成一种产业共生关系，改变原产业价值创造能力，使参与主体在产业链互动和融合过程中共生共享利益。比如大湾区正在推进"文旅+工业"协同创新发展，支持各地依托当地工业遗产和老旧厂房、工业博物馆、现代工厂等工业文化特色资源，开发工业文旅创意产品，打造一批沉浸式工业文化体验产品和项目。

（2）文化产业链跨区域整合

在粤港澳大湾区城市群更大的跨区域空间尺度下，基于区域经济一体化下的文化产业链诸多功能环节散落在不同区域空间各自集聚成群，形成一个具有典型等级结构的产业链空间体系，这是基于价值分工基础上的区域分割现象。具体来看，基于城市群下的文化产业链跨区域整合也存在两种情形：

一是"中心—外围"纵向一体化。外围城市引进中心城市上下游的高端资源要素，中心城市提供专业化文创人才、低成本的融资以及广泛的营销传播渠道及贸易网络，助力外围城市纵向延伸本地文化产业链，提升产业价值链附加值。由于外围城市在文化产业链分工中往往处于产业链的低端，在技术、资金、人才等禀赋限制下，无法再往价值链两端延伸，需要依托政府或市场力量从中心城市引进具有"接通"能力的节点企业、园区和平台，通过这些主体对接、融通中心城市的高端资源要素，拓展外围城市原来文化产业的深度和广度，这是外围城市推动文化产业价值链环节往高端提升的有效策略。而对于中心城市，由于具备强大的综合服务功能，包括专业人才培育、强大的技术输出和雄厚的资本市场等，可以输出匹配的专业研发人才和技术，深度嵌入到外围城市的某文化产业链之中，打造该文化产业专有或独享的生产性服务配套体系，形成高效的产业内功能分工。比如，香港影视行业有产业优势和人才优势，而佛山拍摄场景、摄影棚、外联服务等领域资源丰富，两市加强创新体制机制合作，加速推动香港电影资本、人才资源向佛山流动，实现香港、佛山影视产业投融资、配套服务、后期制作、宣发以及影视人才培训教育资源等全链条、全生态资源的共通共融。

二是"中心—外围"横向跨界联合。文化产业具有强渗透性，网络效应显著，在数字技术的催化下，数字技术成为推动文化与其他行业产业跨界融合持续深化的黏合剂，更容易发展出"文化+"的多元横向融合新业态。在城市群体系下，外围城市的产业边界清晰，不同产业之间跨界交叉不多。但在中心城市，由于科技创新能力相对较强，产业形态丰富多元，其与外围城市的互补性文化产业发生"连接""融通"的可能性较大。外围城市在保留传统文化产业制造优势的基础上，将文化元素通过中心城市的文创和数字技术赋能制造产品内容、载体和形式，形成与关联产业的有效互动与融合，拓展提升外围城市的文化价值链，甚至延伸出新的产业链条，催生新的产业和新的市场需求。比如，作为中国游戏游艺产业基地的中山市，过去主要集中在传统设备制造，为优化升级全产业链，中山市整合广州、深圳在文娱高端项目研发、专业人才培育、数字技术赋能、主题公园规划运营等领域的多重优势，引入数字内容制作、VR/AR/MR沉浸式技术等数字文旅产业上下游企业，加速实现游戏游艺产业转型升级。

三　粤港澳大湾区文化产业圈的识别与评价

科学识别粤港澳大湾区文化产业圈的空间圈层结构，客观揭示圈层内外地域空间互动特征，是开展文化产业圈策略研究的逻辑起点。不同于一般性的区域文化产业集聚区，粤港澳大湾区文化产业圈在文化助推世界级城市群发展、人文湾区建设以及国际交往文化中心打造等方面扮演了更为重要的角色。基于粤港澳大湾区文化产业圈独特的湾区经济属性与文化空间内涵，我们在纵向梳理其发展历程的基础上，更侧重于从文化产业圈的经济密度、文化经济辐射边界以及文化产业体系内部协同能力分析等方面进行深层次的测度评价。

（一）文化产业圈的时空演化历程

1. 基于大数据测度的研究方法

圈层扩散是城市群连绵地域空间发展的基本规律[①]，粤港澳大湾区文化产业圈兼有都市圈圈层演化与产业圈聚散的双重属性。粤港澳大湾区文化

―――――――――

① 吴挺可、王智勇、黄亚平、周敏：《武汉城市圈的圈层聚散特征与引导策略研究》，《规划师》2020年第4期，第21-28页。

产业圈的拓展演变是区域内文化经济与都市圈形态之间相互建构的过程。据此，在宏观评价圈层地域功能结构变化特征的基础上，从微观层面利用文化市场主体的区域选址行为能够更精准刻画粤港澳大湾区文化产业圈的时空演变历程。通过选取2005年、2010年、2015年、2020年四个时间截面，对粤港澳大湾区内新开办文化企业名录进行地理编码与核密度分析（数据不涉及香港、澳门文化企业），从而对大湾区文化产业圈的时空演化进行可视化表达与发展阶段划分。

2. 粤港澳大湾区文化产业圈圈层集聚与扩散的发展阶段划分

分析结果显示，粤港澳大湾区文化产业圈主要经历如下四个阶段演化：

第一阶段（2005年以前）：单中心集聚——依托广州、深圳两个文化产业中心城市形成了文化经济要素的向心增长极，通过不断吸收周边资源，产生了较大的向心集聚。同时，佛山、东莞等重点经济城市基于自身工业化发展基础，在包装印刷、文化装备、文化消费终端制造等文化制造业领域形成了若干的产业集聚区。

第二阶段（2006—2010年）：单中心近域扩散——广州、深圳—香港及其周边近域地区的文化产业能级呈现整体上升。依托广州、深圳—香港形成的文化产业中心地开始向周边紧密圈层溢出文化生产要素。除原有高密度集聚核外，在广佛同城化地区、深莞边界地区及深圳—惠州西南部边界地区逐渐培育形成了新的次级产业集聚中心。

第三阶段（2011—2015年）：多中心圈层互动——核心圈层的辐射能力显著增强，并在更大范围内轴向扩散。随着紧密圈层加速增长，广州、深圳—香港以及珠海等不同等级中心之间、综合中心与功能中心之间的协同互动联系进一步增强。值得注意的是，广州、深圳作为文化产业中心在向外扩散的同时，自身文化经济发展仍保持着较强的向心集聚能力，其城市内部文化产业经济浓度加速提高、文化企业集聚规模在全市域范围进一步扩大。

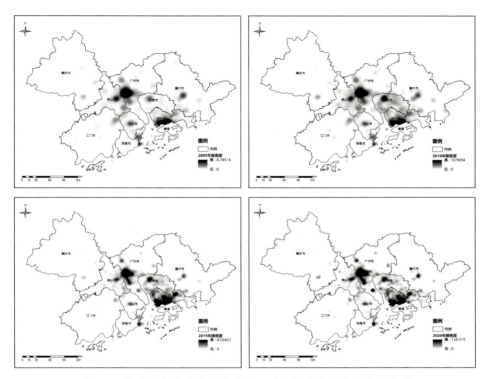

图1-3　粤港澳大湾区文化产业圈不同发展阶段要素聚散密度图

第四阶段（2016年至今）：圈域耦合以及圈层外溢——以广佛、深港为集聚核，以珠海、东莞、佛山为次级功能中心的粤港澳大湾区文化产业核心圈形成。同时与外围次区域地区形成了企业跨区域运营、旅游路径整合、产业链配套、文化市场腹地联动的深层次互动。并进一步在文化经济、文化社会领域与粤港澳大湾区周边地区形成更广泛的区域文化整合与文化价值外溢圈。

（二）文化产业圈"核心—外围"空间协同联动关系评价

1. 文化产业圈核心区的测度与评价

中心城市是现代都市圈发展的核心增长极与动力源，决定了整个都市圈的经济能级、质量与效益。粤港澳大湾区文化产业圈已进入"核心圈—近域圈层—外围圈层"协同联动的高等级空间相互作用阶段，核心区在圈域间文化要素优化配置、区域内文化经济活动组织等方面的核心引领作用仍在持续强化。因此，对核心区文化经济首位度、文化产业强度、文化企业密度等指标的分析能够更真实反映粤港澳大湾区文化产业圈的极核状态。

首位城市多指在区域政治经济社会文化生活中占据优势地位的城市[①]，"城市首位度指数"（primacy index）由美国学者杰斐逊提出，具体指人口规模排在第一位的首位城市（primate city）与第二位城市的人口规模之比。[②]目前，城市首位度概念与方法已被国内外学者普遍接受和使用，成为衡量城市群中最大规模城市集聚度的常用指标。考虑到城市首位度只涉及城市体系内2个城市，内容过于简单，又有学者提出了4城市指数和11城市指数。[③]本书将首位度指数拓展到大湾区文化产业圈研究，测算文化及相关产业增加值的首位度指数。

研究显示粤港澳大湾区文化产业圈核心区的向心集聚趋势并未趋缓，具体表现在以下几个方面：

第一，在圈层间产业优化协同配置的同时，首位度城市极化效应仍然突出。

比较文化产业增加值2城市、4城市、11城市首位度指数发现，2016—2019年间4城市首位度、11城市首位度曲线较为平缓，部分年份出现了数值小幅下降。反映出大湾区文化产业圈圈层间协同能力正在提升，非核心文化经济功能正持续向外围圈域动态疏解转移。同时，11城市指数与4城市指数数值差相对稳定（0.13—0.14），即文化经济发展势能仍相对集中在

① 汪明峰：《中国城市首位度的省际差异研究》，《现代城市研究》2001年第3期，第27—30页。

② 许学强、周一星、宁越敏：《城市地理学》，北京：高等教育出版社，2002年，第161—165页。

③ 时朋飞、熊元斌、李星明、冯谨、覃举东、邓霄鸢：《基于2003年～2014年的广西入境旅游等级规模结构演化特征动态研究》，《华中师范大学学报》（自然科学版）2016年第5期，第791—798页。

第一梯队和第二梯队城市，第三梯队城市文化经济发展潜能有待进一步挖掘。2城市首位度指数即文化产业增加值规模第一大城市深圳与第二大城市（2018年之前为香港、2018年以后广州成为第二大城市）的比值呈线性扩大态势，由2018年的1.29上升到2019年的1.47，表明处于核心区的中心城市深圳仍保持极强的集聚趋势。

图1-4　2016—2019年粤港澳大湾区文化经济城市首位度指数

第二，首位城市成为文化经济高密度核心区。

深圳每万名从业者拥有文化产业法人单位数60.29个，位居粤港澳大湾区城市首位。与文化产业规模第二城市广州（40.28个）相比，深圳平均每万人从业者多拥有20个文化经济活动市场主体。可以判断，作为粤港澳大湾区文化产业圈首位城市的深圳仍然是区域内文化经济活动密度最高、文化主体最为活跃的城市。

表1-1　粤港澳大湾区9市文化产业法人单位概况

城市	法人单位数量（个）			每万人法人单位数
	规模以上	规模以下	合计	
广州	410	72019	72429	40.28

（续上表）

城市	法人单位数量（个）			每万人法人单位数
	规模以上	规模以下	合计	
深圳	969	99489	100458	60.29
珠海	75	10089	10164	46.01
佛山	262	18084	18346	19.81
惠州	214	9551	9765	16.70
东莞	745	30017	30762	29.47
中山	252	8533	8785	20.49
江门	89	4675	4764	10.13
肇庆	56	3351	3407	8.38

数据来源：《2019年广东文化及相关产业统计概况》。

第三，文化产业对首位度城市经济发展的重要性仍在加强。

产业增加值占GDP的比重是衡量特定产业对城市经济发展重要性的关键指标。数据显示，2012—2019年间深圳文化产业增加值占GDP比重从5.61%上升为8.15%，远高于大湾区均值5.77%。深圳文化产业增加值占GDP

图1-5　首位城市文化产业增加值占GDP比重

比重的持续提高，表明文化经济引领首位城市发展的能力正在大幅提升。除文化产业自身极化发展外，文化对产业经济其他部门的融合渗透、创新引领效用也在持续增强。

第四，大湾区文化产业圈核心区仍处于文化经济生产效率优化提升期。

全员劳动生产率是反映一个地区从业者在一定时期内创造出的劳动成果与其相适应劳动消耗量的比值，可以用于衡量城市特定产业劳动力要素的投入产出效率。数据显示，粤港澳大湾区文化产业圈内香港文化产业劳动生产率为61.96万元／人，广州文化产业劳动生产率为30.82万元／人，深圳文化产业劳动生产率为24.68万元／人。这表明，与区域内文化产业经济规模第二大、第三大城市相比，首位城市深圳的文化经济生产效率仍有待提高。

表1-2　大湾区主要城市文化产业劳动生产率概况

城市	从业人员数（人）	文化产业增加值（亿元）	文化产业劳动生产率（万元／人）
广州	444445	1369.69	30.82
深圳	808643	1996.11	24.68
珠海	64241	113.71	17.70
佛山	194845	357.89	18.37
惠州	146189	227.01	15.53
东莞	448233	533.49	11.90
中山	111676	131.50	11.78
江门	57490	95.20	16.56
肇庆	37247	103.33	27.74
香港	237150	1469.47	61.96

2. 文化产业圈圈域结构的测度与评价

当前，粤港澳大湾区文化产业圈在文化生产、文化消费、文化产业平台运营等多个方面已经出现一体化发展趋势。受文化经济自身发展规律的影响，文化产业低密度、中密度、高密度集聚区并不完全与城市行政边界重合，故而精准测度核心圈、近域圈层、外围圈层空间范围成为分级分层分类实施文化产业政策的一项基础性工作。结合实证研究需要，重点选取粤港澳大湾区内省级及以上博物馆文化资源点、文化产业园区，运用核密度—距离分析方法，设置缓冲区范围10千米，获得基于文化基础资源与文化经济活动分布的大湾区文化产业圈不同圈层空间边界。

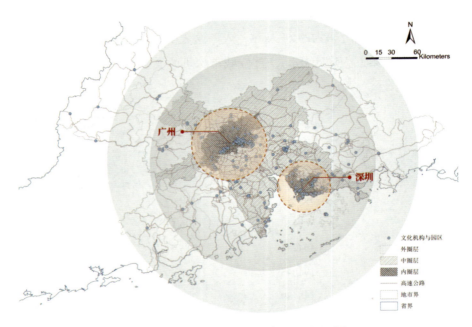

图1-6 粤港澳大湾区文化产业圈圈层划分

研究结果显示，粤港澳大湾区文化产业圈存在着持续高密度增长的核心圈层、中密度快速增长的近域圈层以及缓速增长的外围圈层。

（1）双核驱动的核心圈层

粤港澳大湾区文化产业圈具有非常明显的双核特征，依托广佛都市圈、深港都市圈形成了两个高密度文化经济中心地区。核心圈层覆盖地域面积为3111.71平方千米。分别是：广佛——传统岭南文化中心地特征明显，形成基于传统文化资源开发的内容生产、文艺创作以及相关创意设计核心区。深港——新兴都市文化中心地特征明显，具有明显的文化科技元素特征，在网络信息传播、数字文化内容生产、时尚产业方面具备比较优势。

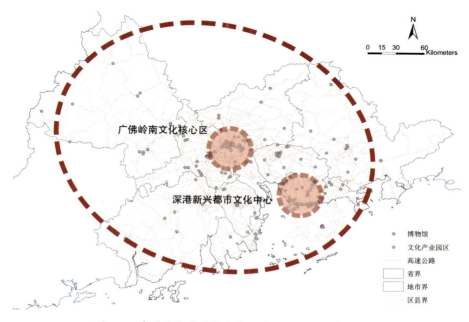

图1-7　粤港澳大湾区文化产业圈"双核心"特征明显

（2）快速发展的近域圈层

近域圈层覆盖地域面积为15858.10平方千米。近域中密度圈层主要涉及大湾区内文化产业经济规模第二梯队的佛山、东莞、惠州、珠海等主要城市。

（3）缓慢增长的外围圈层

随着大湾区文化经济一体化的加速，大湾区内第三梯队城市承接核心文化资源外溢能力在加强，外围圈层覆盖地域面积为35555.63平方千米。与此同时，得益于自身文化资源价值禀赋优势，在环大湾区区域的粤东西北地区出现了一些"飞地"型文化产业承接区。

表1-3　粤港澳大湾区文化产业圈圈层区县名录

圈层	区县名录
核心圈层	广州市天河区、越秀区、荔湾区、海珠区、白云区，深圳市福田区、罗湖区、南山区、宝安区、龙华区，佛山市禅城区、南海区
近域圈层	广州市黄埔区、番禺区、花都区、增城区、从化区，深圳市龙岗区、坪山区，珠海市香洲区，佛山市顺德区、高明区、三水区，肇庆市四会市
外围圈层	珠海市斗门区，惠州市惠城区、惠东县、博罗县、龙门县、惠阳区，江门市蓬江区、新会区、台山市、鹤山市、恩平市、开平市，肇庆市端州区、高要区、怀集县、德庆县、封开县、广宁县

3. 文化产业圈圈层间文化经济协同性分析

　　文化经济生产要素在空间上的流动方向与流动强度可以直观反映出文化产业圈内核心与外围地区的产业协同特征。从各圈层文化产业结构与产业变迁情况看，当前粤港澳大湾区文化产业圈区域协同仍在持续深化，并不断形成更复杂和更高等级的文化经济地域协同。具体表现在：核心圈层对于文化产业链高端环节的集聚能力持续加强，近域圈层、外围圈层依托自身文化资源、产业基础渗透、延伸发展本地特色文化产业的承接转移能力也在持续加强。核心圈层与近域圈层、外围圈层形成了有序的文化产业分工合作。

表1-4　文化产业圈内分工协同概况

类别	核心圈层	近域圈层	外围圈层
文化服务业	数字内容服务●、内容保存服务〇、版权／知识产权服务●、运营管理●、互联网文化娱乐平台●、会议展览服务●、广告设计服务●、游戏软件开发服务●、文化投融资服务●、文化经纪●	内容保存服务●、艺术表演●、会议展览服务●、广告设计服务●、文化艺术培训●、文化活动服务●、文化园区管理服务●	广告服务●、娱乐活动服务●、名胜风景区管理●、自然遗迹保护管理服务●、休闲观光服务●、传统媒体服务●

（续上表）

类别	核心圈层	近域圈层	外围圈层
文化制造业	珠宝首饰钟表设计制造●、印刷设备制造○、舞台照明等演艺设备制造○、信息服务终端制造●、可穿戴智能文化设备制造●	游戏游艺设备制造●、演艺设备制造●、印刷设备制造●、乐器制造●、显示器制造●	文具制造●、工艺美术用品制造●、玩具制造●、节庆用品制造●
文化批发和零售业	高端定制化珠宝首饰零售●，工艺美术品及收藏品零售●，音像制品、电子和数字出版物批发○，文具、玩具用品批发○，乐器零售●	文具用品零售●、玩具用品零售●、摄影设备零售●	文具零售●、玩具零售●、节庆用品零售●

注："●"和"○"分别表示该细分文化产业在圈层内集中度的高与低。

（三）文化产业圈时空演化一般规律

1. 粤港澳大湾区圈层聚散的阶段性特征

当前，粤港澳大湾区文化产业圈正处于由向心集聚、圈域耦合向整体圈层外溢与辐射过渡阶段，就圈层结构集聚与扩散的态势看有以下三个主要特征。一是向心集聚力并未衰减。依托广州、深港为集聚核的核心圈层仍保持着强劲增长势头。广佛都市圈、深港都市圈内部文化市场规模数量仍在进一步扩大，并有向全市域扩散的态势。二是多圈域耦合加速。随着核心圈层资源要素集聚规模扩大以及文化经济活动的空间外溢，广州、深圳等文化产业核心城市与佛山、东莞、惠州等功能次中心城市之间资源要素有序流动在加剧，并趋向于形成多层级、多中心的复杂网络结构。与此同时，广佛、深莞、珠中江等次级圈层内部以产业链、文化价值链为根基的相互联系也在持续深化，进而形成了功能性圈域耦合、交错作用的空间联系格局。三是整体圈层外溢辐射加强。随着粤港澳大湾区内部核心圈层、近域圈层集聚形态的形成，大湾区文化产业圈呈现近域圈层进一步向外域圈层，乃至大湾区外围的离心辐射趋势。广东沿海经济带、粤北生态发展区内的文化资源富集地区成为承接大湾区核心圈层文化经济活动外溢的主要地区，其中文商旅综合体、文化景区、文化园区、影视基地成为承接文化经济功能外溢的主要载体。

2. 文化产业圈时空演化一般模式

粤港澳大湾区文化产业圈的圈层结构演化既符合城市群、都市圈发展的普遍规律，也具有文化经济发展的特殊轨迹。受其所依托都市圈地理形态格局的影响，文化产业圈的发展演化同样经历了由"中心城市绝对集中""中心城市相对集中""圈域集聚""圈域耦合"四种都市圈发展空间状态。①与此同时，文化产业生产组织对于相关生产要素"在地""在场"的区位集聚要求有其特殊性，特别是数字经济赋能下，文化产业集聚对"在线"场域的适应性更强。故而，不同于制造业产业集聚对原料、劳动力等生产成本上涨的高度区位敏感性，也不同于一般服务业对消费市场、消费人口规模的区位选址高敏感性，文化产业圈在形成"核心—外围"圈层空间形态后，核心圈层依然保持着持续的向心集聚能力。

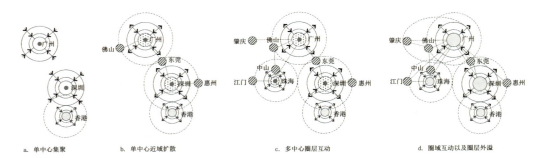

a. 单中心集聚　　b. 单中心近域扩散　　c. 多中心圈层互动　　d. 圈域互动以及圈层外溢

图1-8　粤港澳大湾区文化产业圈时空演化模式

四　粤港澳大湾区文化产业圈的空间动力机制

粤港澳大湾区文化产业圈是依托粤港澳城市群与其人文、自然、产业

---

① 邢宗海：《都市圈空间结构演化特征及调控机制——以济南都市圈为例》，《城市发展研究》2013年第5期，第25—28页。

经济基础所形成的文化经济体，它的形成与发展演化受到经济、社会、地理、历史多种因素的综合影响。探究深层次空间动力形成机制，梳理文化产业圈圈层结构以及圈域间经济生产活动组织、文化生产要素有序流动的内在动力体系有助于正确把握文化经济一体化发展趋势，为其他区域性文化产业空间发展提供经济决策参考。

（一）大湾区文化产业圈形成发展的作用力

纵观世界，美国纽约湾区成功的金融及商业发展历程与其多元移民文化交织所形成的大都市文化圈密不可分，旧金山湾区"硅谷精神"以及科技创新产业的蓬勃发展与其特立独行的"小众文化"引领密不可分；日本东京湾区的成功与日本企业文化及其所形成的文化地理圈密不可分。可以说，世界著名湾区文化产业圈的形成背后都有其都市圈演化、文化本源作用力以及自身产业经济作用力的合力推动。我们考察粤港澳大湾区文化产业圈形成的空间过程，也应当从文化作用力、产业作用力、城市作用力三个方面展开。

1. 第一动力：文化作用力的动力因子解析

文化嵌入或地方根植是实现区域文化产业内聚认同与相对稳定的强大推动力。[1]就粤港澳大湾区文化产业圈而言，包含西江、北江、东江等重要支流汇聚而成的珠江三角洲地区是一个具有高度社会包容、文化共生以及价值认同的完整地域文化单元，我们常称之为"岭南文化区"。不同于其他的流域文化区，岭南文化区内部有着更为丰富的文化多样性和次文化同源区。就次文化同源区而言，在大湾区内部存在着基于广州、佛山、肇庆地区形成的广府文化同源区，以江门五邑地区为核心的华人华侨文化同源区，以及东莞、深圳、惠州三地交会处为主的客家文化同源区。这三个

---

① 章军杰、夏春红：《地理集聚与文化整合：区域文化产业集群发展的策略选择》，《东岳论丛》2014年第5期，第114-118页。

子文化区基于方言、饮食、服饰等民风民俗文化的同源性，形成了具有次地域集聚特色的具体文化风貌共同体。同时，基于粤港澳大湾区的开放性以及海洋地缘特性，以香港、澳门为代表的多元文化也为岭南文化区的形成提供了中西交汇的海外文化元素。除此之外，在岭南地域形成的红色文化、改革开放文化也为大湾区提供了"敢为人先"的创新文化元素。这些地域性文化要素、文化风貌在历史时空中的扩散、迁播、融合①，最终使得粤港澳大湾区形成了具有文化相似度、文化同构性、地理接近性以及资源互补性的区域文化产业整合空间，并为大湾区文化产业圈的形成提供了最根本的文化动力。作为文化产业集聚发展和地方根植的文化本源，这一地域性的内生文化作用力涵盖了包括语言、社会共识、生活风俗、相关服饰、文艺在内的文化系统方方面面的文化元素。简而言之，这种文化同源形成了一系列具有共同文化特质的实体类文化资源以及非实体类的人文精神。因此，文化作用力对湾区文化产业圈的形成可以分解为以下两种动力因子：

（1）文化风貌因子

可见、可触、可感的文化资源统称为文化风貌因子，涉及形成地域性文化整合空间的物质载体以及相关社会性文化活动形式。既包括承载历史发展脉络的文化古城、文化古建筑、文化街区等物理文化空间，基于生产生活需要形成的工艺美术、服饰、家具文化用品，也包括婚丧嫁娶社会生活中的各种民俗、各种文艺形式，以及具有地方文化代表性的文化名人、历史名人。

（2）文化认同因子

非实体的文化精神是形成地域性文化认同空间的文化内核。包括共同的文化语言、价值追求、精神品质。比如岭南文化特有的敢为人先精神，

---

① 白欲晓：《"地域文化"内涵及划分标准探析》，《江苏社会科学》2011年第1期，第76—80页。

非常有助于科技创新文化的孕育。

2. 第二动力：产业作用力的动力机制解析

产业经济是推动特定文化圈形成集聚的直接生产作用力。粤港澳大湾区特有的工业产业体系、科技创新体系、产业生产组织模式决定了粤港澳大湾区文化产业圈内的文化产业体系发展能级水平、分布特征以及区域分工联系模式。一是从粤港澳大湾区现代产业体系发展阶段看，大湾区已经形成了以珠江口东岸电子信息产业带、珠江口西岸装备制造产业带为轴，以深港为核心的创新都市文化圈、广佛为核心的商贸商业文化圈以及以珠海、江门为核心的休闲旅游文化圈。此外，还在珠三角内部形成了若干与特色制造业协同集聚的文化制造业集聚中心。大湾区的产业布局体系及其产业发展水平决定形成了相匹配的文化产业体系以及文化产业空间布局形态。二是从粤港澳大湾区区域科技创新体系看，大湾区已率先进入由粗放式投资拉动、规模增长向创新驱动、效益增长的高质量发展期，产业科技创新已成为推动文化与科技深度融合，特别是文化产业数字化转型发展的强劲动能。科技赋能、数字赋能不断催生文化产业自身产业链条的裂变以及文化服务供给的迭代升级。三是从粤港澳大湾区产业生产组织模式看，大湾区城市群内各类市场主体蓬勃发展，企业市场主体的生产组织模式影响了区域内文化产业链条的跨区域合作。就文化旅游产业而言，形成了文化投资主体集聚广州、营运主体基于文化资源分布网点运营的各种特色模式。

产业作用力对文化产业圈的动力因子可以分为以下几个方面：

（1）产业质量因子

产业质量因子决定了文化产业的发展阶段和经济规模效益水平。工业化水平高、制造业发达地区往往拥有更发达的文化装备制造业集群集聚区，工业化起步发展地区往往成为文化消费制造业领域文具制造、玩具制造等劳动密集、技术附加值相对较低的文化制造业集聚区。高等级城市服务中心地则往往集聚内容生产、文化金融、文化科技等引领性的高端文化产业生产链条。

（2）产业科技因子

产业科技对文化产业具有革命性影响，高科技手段催生了新的文化产品，延伸、拓展了文化产业表现形式，催生了文化产业新业态，提升了文化体验的档次。产业科技赋能也同步影响着文化产业圈的空间聚散，首先是打破地域边界后，内容、技术、资金上的流通和汇聚变得快捷方便，企业在选择生产要素上灵活多样，为更多业态的融合及优化重组提供基础；其次，信息交互、知识分享的互联网将消费变为再生产动力[①]，不断推动文化消费地形成新的文化生产空间。

（3）产业组织因子

地区既有产业生产组织模式深刻影响着文化产业的生产要素组织关系。国有经济主导的文化运营主体与市场经济主体相比在公共文化服务供给、区域文化安全等方面占据更大份额。文化细分行业头部企业的区域战略布局也深刻影响着文化产业的区域分工合作。如旅游产业的组织模式、文化园区运营模式、文商旅运营模式均与地区既有产业组织模式息息相关。

3. 第三动力：城市／城市群作用力的动力解析

湾区文化产业圈的形成发展离不开其所依托的城市群、都市群物理空间，城市群、都市圈自身发展决定了文化生产、服务供给、消费的基本空间格局以及文化流动的网络组织形态。首先，城市群地理环境对文化产业集聚、文化中心的形成具有直接影响。粤港澳大湾区城市群已形成广州、深圳两个现代都市圈"双核"引领的城市体系发展格局，文化产业圈的"中心—外围"圈层结构、圈域互动关系与这种地理格局密不可分。如广佛同城化地区、深莞惠一体化地区城市公共文化服务建设日益呈现更高水平的均等化供给格局，有效推动了大湾区近域圈层文化事业与文化产业的

[①]　李凤亮、宗祖盼：《科技背景下文化产业业态裂变与跨界融合》，《学术研究》2015年第1期，第137—141页。

协同发展。其次，城市人口规模等级结构决定了文化产业消费市场结构、文化生产人才结构。从粤港澳大湾区城市人口规模等级看，主要存在着千万级城市人口规模的核心城市广州、深圳，500万至1000万等级的第二梯队特大城市东莞、佛山、惠州，以及400万左右的第三梯队大型城市江门、珠海、中山、肇庆。不同城市人口规模决定了文化批发零售业的规模与其文化消费市场结构。同时，从大湾区内不同人口结构的地域化差异看，高端创意人才、科技人才、金融人才集聚在核心圈层核心地区，也决定了这一地区的文化生产人才结构偏重于创意、内容生产以及信息服务等。技能型人才集聚地区决定了其相关文化生产者多从事文化制作、工艺美术品等文化产品的生产。再次，城市基础设施、文化设施、交通设施的供给能力水平决定了文化生产要素的向心或离心动向。文化要素流动构成的空间网络与城市群、都市圈基础设施体系网络息息相关。

城市作用力对文化产业圈的动力因子可以分为以下几个方面：

（1）城市地理因子

城市群既有空间格局、地理环境通过地理中心性、地理邻近性深刻影响着区域内文化产业的集聚辐射、极化扩散。一是基于地理邻近关系使得城市群内次区域地区拥有相近的自然环境、城市景观，而具有文化选择的一致性和文化交流的便利性[1]，并进而有助于同质化文化生产要素、文化产业的集聚发展。二是区域中心决定了文化产业空间组织的战略核心。无论是城市群行政中心、经济中心还是交通枢纽中心，在占据优势文化资源集聚方面均具有更高势能，并作为文化活动最活跃、文化创新能力最强、文化资讯最丰富的配置中心决定着区域文化产业中心的发展质量与水平。

（2）城市人口因子

城市／城市群人口规模结构决定了文化产业消费结构、市场结构、人

---

① 石兆宏：《文化创新与文化集聚：基于文化存在的文化中心形成机制研究》，《东岳论丛》2014年第9期，第79-84页。

才结构，进而决定了特定城市节点的外溢型／向心型文化产业发展特征。

（3）基础设施因子

城市／城市群基础设施、交通设施、文化设施供给模式、供给体系决定了文化要素的流网络空间组织形态。一是交通基础设施对可达性的影响。交通基础设施作为文化连接的基础，影响着文化经济活动在中心地的集聚，更影响着文化产业扩散、外溢的流向、流速以及流动的渠道方式。二是依托新一代信息技术、云计算、人工智能的新型基础设施重塑了文化产业的生产、消费链条，对文化产业在虚拟现实的集聚发展产生了颠覆性影响。

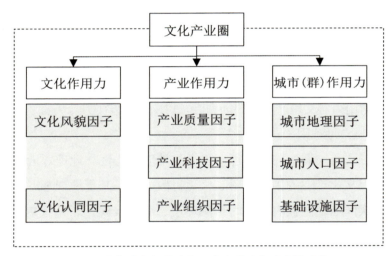

图1-9　粤港澳大湾区文化产业圈形成的空间过程

（二）粤港澳大湾区文化产业圈形成发展的机制分析

哲学社会科学的"机制"是解释系统内在联系原因和相互作用的工具[①]，即运用因果关系、因果模式揭示"X如何导致Y的问题"[②]。粤港澳

---

① 兰泽青、岳邦瑞、王敬儒：《景观生态规划中的空间机制分析方法与应用途径》，《西安建筑科技大学学报》（自然科学版）2022年第1期，第120-126页。

② 刘骥、张玲、陈子恪：《社会科学为什么要找因果机制：一种打开黑箱、强调能动的方法论尝试》，《公共行政评论》2011年第4期，第50-84页。

大湾区文化产业圈具有极强的地域性特征，其发展的本质逻辑是"区域文化地理格局—产业化／城镇化发展过程"之间非线性相互作用、耦合反馈的机制关系。即地域化的驱动因子通过相互作用、反馈与文化产业圈动态结果之间建立了一系列的关键因果关系。基于系统内部"黑箱"的限制，对其空间机制进行真正定量化、理论化解析并不是本书关注的重点。从实证角度出发，探究粤港澳大湾区文化产业圈这一动态发展经济体（y）与多种空间因素、驱动因子（x）相互作用、相互联系的过程—反馈机制（见图1-10），特别是解析多因子变量集合因果关系 f 对文化产业圈形成发展的现实影响，我们更侧重于运用演绎、归纳的方法对粤港澳大湾区文化产业圈形成发展过程中的"三大作用力"进行解析。

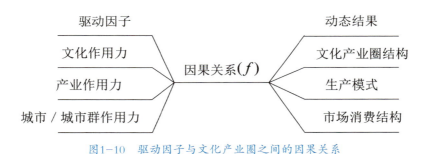

图1-10　驱动因子与文化产业圈之间的因果关系

1. 文化资源的产业化

文化资源产业化是整个粤港澳大湾区文化产业圈形成发展的逻辑起点，唯有将文化资源转化为文化商品，才能进入生产—流通环节，成为区域产业经济体系的有机组成部分。作为一种经济现象，文化资源产业化过程是地域性的"文化遗产"通过一系列物质、文化非物质的开发，转化为具有经济价值、可实现资本化产业开发文化消费品的过程。即文化风貌因子、文化认同因子借助市场化运作实现产品化、商品化是文化资源产业化的主导动力机制。可以说，岭南文化是粤港澳大湾区文化产业圈形成的根本文化作用力，岭南传统文化与大湾区物质、精神生活之间相互接纳的互动关系通过商品化的开发催生出了新的市场需求。一方面，对于岭南特色建筑、民俗、服饰、饮食、器物等文化风貌的价值挖掘，催生了具有大湾区地域性特征的工艺美术制造业、时尚产业、饮食产业；另一方面，对于岭南文化特有的思想观念、文化传统和精神价值的挖掘，转化为大湾区文化内容生产中的核心元素与文化符号。

专栏1-2

粤港澳大湾区传统舞狮文化的产业化延伸

以大湾区的传统舞狮文化产业化为例。舞狮在岭南文化区具有独特的地位，无论是在新店开业、婚庆喜宴等庆典活动，还是在春节、元宵、中秋等承载中华文化内涵的传统佳节中，都是不可或缺的文化风貌活动。作为一种喜庆标识，舞狮凝聚了岭南地域传统的文化记忆，寄托了岭南人对吉祥、安康的生活祝愿，是大湾区文化作用力的一个具象实体。除了舞狮传统民间文艺表演业，以及非营利的大湾区舞狮文化交流活动外，近年来基于舞狮元素的文创产业和舞狮IP的电影内容生产已经成为重要的大湾区文化竞争力（见图1-11）。

图1-11　岭南舞狮文化风貌产业化的形成

资料来源：课题组摄制。

2. 文化产业的规模集聚化

产业的空间集聚是一种重要产业组织形式，文化产业的规模集聚化是粤港澳大湾区文化产业圈形成文化产业中心地和具有文化产业极化效应的关键过程。与一般的产业集聚接近成本原料地和消费市场相类似，文化产业的集聚也存在着创意人才（文化商品生产者）集中、文化遗产资源（文化商品的"原料"）集聚以及客户资源（文化消费市场）共享等基本导向。[1]但同时文化产业兼有更为复杂的文化价值、社会价值属性，且与其集聚地本身的城市化、工业化水平密切相关，故文化产业在特定节点城市／空间的规模化集中集聚和形成极化的过程必然受到更为复杂影响因子的多重叠加影响。产业作用力、城市作用力的耦合作用是文化产业规模集聚化的主导动力机制。就文化产业空间集聚的等级性和功能性划分，粤港澳大湾区文化产业圈已形成依托广州、深圳等核心城市的综合性文化产业中心以及若干个文化制造、文化服务、文化批发零售等不同细分领域、不同规模等级的功能集聚区相互协同的文化产业集聚空间体系。无论是综合性的文化产业中心还是细分领域的功能性文化产业集聚区，其形成与发展均受到地域性产业经济基础、城市劳动力供给、城市消费市场规模的共同作用。

专栏1-3

中山游戏游艺产业集聚区的形成演化

以中山港口镇游戏游艺制造业集聚区的形成演化过程为例。1983年，中山与日本企业界联合建成国内首家大型游乐场——长江乐园。游乐园的建成推动了中山旅游消费市场的蓬勃发展，游乐场内碰碰车、翻滚飞车、激流探险、旋转飞碟、空中单车等新奇游乐设备吸引

---

[1]　杨秀云、李敏、李扬子：《我国文化产业空间集聚的动力、特征与演化》，《当代经济科学》2021年第1期，第118-134页。

了珠三角、港澳地区乃至全国的游客。当时，中山机床厂在负责长江乐园游乐设备安装、维修的过程中，发现了商机。结合中山自身装备制造的产业基础优势，逐渐培育出了游乐设备特种装备制造产业。在长江乐园开园不久，中山成立了中国第一家游乐设备制造公司"金马"。受到长江乐园的影响，珠三角各地涌现出了各类海上世界、欢乐谷等游乐园。这些游乐园、主题乐园的蓬勃发展进一步催生了中山游戏游艺制造业的集聚发展。随着游戏游艺设备的更迭升级，中山游戏游艺文化制造业集聚区成为在国际具有影响力的细分领域制造中心（见图1-12）。

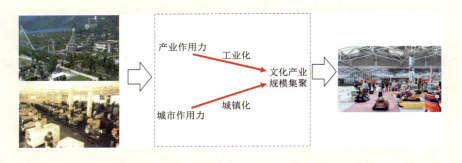

中山长江乐园鸟瞰［资料来源：《广东省志·旅游卷（1979—2000）》］
中山金马（原中山机床厂）车间一角（资料来源：中山市博物馆）
2021中山游博会（资料来源：中山市游戏游艺行业协会）

图1-12　中山港口镇游戏游艺制造业集聚历程

3. 文化产业的地域协同与圈域耦合化

城市群内文化产业的分工体系与区域合作体系不断成熟的过程是"9+2"城市群形成粤港澳大湾区文化产业圈的必要条件。关于产业地域化分工合作机制的研究或关注于特定行业基于产业价值链的空间组织模式，或侧重于从城市专业化与多样化入手分析区域尺度的城市经济联系。文化产业的地域分工合作不仅仅具有产业高级化进程中产业链不同环节跨地域转移、协作的一般特征，还与城市群内部的"中心—外围"等级规模体系、"向心—离心"要素流动联系机制息息相关。更为重要的是，区域文化根植性深刻影响着文化产业的地域分工，在同源的文化区往往具有相似的文化风貌、文化共识，而更易于实现文化商品、服务的区域内流通循环。而跨文化区之间基于文化异质性边界的阻隔，往往呈现出逐渐衰减的文化渗透、文化扩散现象。应当说粤港澳大湾区内文化产业地域协同与圈域耦合化发展的过程是"三大作用力"共同作用的结果。首先，粤港澳大湾区既有的产业分工体系、产业生产组织模式决定了文化产业链分工合作的区域布局。同时，城市群作用力（包括城市群人口规模等级体系、交通运输网络等级体系、公共文化服务供给等级体系）以及文化作用力（如文化风貌、文化认同中共同的文化审美、文化信仰、文化禁忌）将对产业作用力下的文化产业地域协同关系进行一定的"校对"，并最终形成具有岭南特色、与大湾区城市群资源配置格局相适宜的文化产业分工协同形态。

专栏1-4

粤港澳大湾区珠宝时尚产业的地域协同演化

粤港澳大湾区珠宝产业在全球具有重要份额，目前已形成以深圳——总部、设计中心，广州——批发、集散中心，番禺、平洲、四会、花都等地为珠宝制造特色集聚区的珠宝市场产业地域分工协同格局。深圳珠宝制造产业受益于早期香港"三来一补"（来料加工、来件装配、来样加工和补偿贸易）产业转移，形成于20世纪80年代初期，并逐渐发展形成相对成熟黄金、K金珠宝产业、钻石镶嵌首饰、高端珠宝钟表制造产业集群。其后，受到土地、人工成本上涨以及电镀环保治理的限制逐渐向外部转移，与周边地区形成了较为成熟的时尚珠宝设计制造产业链分工合作。广州商贸文化浓郁，华林玉器街作为翡翠、玉器、古玩、半宝石商贸集散地有着悠久历史，随着消费市场的扩大，玉器街一些小作坊式镶嵌加工定制企业逐渐向番禺、花都等地转移和扩大再生产，逐渐形成了在全球珠宝贸易市场具有影响力的制作—加工—批发—零售产业链。

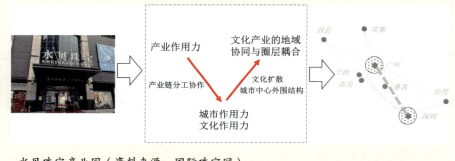

水贝珠宝产业园（资料来源：国际珠宝网）

图1-13　粤港澳大湾区珠宝时尚产业的地域协同演化历程

4. 文化产业的科技融合化

文化、科技的融合发展正在深刻影响着粤港澳大湾区文化产业圈动态演化进程。粤港澳大湾区具有集成式产业科技创新能力强、产业链与创新链联系紧密、新技术市场化推广周期短等创新引领优势。近年来文化产业发展数据显示，依托科技融合的数字内容生产、网络信息传播以及信息文化传播相关设备制造业在粤港澳大湾区文化产业结构中的占比日益提高。在文化产业链条的采集、创作、呈现、传播四大环节中，数字科技正发挥着持续加快运作效率、提升产出品质等突出作用。[①]从影响机制看，产业科技在粤港澳大湾区文化产业圈的科技融合与数字化进程中扮演了重要触媒因子作用，通过对文化资源的在线数字化采集、文化产业链的流程重塑、文化内容展现形式／服务形式的革新，深刻影响着文化产业圈的生产组织模式、流通传播模式、消费行为模式。

图1-14　文化产业的科技融合化进程

（三）粤港澳大湾区文化产业圈圈域互动逻辑

粤港澳大湾区文化产业圈演化发展是文化、产业、城市群三大作用力相互作用、联动反馈的动态过程。作为一种文化现象，粤港澳大湾区文化产业圈的形成演化是在岭南文化区这一文化共同体本底下逐渐发展、融合、成熟的文化经济体。作为一种经济现象，粤港澳大湾区文化产业圈的形成发展离不开其特有的城市群地理格局与现代产业体系。从动力机制讲，粤港澳大湾区文化产业圈的形成是文化风貌、文化共识、产业质量、产业组织、产业科技、城市人口、区域交通基础设施等多种空间因素、文化要素相互作用—联系反馈的集合作用。从空间机制讲，其形成发展存在着水平要素流动和垂直格局叠加作用这两种发展路径（见图1-15）。

---

①　钱明辉、郭佳璐、匡月晴、齐悦：《我国文化科技融合模式：聚类、特征与价值》，《科技与出版》2022年第4期，第153-160页。

类型	过程
水平	各种文化要素流在空间中水平"流动"迁移集聚扩散的过程 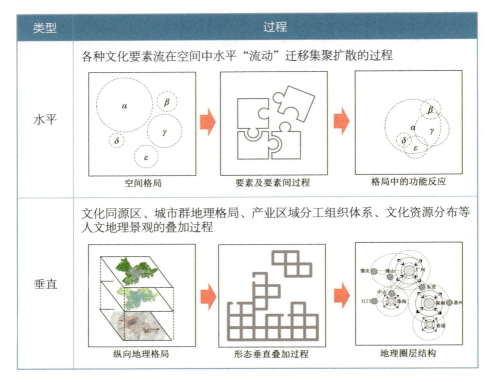
垂直	文化同源区、城市群地理格局、产业区域分工组织体系、文化资源分布等人文地理景观的叠加过程

图1-15　粤港澳大湾区文化产业圈空间路径解析

　　粤港澳大湾区具有以岭南文化为核心、融合多元文化的文化体系。三地人缘相亲、文缘相通，地缘相近，岭南文化根植人心。在"9+2"城市群经济地理格局以及大湾区产业发展中心集聚、梯度扩散、产业分工的多元因素影响下，粤港澳大湾区形成了特有的内部圈域互动以及对外合作互动联系机制。在大湾区内部，文化产业的空间链接呈现出"中心—外围"向心与离心协同耦合的复杂圈域互动形态。高等级文化生产要素以及金融、科技等高端产业链资源仍然持续向核心圈层集聚，生产性文化资源、低附加值文化制造环节有序向外围圈层扩散。与此同时，粤港澳大湾区文化产业圈作为一个文化产业的高等级集聚经济体，与文化产业圈外围的粤东、粤西、粤北文化产业起步发展之间形成了有机的多元活动，形成了诸如大湾区文化科技+粤东、粤西、粤北文化资源、大湾区文化金融+粤东、粤西、粤北文化产业园区载体、大湾区文化头部企业+粤东粤西粤北分支机构等文化产业经济联系模式。

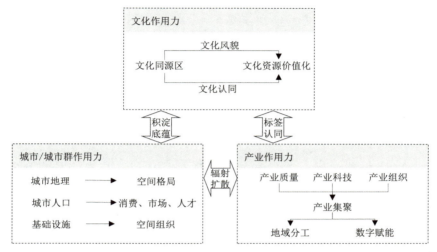

图1-16 粤港澳大湾区文化产业圈圈域互动逻辑解释图

参考文献

［1］《坚守人民情怀，走好新时代的长征路——习近平在湖南考察并主持召开基层代表座谈会纪实》，《人民日报》2020年9月21日。

［2］《习近平在会见第四届全国文明城市、文明村镇、文明单位和未成年人思想道德建设工作先进代表时强调 人民有信仰民族有希望国家有力量 锲而不舍抓好社会主义精神文明建设》，《人民日报》2015年3月1日。

［3］习近平：《坚定文化自信，建设社会主义文化强国》，《求是》2019年第12期。

［4］黄坤明：《推进社会主义文化强国建设》，《人民日报》2020年11月23日。

［5］江小涓：《数字时代的技术与文化》，《中国社会科学》2021年

第8期。

　　[6]范玉刚：《"文化强国"战略视野中的文化产业发展研究》，北京：中国社会科学出版社，2017年。

　　[7]贺灿飞：《高级经济地理学》，北京：商务印书馆，2021年。

　　[8]许学强、周一星、宁越敏：《城市地理学》，北京：高等教育出版社，2002年。

　　[9]李志刚、何深静、刘玉亭：《中国城市社会空间》，北京：科学出版社，2021年。

　　[10]司徒尚纪：《广东文化地理》，广州：广东人民出版社，2013年。

第二章

粤港澳大湾区的文化
特质与文化资源

岭南文化是粤港澳三地共同的文化基础，它与中原文化一脉相承，又在岭南地区频繁的内外文化交流中发展出了鲜明的个性。粤港澳大湾区的文化资源丰富多样，主要包括历史文化资源、城市文化资源、自然文化资源和改革开放文化资源四类，并呈现各具特色的地域分布特征。扎根粤港澳大湾区的岭南文化基础，有效开发大湾区现有文化资源，发展具有大湾区底色的文化生产力，是构建粤港澳大湾区文化产业圈的基础命题，也是增强大湾区人民文化认同和文化自信的有效路径。

一　岭南文化的起源与特征

岭南文化是粤港澳三地共同的历史文化基础，在大湾区具有深广的文化影响力与凝聚力。岭南，是由越城岭、都庞岭、萌渚岭、骑田岭、大庾岭组成的五岭以南区域，包括现在的广东、广西、海南、香港、澳门二省一个自治区二个特别行政区。一般而言，岭南文化指的就是岭南地区的地方文化，它是岭南人民在长期的社会实践中创造的物质文化和精神文化的总和，是中华民族优秀文化的重要组成部分。[①]粤港澳位处岭南地区的中心地带，自古以来历史相承、文化同源，依托经济、政治上的统辖力和影响力，成为岭南文化的核心区。

（一）岭南文化的起源

岭南文化的历史可追溯到约50万到80万年前以郁南磨刀山遗址、曲江

---

① 左康华：《岭南优秀传统文化滋养下的广东人文精神——新时期广东人文精神建设研究》，《广东开放大学学报》2018年第6期，第24-27页。

图2-1　雕塑《开辟烟瘴万代影》表现的岭南先民形象
资料来源：课题组摄制。

"马坝人"、峒中岩"封开人"为代表的旧石器文化时代。①岭南原始文化始于内陆、继而向海滨扩散。在此期间，珠江流域和五岭本土的南越、西瓯、骆越等古"百越"族先民在这里生存繁衍，形成了土著居民的原生态文化形态，如多神崇拜、吃蛇、断发文身等奇异风俗。

秦始皇平定百越后，设置桂林、象和南海三郡，其中南海郡即管辖今包括广州、深圳、香港、澳门在内的广东大部分地区。为了巩固对岭南的统治，秦始皇将几十万之众的中原汉人迁入岭南，推行汉字、汉度量衡与秦刑法。秦亡之后，赵佗建立南越国政权，实行"和辑百越"政策，带来了中原地区的思想、文艺和典章制度，促使岭南地区从原始社会迅速走入

---

① 司徒尚纪、许桂灵：《从习近平总书记关于历史和传统文化的论述看岭南文化的起源与影响》，《岭南文史》2019年第3期，第1—6、11页。

农耕文明时代。此后，历代的战争征伐或政治变革促使了多次移民潮的形成。唐宋时期，中原文化大举南下，发展为岭南地区的主流文化。

岭南地区面向南海，自古便与海外诸国来往频繁。秦汉时期是岭南文化形成的重要阶段，从南越王墓等出土文物可见，岭南文化在秦汉时便已吸收了不少异域文化元素。[①]公元3世纪开始，广州取代徐闻、合浦成为海上丝绸之路的主港，有力带动了岭南地区经济社会的发展。近代西学东渐，西方科学技术、经济思想、教育、医学、学术理论等开始大规模输入岭南，岭南文化大量吸收与初步融会了西洋文化，最终演变出新的文化特质。[②]

从古百越先民的繁衍创造，到秦朝以来政治、经济与人口的发展变迁，岭南地区包容并蓄，多股文化源泉在这里聚合交汇。概括而言，岭南文化的起源主要包含三个部分：一是珠江流域和五岭本土古百越族先民的文化，二是秦汉以后随移民传入的中原文化，三是因海上商贸活动与近现代对外交流注入的域外文化。

（二）岭南文化在粤港澳三地的变迁

粤港澳以岭南文化为共同的历史文化基础，在语言上同声同气，在文化上同根同源。随着澳门、香港先后被葡萄牙、英国侵占，三地在边界上被分割开来。此后，岭南文化在粤港澳三地相对独立又差异化的经济社会背景中发展演化，与不同外来文化碰撞交融，呈现出更为多元化的面貌。

澳门地区在新石器时期便已有原始居民繁衍生息，至秦统一中国时正式纳入中国版图，归属于南海郡番禺县。南宋灭亡之际，大量的华人迁至澳门，开始形成居民点。1553年，葡萄牙人开始居住澳门，并于1557年通过

---

① 周永卫、邓珍、万智欣、温淑萍：《秦汉岭南的对外文化交流》，广州：暨南大学出版社，2014年，第1—2页。

② 刘圣宜、宋德华：《岭南近代对外文化交流史》，广州：广东人民出版社，2018年，第1—18页。

贿赂官员的方式向明朝申请了居住权。清政府开放海禁后，澳门逐渐成为中国沿海最重要的中外贸易口岸，也成为鸦片战争前几百年间中国唯一持续对外开放且允许外国人定居的区域。[①]葡萄牙人居住并殖民澳门的400多年间，形成了大量风格独特的历史文化遗迹以及土生葡人这一特殊群体，在澳门留下了土葡菜馆、土葡话剧等文化痕迹。居住澳门的还有来自西班牙、英国、意大利、德国、日本、印度等国的居民。多元多彩的异域文化冲击了澳门原有的文化形态，形成了岭南文化与西方文化共融的风格特点。[②]

　　香港地区在英国殖民前一直由广东行政管辖，在生活习惯、风俗传统、文化结构等方面皆以岭南文化为根基。1842年后，英国通过《南京条约》《北京条约》《展拓香港界址专条》相继占有香港岛、九龙和新界，对香港进行了长达100多年的殖民统治。鸦片战争之后，以广府人为主体的内地人大量迁入香港，使得广府文化逐渐成为主流。港英殖民者为了维护其在香港的统治，在扶植当地华人精英的同时，对以岭南文化为主体的中国居民传统习俗和理念持包容态度，允许保留部分源于《大清律》的法律条文。另外，港英政府全面引进并实施了英国的政治、经济和法律制度，大力推广英语及西方的建筑、艺术、宗教乃至生活方式、价值理念与意识形态。在这种背景之下，中西文化在香港经过一个多世纪的共存、碰撞、融汇、创新，既维持着与岭南文化的基底，又散发出浓烈的"洋味"，出现新的文化特质。20世纪60年代后，香港经济腾飞并成为"亚洲四小龙"之一，现代文化开始在这个城市蓬勃发展，广播影视、音像出版等行业迅速崛起，电影、电视、流行音乐、武侠小说、服饰等大众文化形式席卷了亚洲地区，成为具有世界影响力的流行文化时尚。

　　20世纪80年代，经济迅猛发展中的广州、深圳等城市依托毗邻香港的

---

　　①　刘圣宜、宋德华：《岭南近代对外文化交流史》，广州：广东人民出版社，2018年，第66页。

　　②　黎泽国：《岭南文化在粤港澳大湾区建设中的重要作用研究》，《特区实践与理论》2021年第1期，第101—109页。

图2-2　湘子桥——岭南文化与中华文化的共同纽带
资料来源：课题组摄制。

地缘文化优势与敢为人先的改革开放精神，从香港等地学习借鉴，在流行文化产业领域开内地风气之先，将广货、广东流行音乐、音像制品、时装等打造为广受内地人民欢迎的产品，有力地传播了粤语、新潮生活方式与价值理念，在二十世纪八九十年代引领了内地流行文化的发展。

（三）岭南文化的特征

在漫长的人口迁移及历史变迁中，岭南文化内涵不断丰富，与中原文化高度融合，更在独特环境中形成地方特色，呈现出多样性、同一性和独特性。这些特征也鲜明而典型地体现在粤港澳大湾区文化的特质之中。

1. 多样性

岭南文化内容丰富、基因多元、形态多样。从地域文化上看，岭南文化包括了广府文化、潮汕文化、客家文化、雷州文化和高凉文化等分支。从历史源流上看，岭南文化包含了古百越、中原、南洋、西洋乃至湖湘、巴蜀等文化因子。从品类上看，岭南文化涵盖了语言、文学、学术、音乐、绘画、书法、戏曲、工艺、建筑、园林、民俗、宗教、饮食、侨乡文化等诸多方面的内容。

　　粤港澳大湾区是岭南文化的核心区，将岭南文化的多样性特征浓缩在这片区域之中。悠久的发展历史中沉淀了文化品类的多样性。文学、学术、艺术、工艺、建筑、民俗、饮食等在大湾区皆高度发达、形态丰富。多民系、多民族带来了文化基因的多样性。粤港澳大湾区以广府、客家民系为主要人口构成，兼有瑶族、壮族等少数民族聚居点，历经上千年的发展，沉淀了丰富厚重的历史文化遗产和非遗文化资源。港澳因特殊历史背景，深受英国文化、葡萄牙文化影响，现仍有不少菲律宾、葡萄牙、印尼籍居民，呈现不同种族文化的交汇。大湾区为海外侨民的祖源地之一，有着诸多的华侨文化资源遗存，如中国首个华侨世界文化遗产项目"开平碉楼与村落"，更有广州、佛山等地骑楼建筑。改革开放以来，省内潮汕民系与湖南、湖北等各省人口快速迁入，带来了各式新移民文化，尤其充实了大湾区的美食文化宝库。随着对外开放的扩大，外来人口及其风俗习惯

图2-3　世界文化遗产江门市自力村碉楼群
资料来源：课题组摄制。

图2-4　梅关，岭南与中原的交通要道
资料来源：课题组摄制。

将继续对大湾区文化资源样态产生影响。

2. 一致性

岭南文化从根脉上传承自华夏文明，与中华大地其他区域文化有着一致的根源、分享着同样的底色。两宋时期，中原文化已成岭南文化的主流，大规模的移民"以南岭脚下的珠玑巷为据点，再广泛地迁入岭南各地。由此岭南文化与中原文化的融合基本完成，作为中华传统文化有机构成的岭南文化基本成形"①。

处于岭南地区的粤港澳大湾区，其文化资源呈现与中原文明一体化特征，不仅表现在思想道德、价值理念上，更表现在民俗、宗教、饮食、文学、艺术、工艺、建筑、园林等诸多方面。近代以来，珠三角地区在中华文化现代转型中充当先锋队、排头兵与主力军的角色，发生了诸多重要历史事件，成为革命文化和先进文化的重要起源地，大湾区红色文化是中国红色文化的重要组成部分。

①　刘斯奋、谭运长：《岭南文化的独特价值在哪里》，《同舟共进》2007年第6期，第5-9页。

3. 独特性

岭南地区因五岭的阻隔、远离政治中心、商业气息浓厚、长期与海外接触等因素，在思维方式、价值理念、审美情趣等方面保留着一定的独特性与异质性，在文化风貌、风土人情、工艺技术上更有着强烈的地方特色。

粤港澳大湾区有着独特的历史地理背景，其文化更有独特之处。建筑风貌上，广式建筑、园林呈现独特的岭南风貌，陈家祠、西关大屋、广东清代四大名园（余荫山房、梁园、清晖园、可园）展示出精巧别致、以小胜大的典型风格，骑楼商业街等反映了与南洋诸国商贸往来的悠久历史。风土人情上，春节逛花街、花灯会、水上婚嫁等民俗活动展现了浓郁的地域特色，基于民间信仰的各类民间庆典和狂欢活动传达出独特的地域风情和文化观念。非物质文化遗产上，广东武术、广东音乐、醒狮、龙舟等展现了地方精神面貌，独特的语言环境促成了粤剧与汉剧等地方戏曲品种。

图2-5　广州同章简公祠内的龙舟头
资料来源：课题组摄制。

思想精神上，大湾区人开放进取、包容创新、务实变通的精神反映在了物质及非物质的文化形式之中，成为挖掘湾区文脉、凝聚湾区认同、弘扬湾区精神的基本资源。

（四）岭南文化与大湾区文化产业发展

1. 大湾区是岭南文化的核心区

大湾区坐落有广州、深圳、香港、澳门等重要城市，是中国古代海上丝绸之路的发祥地、近现代革命的策源地、改革开放的前沿地，更是岭南文化的中心地。[①]从政治历史脉络上看，广州在南越时期曾为封建古都，也是岭南地区历代郡、州、府、省的治所，自古以来便是岭南地区政治、经济、文化的中心。文化教育上，广州自汉代设置官学，宋代至明清兴建了大量的书院，一直为岭南地区的教育重镇，时至今日仍是广东教育资源最为集中的城市。大湾区还有香港、深圳、澳门等名校云集的城市，当下已是世界瞩目的一大教育中心。文学艺术上，广府为岭南文艺的创作基地，其影响遍及全国，享誉海外。岭南画派、粤剧和广东音乐作为岭南文化的三大特色，其创作演艺人才涌动之所、创新发展兴盛之地皆在广府地区。此外，在民俗文化、宗教文化、学术文化、饮食文化、建筑文化等方面，大湾区皆特色鲜明、影响广泛。

2. 岭南文化是大湾区文化产业发展的宝藏与根基

岭南文化是大湾区文化产业发展的资源宝藏和文化根基，是湾区人凝聚共识、共同推进湾区发展的文化纽带。大湾区文化丰富多样、源自中原、富具特色，在文化产业蓬勃发展的当下展现出巨大的开发潜力。当前，在大力发展文化产业的背景下，需充分推动大湾区岭南文化的资源化，可将其分为历史文化资源、城市文化资源、自然文化资源和改革开放

---

① 甄人：《岭海雄风气贯长虹——广州"四地"概述》，载李明华主编：《广州：岭南文化中心地》，香港：中国评论学术出版社，2007年，第4—19页。

文化资源四大类。建设大湾区文化产业圈，要继续发挥岭南文化开拓进取、引领潮流、开放包容、守信务实的传统①，充分开发利用四类文化资源，吸纳各方人才汇聚湾区，促进粤港澳多元文化交融创新，推动文化产业繁荣发展。

二　粤港澳大湾区文化产业圈的文化资源分布

文化资源是文化产业开发过程中将地方文化进行资源转化的结果，是文化产业生产活动的特殊要素。文化资源的原身是文化，是被空间关系和区域划分界定出来的社会文化事象的集合。文化要被对象化、价值化、载体化、标准化和计量化，才能够被大规模地持有和交换，成为可供文化产业开发的有效资源。粤港澳大湾区的文化资源主要包括历史文化资源、城市文化资源、自然文化资源和改革开放文化资源四类，并呈现不同的地域分布特征。

（一）历史文化资源

历史文化资源是历史上人类社会文化活动留下的痕迹，是历史文化信息的承载，也是具有人文价值和传统价值的生产资源。粤港澳大湾区的历史文化资源体现着岭南文脉的源远流长和文化昌盛，也是呈现粤港澳大湾区文化和中华文化骨肉相连的历史依据。粤港澳大湾区作为华南文化产业集聚地带，对本地历史文化资源的吸纳与转化，是中华优秀传统文化创造性转化和创新性发展的重要命题。依据历史文化资源的不同形态，我国政府已经建立了多个渠道的历史文化资源整理和发掘机制。这些资源经过官方机构的标准化认定，具有很强的公共性和可获得性，即能够通过统计数

---

① 徐远通：《充分发挥岭南文化在粤港澳大湾区建设中的作用》，《岭南文史》2018年第3期，第10—13页。

据表现出空间分布特征，能够为粤港澳大湾区文化产业开发利用。

1. 历史文化空间资源

粤港澳大湾区文化产业圈既是现代产业空间，也是历史文化空间，其内部存在大量具有强烈在地性的历史文化资源。这些资源或难以挪动，或与地方社区高度共生，一方面难以转移或难以移植，另一方面又能在当地文化空间的建设中发挥重要作用。我们将这类资源统称为历史文化空间资源。当代中国政府的文化工作从多个角度整理了历史文化空间资源，包括各级文物保护单位、国家历史文化名城名镇名村、中国传统村落、各级历史建筑等。这些工作成果能够反映粤港澳大湾区历史文化空间资源的地区分布，对粤港澳大湾区文化产业圈的空间布局分析与规划具有基础性意义。综合权威性、开放性、可获得性、连续性和时效性等多方面因素，我们依照现有政府公开信息，选取了文物保护单位、历史文化名城名镇名村和民间文化艺术之乡三种历史文化空间资源，反映粤港澳大湾区文化产业

图2-6　佛山南风古灶，承载石湾陶瓷技艺传承的历史文化空间
资料来源：课题组摄制。

圈的历史文化空间资源情况。

（1）文物保护单位

文物保护单位的评定与公布，是我国党政机关对中国历史文化空间资源进行发掘和整理工作中，持续时间最长、制度最成熟、成果最丰富的一项工作，具备涵盖国家级、省级、市级和区县级的完备体制，适合作为表现历史文化空间资源的空间分布指标使用。当前，我国文物保护单位主要包括七类：古遗址类、古墓葬类、古建筑类、石窟寺及石刻类、近现代重要史迹及代表性建筑类、革命遗址及革命纪念建筑物类和其他类。目前，位于广东境内的国家级文物保护单位共有8批133项（不含归并项目2处），其中分布于珠三角九市的共有72项；省级文物保护单位共9批828处，其中位于珠三角九市境内有355处。

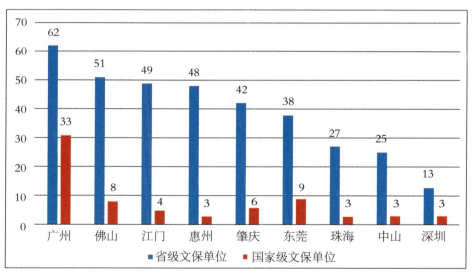

图2-7　珠三角各市国家级与省级文物保护单位数量
数据来源：课题组据文化和旅游部与广东省文化和旅游厅发布文件整理。

从粤港澳大湾区内的两级文保单位的分类数量看，以古建筑为最多，国家级有24项，省级有166项。近现代重要史迹及代表性建筑的数量仅次于古建筑，其中国家级有26项，省级有92项。粤港澳大湾区的省级和国家级近现代重要史迹及代表性建筑占全省总量一半以上，体现了这一区域在中国近现代史上的重要地位。此外，2015年，广东省还公布了第一批广东省水下文物保护区2处，其中"南海I号"水下文物保护区位于大湾区内的江门市与阳江市交界处海域。

表2-1　珠三角国家级与省级文物保护单位分类数量表①

分类	省级文物保护单位（处）	国家级文保单位（处）
古建筑	166	24
近现代重要史迹及代表性建筑	92	26
古遗址	34	7
石窟寺及石刻	26	2
革命遗址及革命纪念建筑物	18	10
古墓葬	17	2
其他	0	1

数据来源：课题组据文化和旅游部与广东省文化和旅游厅发布文件整理。

尽管港澳没有文物保护单位制度，但也有自己的文物古迹保护方式。香港颁布《古物及古迹条例》，至2021年7月16日，已宣布香港法定古迹129项。②澳门依据其《文化遗产保护法》从2018年至2021年评出三批建筑文物（不动产），共计151项。③

（2）历史文化名城名镇名村（街区）

历史文化名城名镇名村意味着历史文化信息及其物质载体富集的区域和社区。依照《历史文化名城名镇名村保护条例》，申报历史文化名城、

---

① 仲恺农校旧址与三灶岛"万人坟"遗址为单独公布，公布时文件未标明分类，故不计入本统计表。

② 资料来源：《香港法定古迹》（截至2021年7月16日），香港古物古迹办事处官方网站。

③ 资料来源：《澳门特别行政区行政法规》第31/2018号，第31/2019号，第37/2021号。

名镇、名村的城市、镇、村庄需要具备下列四项条件：保存文物特别丰富；历史建筑集中成片；保留着传统格局和历史风貌；历史上曾经作为政治、经济、文化、交通中心或者军事要地，或者发生过重要历史事件，或者其传统产业、历史上建设的重大工程对本地区的发展产生过重要影响，或者能够集中反映本地区建筑的文化特色、民族特色。在开发这类历史文化资源时，应当注意上述特点，在发挥其文化价值时保持其空间整体性、协调性。

我国在1982年已经公布了第一批历史文化名城，于2003年公布了第一批历史文化名镇、名村。2008年7月1日开始实施的《历史文化名城名镇名村保护条例》，标志着这项工作正式走向体系化。广东省在国家相关规划的指导下开展历史文化名城、名镇、名村（街区）认定工作。1991年，广东省政府批准了首批广东省历史文化名城。此后，这项工作随着整体规划的调整和推进有多方面调整。2015年，广东省公布了《广东省历史文化街区、名镇、名村认定办法》，以及广东省境内历史文化名城、名镇、名村、街区

图2-8　国家历史文化名城潮州
资料来源：课题组摄制。

表。①2020—2021年，广东省人民政府重新公布了三批广东省历史文化街区。

至2021年12月，广东省有国家历史文化名城8个。粤港澳大湾区境内有5个，即广州、佛山、肇庆、中山与惠州。广东省省级历史文化名城共有16个，分别于1991年与1996年公布。其中，位于粤港澳大湾区内的共有5个。至2021年7月，广东省有国家级历史文化名镇名村（街区）共41个，其中位于粤港澳大湾区内有22个；省级历史文化名镇9个，省级历史文化名村45个，其中位于粤港澳大湾区内的名镇有3个，名村有25个。2015年以后广东省重新公布的省级历史文化街区共有104个，其中位于粤港澳大湾区内的共有76个。具体城市分布如表2-2所示。

表2-2　珠三角各市国家级与省级历史文化名镇名村（街区）数量

城市	省级历史文化街区（2020—2021）	省级历史文化名镇名村（2015）	国家级历史文化名镇名村（街区）
广州	26	4	3
深圳	0	0	1
佛山	20	7	4
东莞	6	8	3
中山	4	1	3
珠海	6	1	2
江门	4	0	5
肇庆	4	4	0
惠州	6	3	1

数据来源：《历史文化名城、名镇、名村、街区表》，广东省文化和旅游厅官方网站，发布时间为2015年7月30日。《广东省人民政府关于公布广东省历史文化街区名单的通知》《广东省人民政府关于公布第二批广东省历史文化街区名单的通知》《广东省人民政府关于公布第三批广东省历史文化街区名单的通知》。发布时间分别为：2020年4月9日；2021年3月21日；2021年7月1日。

---

① 资料来源：广东省文化和旅游厅官方网站。

（3）民间文化艺术之乡

民间文化艺术之乡是我国政府设立的群众文化品牌项目。2018年印发的《"中国民间文化艺术之乡"命名和管理办法》要求当地具备高度活态化和常态化的民间文化艺术活动和相关主体，具有相当的文化影响和示范作用，拥有当地政府的重视和经常使用的场地。民间文化艺术之乡的另一个特点是具有动态性，每三年更替一次名单。这些条件意味着获得称号的地方社区存在着政府与社区居民皆高度参与其中的、活跃程度较高的历史文化资源。

自2011年至2022年6月，广东省共有42个地区获得中国民间文化艺术之乡称号共55次。其中位于粤港澳大湾区内的有25个。广州市沙湾街、佛山市石湾镇、梅州市梅县区均连续三届获得中国民间文化艺术之乡称号。在2021—2023年轮次，广东有中国民间文化艺术之乡11个，其中位于粤港澳大湾区内的有5个。本轮广东省民间文化艺术之乡有50个，其中位于粤港澳大湾区的有25个。其详细地区分布情况如表2-3所示。

表2-3　珠三角各市国家级与省级民间文化艺术之乡数量

城市	广东省民间文化艺术之乡	中国民间文化艺术之乡
广州	6	2
深圳	2	0
佛山	4	2
东莞	4	0
中山	3	0
珠海	1	1
江门	2	0
肇庆	1	0
惠州	2	0

数据来源：《广东省文化和旅游厅关于"广东省民间文化艺术之乡"候选名单的公示》，2021年8月10日。《文化和旅游部关于命名2021—2023年度"中国民间文化艺术之乡"的通知》附件《2021—2023年度中国民间文化艺术之乡名单》，2021年11月3日。

2. 非物质文化遗产资源

非物质文化遗产是粤港澳三地共享的文化资源整理框架和历史文化建设框架。依照2003年联合国教科文组织《保护非物质文化遗产公约》，非物质文化遗产"指被各社区、群体，有时是个人，视为其文化遗产组成部分的各种社会实践、观念表述、表现形式、知识、技能以及相关的工具、实物、手工艺品和文化场所"。非遗项目常常需要社区空间承载，但其精神内核往往能够跨地域流传，在多个地区生存下来或发挥影响。这类资源既是粤港澳大湾区文化产业圈地域相近、人缘相亲、文化相通的历史基础，也具备超越地方社区而面向大众市场的产业潜力。

粤港澳三地都有相当数量的非遗项目，共计有国家级非遗项目189项，省级非遗项目833项。其中，广东省内有国家级非遗共计10类165个子项；省级非遗共计10类808个子项。香港特别行政区有国家级非遗12项，特区非遗名录含非遗20项。澳门特别行政区有国家级非遗11项，特区非遗名录含非遗12项。这些非遗在各市分布的详情如表2-4所示。

表2-4 粤港澳大湾区国家级与省级非物质文化遗产项目（子项）数量

地区	城市	国家级非遗	省级非遗
广东省直单位		9	7
珠三角	广州	17	92
	深圳	8	35
	佛山	15	55
	东莞	9	54
	中山	6	24
	珠海	4	18
	江门	8	34
	肇庆	3	29
	惠州	3	27

（续上表）

地区	城市	国家级非遗	省级非遗
香港		12	20
澳门		11	12

数据来源：国家级非遗数据来自中国非物质文化遗产网；省级非遗数据来自《广东省人民政府关于公布广东省第八批省级非物质文化遗产代表性项目名录的通知》。

从非遗项目的类别分布看，广东的传统工艺类非遗最多，含国家级非遗18大项18子项，省级非遗107大项164子项；传统美术类非遗也较丰富，计41大项82子项。广东的民俗类非遗数量仅次于传统工艺类非遗，含国家级非遗15大项32子项，省级非遗74大项121子项。广东的传统舞蹈类非遗数量也较多，含国家级非遗11大项32子项。这些数据反映了岭南文化在工艺美

图2-9　广东省非遗传承人翟惠玲的广彩作品《琴棋书画》
资料来源：广东省工艺美术协会提供。

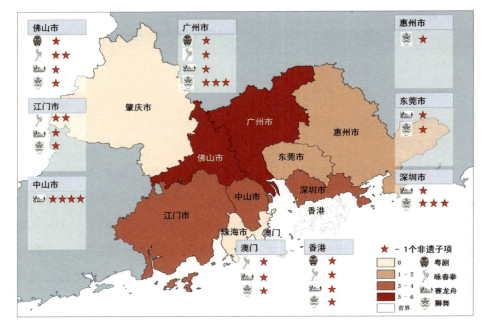

图2-10　粤港澳大湾区代表性非遗项目分布情况
资料来源：课题组绘制。

术、民俗生活和民间艺术方面的深厚积淀和广泛影响。

　　广东省部分非遗项目影响范围相当广泛，在各地具有诸多变体和变式，最典型的是广东舞狮。广东舞狮在我国非遗十大分类中属传统舞蹈，名称为"狮舞"（国家非遗编号Ⅲ-5，广东省非遗编号Ⅲ-2），共有国家级非遗6个子项，省级非遗24个子项。狮舞的分布范围涵盖广州、深圳、佛山、惠州、揭阳、茂名、韶关、梅州等市，遍布珠三角与粤东西北各地区。香港和澳门虽然没有将狮舞列入其非物质文化遗产代表作名录，但其非遗清单中均有舞狮项目。此外，粤剧、赛龙舟、咏春拳、龙舞、麒麟舞、中秋节、端午节、飘色等也是在粤港澳三地影响非常广泛的非遗项目。

　　3. 其他历史文化资源

　　古籍文献资源是历史文化最重要、最权威的载体之一，必须纳入粤港澳大湾区历史文化资源的分类之中。丰富的古籍文献积淀形成的高度连续性，是中华文明和中华文化的鲜明特征，也是粤港澳大湾区文化产业圈面向国际文化产业领域的重要资源优势。目前，以粤港澳大湾区文化产业圈为框架，对古籍文献资源的空间分布进行分析还存在两种困难。一是古籍文献资源在粤港澳三地的储藏量不透明。古籍文献主要保存和管理机构，尤其是专业图书馆往往不单独公布其古籍文献储存情况。二是古籍文献资源的统计和计量还没有完全标准化。文献分类、保存情况和版本差别都有可能导致古籍文献资源的计量统计情况发生变化。故此，要厘清粤港澳三地的古籍文献资源概况，还需要进行相当的努力。

专栏2-1

中国国家版本馆广州分馆（文沁阁）

中国国家版本馆广州分馆（文沁阁）于2022年7月23日落成，它是我国国家版本馆"一总三分"架构中的区域性版本资源聚集中

图2-11　中国国家版本馆广州分馆（文沁阁）
资料来源：黄岚、廖雪明：《面朝流溪河，背靠凤凰山，中国国家版本馆广州分馆来啦！》，广州日报大洋网，2022年7月27日。

心和中央总馆的异地灾备中心，是中华文明种子基因库的重要组成部分，在文化安全和文化复兴战略中具有重要地位。中国国家版本馆广州分馆着力构建由反映改革开放以来尤其是党的十八大以来建设发展成就版本、岭南文化版本、港澳台版本、海外中华版本、外文精品版本、工业设计版本组成的资源体系。该馆版本入藏量已达256万册（件），其中收藏重点历史文献、岭南文化、侨批侨刊、票据票证、音响唱片、科学技术等各类特色版本20余万册（件）。①

　　历史文化名人是集历史文化于一身的社会主体。这类资源能够直接转化为人物形象和叙事角色，也常常拥有广泛的社会关系网络和社会文化影响，是粤港澳大湾区文化建设和产业发展不可忽视的文化资源。我国史学传统和方志传统都有志人的传统，形成了异常丰富的资源基础。粤港澳三地名人辈出，尤其是近现代以来，在中国历史的进程中多次发挥积极影响，这又是粤港澳大湾区文化产业圈一份特殊的优势资源。历史文化名人要在粤港澳大湾区文化产业圈的框架下转换成为历史文化资源，也有一定的不便之处。一方面，历史文化名人的文化影响是跨地域的，因此很难依照地区分布进行统计。另一方面，历史文化名人是社会权力主体，肆意开发容易产生社会矛盾和社会冲突，还需要明确一系列的利用原则与方法。

---

① 王忠耀、吴春燕：《广州国家版本馆：岭南文化遇见时代新韵》，光明网，2022年8月4日。

图2-12　肇庆包公祠：围绕历史文化名人资源构建的城市文化空间
资料来源：课题组摄制。

（二）城市文化资源

城市文化资源是当代城市文化活动的各项成分，包括城市内的文化空间、文化设施、文化信息、文化组织等，是文化产业汲取文化生产要素的主要渠道之一。在中国特色社会主义市场经济条件下，城市文化资源与城市文化产业是相互依存、共同发展、一体两面的关系。粤港澳大湾区城市文化资源是粤港澳大湾区城市圈建设的重要内容，也是粤港澳大湾区城市文化产业圈的活力源泉。城市文化资源长期处于现代城市管理框架中，具有很高的标准化程度，计量统计体系相对完整。目前纳入我国政府公开统计数据中的城市文化资源主要包括三类：公共文化机构、高等院校与科研机构和文化市场经营机构。此外，随着现代城市文化产业的快速发展，文化产业园区和文化展会也成为文化生产要素重要的公共供给渠道。上述四类城市文化资源，是当前粤港澳大湾区文化产业圈建设需要重点发掘、整理和布局的对象。

1. 公共文化机构

公共文化机构是具备挖掘、储存和转化文化资源能力的社会主体和文化空间，是当代文化生产者获取地方文化资源的主要途径，反映城市的公共文化供给能力，主要包括图书馆、博物馆（美术馆）、文化馆、文化站、档案馆等。公共文化机构不仅要发掘和整理当代的城市文化资源，也

图2-13　广州图书馆
资料来源：课题组摄制。

负责当代公共文化资源、人文知识和思想的生产工作，主要体现在文化空间的营造以及相关文献和物质载体的搜集、储存和生产方面。

　　粤港澳大湾区城市群具有发达的经济基础和人口基础，当地文化事业机构搭建起了较为发达的公共文化服务网络。珠三角九市的公共文化机构主要由政府文化事业机构组成，包含省（市、区）各级图书馆、博物馆（美术馆）、文化馆、文化站、档案馆。香港和澳门的公共文化机构，在统计数据上不计入文化馆与文化站，也不计入档案馆。这些公共文化机构的数量和地区分布如表2-5所示。

表2-5　粤港澳大湾区公共文化机构数量（2020年）

单位：个

属地		公共图书馆	博物馆（含美术馆）	文化馆	档案馆
省直		1	3	1	16
珠三角	广州	13	61	12	14
	深圳	12	63	10	11
	珠海	4	3	4	5
	佛山	6	25	6	8
	惠州	5	10	6	8
	东莞	1	18	1	2
	中山	1	9	1	2
	江门	8	15	8	8
	肇庆	9	10	9	10
香港		82	15	—	—
澳门		77	28	—	—

　　数据来源：《广东统计年鉴》（2021）；《香港统计年刊》（2021）；《澳门统计年鉴》（2021）。

　　我国政府的公共文化机构，尤其是"三馆一站"，主要是依照行政区划设置的，即省、市、区县集中设置图书馆、博物馆、文化馆和档案馆机构，故这些机构的数量和行政区数量高度重合。珠三角九市近年来也推行图书馆总分馆制度，但其分馆并未纳入图书馆机构数量统计。反过来看，香港和澳门将小型图书馆或图书室纳入统计，其图书馆数量显得较高。考虑到各机构间的规模差异，我们可以引入公用建筑面积作为参考指标，进一步对比公共文化空间的地区分布。

表2-6　粤港澳大湾区公共文化机构公用建筑面积（2019年）

单位：万平方米

属地		公共图书馆	博物馆	文化馆	文化站
省直		9.10	7.30	0.81	—
珠三角	广州	27.51	23.27	0.72	46.06
	深圳	27.47	28.82	11.74	33.98
	珠海	5.18	1.08	4.08	8.18
	佛山	9.89	12.47	6.60	32.38
	惠州	4.79	4.76	2.78	15.00
	东莞	4.31	11.34	2.43	62.17
	中山	7.17	4.06	0.72	16.59
	江门	5.89	7.58	4.77	13.29
	肇庆	4.38	3.45	3.37	13.26
香港		—	—	—	—
澳门		9.75	—	—	—

数据来源：《广东文化及相关产业统计概览》（2020）；《澳门统计年鉴》（2021）。

珠三角九市公共文化设施建筑面积总量以深圳、广州、东莞、佛山为最高，分别达到102万平方米，98万平方米、80万平方米和62万平方米。其余五市公共文化设施建筑面积总量差距不大，都在20万到30万平方米左

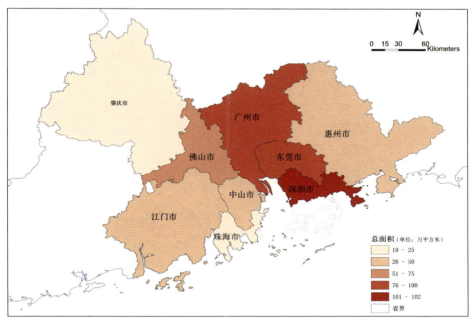

图2-14　粤港澳大湾区公共文化机构公用建筑总面积分布（缺港澳数据）
资料来源：课题组绘制。

右。单以图书馆建筑规模论，广州、深圳、佛山等市的公共图书馆建筑总面积都超过澳门。当然，这种优势也来源于这些城市比港澳拥有更大的土地面积，城市扩张的成本比上述两个特别行政区低。

2. 文化市场经营机构

文化市场经营机构是承载文化资源和文化内容，面向文化服务市场开放的空间载体或市场主体。这些文化市场经营机构体现大湾区对文化产品和线下文化消费的承载能力，反映地方现代文化娱乐消费的基础建设与活跃程度。广东省统计局对文化市场经营机构的统计范围，包括娱乐场所、网吧、非公有制艺术表演团体、非公有制艺术表演场馆、经营性互联网文化单位、艺术品经营机构和演出经纪机构七类。珠三角各市文化市场经营机构的数量和规模如表2-7所示。

表2-7　珠三角各市文化市场经营机构综合情况（2019）

		机构数（个）	从业人员（千人）	营业收入（亿元）	营业利润（亿元）
广东省本级		1382	45.13	999.56	100.72
珠三角	广州	1565	18.74	440.92	214.03
	深圳	2072	82.53	1108.57	84.89
	珠海	366	5.1	12.96	0.05
	佛山	852	6.84	6.03	0.49
	惠州	811	5.6	5.16	0.01
	东莞	1896	11.83	11.39	1.79
	中山	771	5.26	5.14	−0.07
	江门	622	3.67	3.04	0.01
	肇庆	266	2.15	1.48	0.12

数据来源：《广东文化及相关产业统计概览》（2020）。

3. 科研机构与高等院校

科研机构和高等院校是现代知识和思想的生产部门。一方面，科研机构与高等院校是推动文化资源发掘和人文思想进步的前沿力量，是文化引

图2-15　东莞松山湖科技产业园区一隅
资料来源：课题组摄制。

领风尚、教育市民、培育人才、服务社会的重要队伍，对提高中华文化自信起重要作用。另一方面，科研机构与高等院校所推动的科技进步与文化融合，是当代产业发展的战略性诉求。科研机构和高等院校的生产结果，无论是知识、思想还是人才，都具有相当的公共性质，因此可以视作城市文化资源的核心供给渠道。

粤港澳大湾区的文化产业离不开科技力量的发展，它在互联网媒体、数字技术和数字设备制造等方面的产业优势，都是科技发展厚积薄发的结果。2020年，广东的国内专利申请授权量达70.98万项，远高于江苏（49.91万项）、浙江（39.17万项）、北京（16.28万项）和上海（13.98万项）。[①]科技发展与文化产业融合的历史基础和经济成就也造就了良好的科技发展环境，为粤港澳大湾区文化产业圈积累了丰厚的文化资源。珠三角九市科研机构的基本情况如表2-8所示。

表2-8　珠三角各市科研资源情况（2019年）

属地	政府R&D机构数（个）	普通高等院校（个）	R&D活动人员（人）	R&D经费内部支出（亿元）
广州	94	81	22.90	677.70
深圳	7	13	37.79	1328.30
珠海	6	11	4.10	108.30
佛山	6	13	10.02	287.40
惠州	21	1	5.92	109.40
东莞	9	3	13.33	290.00
中山	2	1	3.33	65.40
江门	9	1	3.51	71.10
肇庆	14	2	1.23	24.90

数据来源：《广东统计年鉴》（2020）及珠三角各市统计年鉴（2020）。

---

① 数据来源：国家统计局"国家数据"网站。

4. 文化产业园区与文化展会

文化产业园区既是文化企业的集聚区，也是城市文化空间的重要组成部分，具有一定的公共属性。近年来，粤港澳大湾区的文化产业园区蓬勃发展，数量庞大，难以统计。2018年，仅深圳一市的文化产业园区就达到300多家以上。我国政府为规范和引领文化产业园区的建设，设立了各级文化产业示范园区。当前，粤港澳大湾区共有国家级文化产业示范园区1家，国家级文化产业示范基地26家，广东省文化产业示范园区29家。其分布情况可参考图2-16。

当前，粤港澳大湾区还有许多重要的文化展会，也可视为重要的城市文化资源。这些展会包括：中国（深圳）国际文化产业博览交易会，中国（深圳）科学技术应用与普及博览会，中国国际影视动漫版权保护和贸易博览会，广州文化产业交易会等。

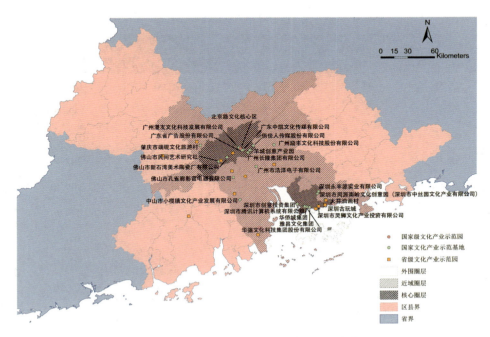

图2-16 珠三角各市重要文化产业园区分布
资料来源：课题组绘制。

（三）自然文化资源

广义的自然文化资源是一切文化资源的自然环境基础，是一切人类文化活动的物质保障。水土，传统工艺的原料，古建筑所面对的气候，都可以视为广义自然文化资源的一部分。狭义的自然文化资源往往指具有人文价值的自然区域及相关自然生态。粤港澳大湾区的自然文化资源具备鲜明的地域特点和浓厚的人文气息，是岭南文化、湾区文化和海洋文化和商贸文化的重要支点。鼎湖山、罗浮山、西樵山等名山，既是大湾区自然生态的重要载体，也保留着大量文物古迹与历史记忆，同时还是影视业、旅游业等文化产业的优质资源。当前，粤港澳大湾区的自然文化资源已经被我国政府纳入多种框架进行保护、管理和开发，主要包括自然保护地、景区和旅游度假区两大类。

自然保护地是由我国各级政府依法划定或确认，对重要的自然生态系统、自然遗迹、自然景观及其所承载的自然资源、生态功能和文化价值实施长期保护的陆域或海域，包括自然保护区、风景名胜区、地质公园、海洋公园、湿地公园等。截至2019年，广东省共有国家级自然保护区15个，省级自然保护区63个；国家级风景名胜区8个，省级风景名胜区18个；世界级地质公园2个，国家级地质公园11个，省级地质公园8个；国家海洋公园6个，国家级湿地公园27个，省级湿地公园6个。珠三角九市的国家级和省级自然保护地数量分布如表2-9所示。

表2-9 珠三角各市国家级省级自然保护地数量（2019年）

属地	自然保护区		风景名胜区		地质公园		湿地公园	
	国家级	省级	国家级	省级	国家级	省级	国家级	省级
广州	1	1	1	3	0	1	2	0
深圳	1	1	1	0	1	0	1	0
珠海	1	1	0	0	0	0	1	1
佛山	0	0	1	0	1	0	2	0

（续上表）

属地	自然保护区		风景名胜区		地质公园		湿地公园	
	国家级	省级	国家级	省级	国家级	省级	国家级	省级
惠州	2	5	2	0	0	0	1	0
东莞	0	0	0	0	0	0	1	0
中山	0	0	0	0	0	1	1	0
江门	0	4	0	1	1	0	3	1
肇庆	1	5	1	2	1	0	3	0

数据来源：开放广东，广东省林业局提供《2019广东省国家级、省级自然保护地名录》，2021年7月2日。其中，广东大亚湾水产资源省级自然保护区跨越深圳、惠州两市，在本表格中作为两个自然保护区分别计入两市。

（四）改革开放文化资源

改革开放文化是社会主义先进文化的重要内容。当前，我国7个经济特区有3个在广东，2个在粤港澳大湾区。港澳在我国改革开放的历史进程中扮演过重要角色。基于上述情况，粤港澳大湾区在坚定不移地全面深化改

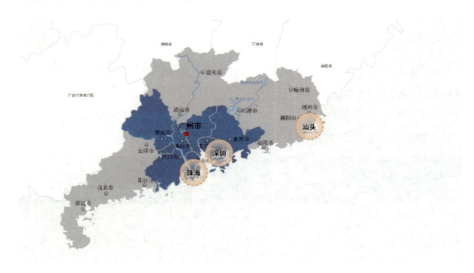

图2-17　广东省与粤港澳大湾区经济特区示意图
资料来源：课题组绘制。

图2-18 邓小平南方视察路线示意图
资料来源：课题组绘制。

革和扩大对外开放中承担着重要的历史使命。发掘、整理和转化改革开放文化资源，是粤港澳大湾区文化产业圈立足本土基础，发挥社会价值，营造中国良好国家形象的重大课题。当前，广东对改革开放史的梳理已经有多种成果，也形成了大潮起珠江——广东改革开放40周年展览馆等代表性公共文化空间。

1. 改革开放重要事件

改革开放重要事件是从改革开放历史叙事中切割出来的基本事件单元，也是改革开放文化资源走向系统化整理的基础，是情况、时间、地点、人物和物品五大要素的综合。当前，广东改革开放的历史梳理已经有比较权威的成果，如《广东改革开放史（1978—2018年）》、"广东改革开放40年研究丛书"等。此外，中共广东省委党校《广东改革开放纪事1978—2008》、周林生主编《广东改革开放大博览》等，也对大湾区改革开放重要事件的梳理有重要价值。邓小平南方视察是广东改革开放重要事件的标志性里程碑。

2．改革开放重要地标

改革开放重要地标是改革开放重要事件所发生的地点或不可移动的遗迹，也是粤港澳大湾区文化产业圈整理改革开放文化资源空间分布的直接依据。粤港澳大湾区改革开放重要地标众多，如深圳的渔民新村、罗湖口岸、国贸大厦、"时间就是金钱，效率就是生命"标语牌、前海石、莲花山公园邓小平铜像等；广州的永庆坊、白天鹅宾馆、东方宾馆、广东国际大厦等；珠海的港珠澳大桥、拱北口岸、华声磁带厂旧址等。

3．改革开放重要人物

改革开放重要人物是指在改革开放历史进程中发挥过重要作用的人物。这类资源有超越空间分布的特点，也体现粤港澳大湾区各地在改革开放历史进程中的联系。广东省在整理自身改革开放历史的过程中，也推出过以人物为核心的专题性成果，如官苑莹、吴晓云主编《感恩广东——记录为广东改革开放30年作出贡献的30个人》等。

4．改革开放重要文献文物

改革开放重要文献文物是改革开放历史进程的重要物质证明。这类

图2-19　改革开放重要地标
——渔民村村史博物馆
资料来源：课题组摄制。

图2-20　部分改革开放重要文献
资料来源：课题组摄制。

资源的空间分布具备双重性质，即一方面以改革开放重要事件的空间属性为基础，主要以相关博物馆的空间属性为基础。当前，广东改革开放40周年展览馆已经汇集了大量改革开放重要文献文物。此外，广东省档案馆编《图说广东改革开放30年》也展示了相当数量的改革开放重要文献。对这些文献与文物进行系统化的整理，是粤港澳大湾区改革开放文化资源建设的重要内容。

三　粤港澳大湾区文化产业圈文化资源开发思考

开发粤港澳大湾区的文化资源，将其弘扬光大，有效转化为文化生产力，打造富有湾区特色的文化产品，构建可持续发展的文化产业体系，有利于创新岭南文化，增强粤港澳大湾区的文化认同和文化自信，从而走向文化自强。

（一）大湾区文化产业圈文化资源的开发价值

对粤港澳大湾区文化资源进行开发利用，首先必须对岭南文化资源进行价值判断。

1. 文化价值

一是文化认同价值。岭南文化是岭南人共同的精神家园，是粤港澳共塑湾区人文精神、共建人文湾区的文化基石与精神力量，是维系三千多万粤籍华侨华人感情的文化纽带。在新时代，岭南文化资源向文化产品和服务的转化，是满足人民日益增长的美好生活需要的重要因素，更是提升社会幸福感、凝聚力、向心力的重要途径，对粤港澳大湾区凝聚共识、增进认同、促进民心相通具有积极意义。

二是文化传承价值。开发利用，推动岭南文化创造性转化、创新性发展，在保护中发展，在发展中传承，可以更好地赓续文化血脉、传承文化基因，推动岭南文化焕发出时代光彩，建设具有岭南风格、岭南气派的中华优秀传统文化传承创新先行区和示范区。大湾区文化资源开发乃至产业化发展，正是解决目前文化普遍存在的代际传承问题的路径选择。

三是文化交流价值。岭南文化具有走向世界与迎接世界的自我转变的现代适应能力。不忘本来，吸收外来，面向未来，大湾区将继续积极发挥岭南文化的外向型精神特质，主动承担中华文化走向世界的排头兵、先锋队的角色，将大湾区特色文化资源通过不同方式转化为文化产品和服务，与世界各国各民族开展文明的对话、互鉴、融合，释放更强动能。比如广州国际龙舟邀请赛是顶级的龙舟赛事，在国内外都享有盛名。2019年广州国际龙舟邀请赛以"五洲百舸汇花城，湾区建设谱新篇"为主题，有来自中国、英国、加拿大等国家和地区共124支队伍参加。

2. 经济价值

一是文化商品价值。文化产品具有天然的意识形态属性与商品属性，但是，过去很长一段时间，人们过于强调意识形态属性而忽视其商品属性和市场价值。随着社会发展和经济推进，文化所蕴藏的文化和经济双重价

图2-21　2019年广州国际龙舟邀请赛

资料来源：黄心豪：《2019年广州国际龙舟邀请赛推广龙舟文化》，《中国体育报》2019年6月19日。

值逐渐显现，逐渐成为文化资本，具有重要的经济价值。

二是文化旅游价值。随着粤港澳大湾区世界级旅游目的地建设的推进，以"在地性"文化场景、体验、感知消费为主的文化旅游逐渐成为大众消费的基本形态。岭南文化资源因其优美独特的自然风光、浓郁多彩的民族风情，受到大众的青睐，大力发展文化旅游产业成为助推大湾区区域经济发展的重要路径。

三是创意支点价值。岭南文化是粤港澳大湾区高质量发展的文化根基、文化支撑、智力支持和方向保证。首先，岭南文化在大湾区的融合发展中发挥文化牵引作用，提供融合的新思路、新支点，牵引传统产业结构迭代转型。其次，岭南文化在大湾区的创新发展中发挥文化支撑作用，为产业发展注入"文化心"，通过文化创意全面提升竞争力。

专栏2-2

广东省粤港澳大湾区文化遗产游径

文化遗产游径是指价值突出、保存较好、资源丰富、能有效串联历史文化遗产的游憩通道。推出粤港澳大湾区文化遗产游径，以历史为纽带，以游径为"线"，将分散的、承载着粤港澳大湾区共同记忆和文化情感的历史文化资源串珠成链，共同展示文化交融性和岭南文化特质，打造"可玩可读"高质量文化旅游，是广东省落实粤港澳大湾区建设国家发展战略的重要举措，也是文化遗产保护传承发展的新理念和新模式。

广东省分两批发布了八大主题44条粤港澳大湾区文化遗产游径。2020年第一批包含孙中山文化遗产游径、海上丝绸之路文化遗产游径、华侨华人文化遗产游径、古驿道文化遗产游径和海防史迹文化遗产游径，共五大主题27条实体游径。2021年第二批包含西学东渐文化遗产游径、近代商埠开放文化遗产游径和非物质（粤剧）文化遗产游径三大主题共16条实体游径，并增补了1条关于海防史迹文化遗产游径的实体游径。

（二）大湾区文化产业圈文化资源的开发原则

文化资源不同于其他资源，在开发过程必须讲"可持续发展"总原则。既要开发，又要保护；既要传承，又要创新；最大限度地实现经济效益与社会效益的结合、市场经济与人文精神的结合。

1. 保护原则，文化资源开发的基础和前提

在岭南文化资源开发利用过程中，保护岭南文化基因，维护岭南文化旺盛的文化生命力，是大湾区文化资源开发利用的前提。但在过去的开发中，文化资源受到不同程度破坏与损伤的事件时有发生。如果以牺牲历史文化遗产的本真为代价进行开发建设，最终将毁灭人们赖以生存的文化根基，造成难以弥补的损失。我们必须落实好《文物保护法》《非物质文化遗产法》等法律法规和《关于实施中华优秀传统文化传承发展工程的意见》等政策文件，坚持"保护为主，抢救第一"的方针和"有效保护，科学研究，合理利用"的原则。当然，全盘保护和博物馆静态式的保护不可能，也不现实。

2. 效益原则，社会效益和经济效益相结合

利益是文化资源开发的主要目的。一方面，文化资源开发是一种经济活动，目的就是要追求利润最大化，因此要进行投入—产出分析，确保开发活动能够带来丰厚的利润。没有经济效益，开发者无法维持再生产，文化产品的转化必将难以为继。另一方面，文化产品有文化价值，有鲜明的意识

形态的精神属性，存在一个社会效益的要求。解决这一矛盾的核心方法之一是利益平衡，尤其是投资主体和经营主体要摒弃短期行为和暴利思想。

3. 独特原则，根据文化资源的个性特色进行开发

"特色"则是文化产品和文化服务的生命线。必须最大可能突出文化资源的个性特色，包括民族特色、地方特色，进行差异化竞争、实现求同存异。因此，文化资源开发的核心，在于独具特色的文化资源，在开发过程中要侧重突出地域特点，因地制宜地发挥本土特色，如此才能提升市场竞争力。

4. 市场原则，资源导向与市场导向相结合

在挖掘资源上我们强调"我们有什么"，在开发产品上我们就变成"消费者需要什么"。在文化资源开发的前期，进行市场调查和预测，准确掌握市场需求和竞争状况，确定目标市场。然后，针对不同的文化资源功能进行选择性开发。比如，对于那些实物化的、比较直观单一、具有实用功能的文化资源，可以就应用功能在风格方面进行模仿生产，同时在质地、色彩、图案等方面进行时代创新，满足人们个性化、多样化需求。

5. "双创"原则，传统文化和现代文化相结合

通过"双创"，使得优秀传统文化"走"出历史，适应现代文化需求，创造性转化，创新性发展，"活"在当下。推进中华优秀传统文化"双创"工作，使文化创新发展与

图2-22　国内首部4K全景声粤剧电影《白蛇传·情》
资料来源：王垂林：《戏曲电影〈白蛇传·情〉为何叫好又叫座》，《中国文化报》2021年7月22日。

人民的美好生活需求相适应。同时，应充分利用现代科学技术，将岭南文化融入现实生产生活中，使岭南传统与当代文化相融相通，焕发出新的生命力。比如，2021年，国内首部4K全景声粤剧电影《白蛇传·情》将特效技术融入粤剧戏曲电影，成为中国影史戏曲类电影票房冠军，在B站掀起国风新浪潮，成为2021年跨界破圈的现象级事件。

6. 竞合原则，区域之间多协调多协商，实现区域竞争走向区域竞合

大湾区历史同源、文化同根和地域相连，不少地区的文化资源相似度较高，容易围绕资源、技术、人才和文化项目进行争夺。在区域利益的驱动下，区域之间文化产业的竞争在多个领域异常激烈，甚至出现恶性竞争。必须促使大湾区之间由竞争走向竞合，文化资源协同开发，文化产业协调发展。因此，大湾区应积极制定顶层设计，多层协商和协调，促进地区之间的要素相互流动，资源互补，营造友好的合作氛围，实现大湾区内文化产业合作与联动。进入21世纪，大湾区文博合作逐渐密切。比如，粤港澳联合申报的"粤剧"成功入选世界非物质文化遗产，粤港澳大湾区工艺美术博览会连年举行。

（三）大湾区文化产业圈文化资源开发的基本思路

文化资源并不直接意味着文化资本和经济价值。只有把握好国家发展大势、时代潮流、资源特征和文化需求等进行开发，才能充分发挥文化资源的潜力。

1. 立足文化强国建设，突出文化自信与优秀传统文化传承

在中华民族全面崛起、中华文化全面复兴的新时代，对标全球湾区文化版图的重新构建，大湾区文化必须再次担负起改革开放先锋队、排头兵的时代使命，为推进中华文化的世界影响更加广泛深入和推动"一带一路"建设再次"杀出一条血路"。因此，大湾区文化资源开发，就是要建设具有岭南风格、岭南气派的中华优秀传统文化传承创新先行区和示范区，建设粤港澳大湾区多元文化交流创新示范区，建设岭南色彩鲜明的文化产业高质量发展的引领示范和发展新高地，推动岭南文化成为连接粤港澳大湾区建设、"双区驱动"、"双城联动"的文化纽带、文明示范和精神引领。

2. 立足新发展阶段与社会主要矛盾变化，聚焦人民精神生活新需求

社会主要矛盾的变化对文化发展提出了新要求。社会主要矛盾的变化，对不同地区的文化发展水平的均衡性提出了新要求，对城乡文化发展的均衡性提出了新要求，对不同人群享有的公共文化服务的均等性提出了新要求。中国特色社会主义伟大实践，粤港澳大湾区建设，给岭南文化资源开发带来了难得的发展机遇。我们必须使岭南文化基因与当代文化相适应、与现代社会相协调，使文化发展更为均衡、协调，让岭南文化展现出永久魅力和时代风采。

3. 立足高水平文化强省与人文湾区建设，突出高品质文化产品供给

岭南文化在广东乃至大湾区的创新发展中发挥文化支撑作用。岭南文化资源的有效开发，指向高水平文化强省与人文湾区建设，升级理念、机制、创作和表达，让文化内容更丰富多样，让传输机制更通畅便利，让表达形式更灵活亲切，实现高品质文化产品供给，提供多样化、个性化、高品质、更有利于人的全面发展的文化产品和服务，满足不同地区、不同人群的消费需求，不断增强人民群众的文化获得感。

4. 立足于新使命下的需求导向和问题导向，打造文化资源开发全链条闭环

需求导向和问题导向是提升文化资源开发能力的必然要求。从国家急迫需要和长远需求出发，推进岭南文化的文化资源配置转化枢纽平台，加强文化资源整理体系、研究阐释体系、呈现体系、生产体系、传播体系和保障体系建设，构建文化IP产业链，形成文化资源开发全链条闭环，在文化资源开发中进行文化创造，在文化创造中实现文化复兴。

（四）大湾区文化产业圈文化资源开发的基本路径

粤港澳大湾区要打造出与经济实力相匹配的文化优势，必须树立强烈

的文化资源意识，坚持"一盘棋"协调发展，在保护和开发中充分释放文化活力。

1. 以加强顶层设计为统领，推进文化资源的挖掘、保护与开发

政府加强统筹，持续出台关于文化资源的系统化的整理、保护和开发相关政策文件，加强大湾区的区域联动。加强政策顶层设计的精准性，对各地方、各类别文化资源实现差异化管理。同时，加大协调力度，以政府为主导，企业、行业组织、社会团体、研究机构相配合，建立专门针对岭南文化资源开发的组织协调机构和协调推进机制，强化各部门合作。

2. 以构建岭南文化资源大数据体系为基础，促进从文化资源到文化资本要素的转化

夯实文化资源开发地基，根据岭南文化资源类别及区域分布，建立多层级、分类别的文化信息大数据体系。建立项目库、素材库、题材库、基因库、标本库、符号与IP库等岭南文化资源数据库系统，推进岭南文化传承创新体系建设。实施岭南文化传承创新系统工程，创造和提炼特征突出、形象鲜明的岭南文化IP元素，打造出"看得见、摸得着、有温度、有感情"的文化项目，打通文化事业和文化产业、畅通文化生产和文化消费、融通文化和科技、贯通文化门类和业态，通过矩阵打造和跨界融合，实现从文化资源到文化资本要素的转化。

专栏2-3

推进岭南文化资源大数据体系建设

摸清文化家底，构建岭南文化资源大数据体系，绘制"读懂岭南"文化图谱，是粤港澳大湾区迎接数字化时代的必要举措。要加快对广东的岭南文化资源进行大普查，摸清全省文化资源的数量分布、

产权归属、保存状况等情况，将其进行数字化集成，形成各区域、多层级、全覆盖的岭南文化遗产标本库、岭南文化基因库、岭南文化素材库，系统完整地展示岭南文化资源禀赋、文化价值和经济价值，实现"岭南文化资源云平台"上线，为科学评估、分级管理、有效保护、合理开发提供数据支持。重点实施岭南文化资源数据库工程，建立岭南历史文化资源数据库、岭南城市文化资源数据库、岭南改革开放文化资源库等。

3. 以优化产业链条为手段，实现从文化资本要素到文化产品（服务）的转化

以创意为龙头，以内容为核心，通过文化IP+文旅进行全链条开发，优化完善产品研发、产业要素加持、示范基地建设等产业开发生产各环节，实施文旅融合，以线上电影、电视剧、游戏、动漫、线下主题公园、实景演出和旅游景点等多种形式，形成上下联动、左右衔接、一次投入、多次产出的经济链条，实现文化产业链条化转化和做大做优。

4. 以深入融合为核心，推动文化与经济社会各领域更广范围、更深程度、更高层次的融合创新

通过"文化+"，使岭南文化要素与经济社会各领域充分融合碰撞。一是跨要素融合，即文化、科技、信息、创意、资本和人才等产业要素之间的融合，比如"文化+科技""文化+金融""文化+创意"等，通过集聚创新形成融合发展模式。二是跨行业融合，即文化内容和创意设计向三次产业渗透，比如"文化+制造业""文化+旅游""文化+农业"等行业间的功能互补和链条延伸，实现多种业态融合。三是跨平台融合，即文化产业的"空间重塑"，比如"文化+互联网"，从线上到线下进行跨界大联动。这样，岭南文化才能更好更多地融入生产生活各方面，赋能城乡建设和产业转型升级。

参考文献

［1］韩强：《岭南文化概说》，广州：广东人民出版社，2020年。

［2］李明华主编：《广州：岭南文化中心地》，香港：中国评论学术出版社，2007年。

［3］李权时、李明华、韩强：《岭南文化》（修订版），广州：广东人民出版社，2010年。

［4］刘圣宜、宋德华：《岭南近代对外文化交流史》，广州：广东人民出版社，2018年。

［5］李强主编：《文化产业统计的建立与发展》，北京：中国统计出版社，2014年。

［6］秦会朵、范建华：《论民族文化资源开发利用的原则和模式》，《中华文化论坛》2021年第2期。

［7］施惟达：《民族文化的价值及其经济化》，《思想战线》2004年第3期。

［8］王志标：《传统文化资源产业化的路径分析》，《河南大学学报》（社会科学版）2012年第2期。

［9］向勇：《文化产业导论》，北京：北京大学出版社，2015年。

［10］熊正贤：《西部地区文化资源的分布特征、利用原则与开发秩序研究》，《西南民族大学学报》（人文社会科学版）2013年第7期。

［11］叶春生：《岭南民间文化》，广州：广东高等教育出版社，2000年。

［12］周峰：《岭南文化集萃地》，广州：广东人民出版社，2016年。

［13］张湘涛：《"文化+"：产业融合的新形态》，《光明日报》2015年12月25日。

第三章

粤港澳大湾区文化产业圈
战略定位及空间格局

　　"文启岭南新天地，蝶化湾区新动力"。粤港澳大湾区11城地理相邻、文化同源、人缘相亲、风俗相似，文化资源各具特色，在推动国家文化产业高质量发展过程中承担着重要的历史使命。在建设"文化强国"背景下，推进文化产业高质量发展离不开世界级的核心载体，粤港澳大湾区作为优秀的岭南文化核心区、国家重要的战略使命承载地和国内外文化交流的前沿阵地，具备深厚的文化产业基础，应进一步承担起建设"具有全球影响力的国家文化产业创新实验区"，引领国家文化产业高质量示范发展的重任。通过"创造性转化"和"创新性发展"，加强作为"岭南文化传承创新中心"的基础功能；强化技术赋能，围绕产业数字化趋势，打造世界一流的"数字文化产业示范区"；借助内源型经济和外源型经济并驾齐驱的优势，深入落实国家"双循环"战略部署，着力培育作为国家"文化品牌输出及国际交流枢纽"的功能。在文化功能多维化、文化载体组合化、产业业态多样化、文化统一市场扩大化趋势下，根据大湾区文化格局测度揭示的各类文化产业要素"核心—外围"、"组合—枢纽"、"点—轴"渐进、"条带—廊道"的空间分布规律，进一步优化"三极五片六廊N组团"（"356N"）的总体格局，支撑大湾区文化产业战略定位落实落细；加强文化枢纽城市的引领和辐射带动作用，优化与潮汕文化区、雷州文化区、客家文化区等周边文化亚区的联动协作，拓展与"壮美八桂文化圈、湖湘文化圈、闽越文化圈、海南自贸港文化圈"①等周边文化功能区的互动协作，共同打造全球顶级的文化产业高地。

---

　　①　"八桂文化圈、湖湘文化圈、闽越文化圈、海南自贸港文化圈"为课题组根据广东周边地区文化区特征总结提出。

一　粤港澳大湾区文化产业发展的新使命

（一）历史方位：迈向"世界一流"的文化产业枢纽

1. "文化强国"建设背景下文化产业发展需要世界级核心载体

文化产业作为推动文化强国[①]建设的重要支点，是地区发展重要驱动力，也是提升国家文化全球影响力的主要方向。高端产业需要世界级载体，从人类文明数千年的演进历程来看，具备全球性文化影响力的核心区域主要是"全球城市区域"[②]，这些地区往往是世界级的文化资源配置中心，承担着世界文化枢纽的功能。[③]其作用主要体现在六大方面：一是作为"世界文明高地"，是世界先进文化发祥地和风向标，引领全球文化潮流；二是作为"全球文化人才高地"，具有众多高水平文化生产者和传播者，如诺贝尔文学奖获得者、大思想家等；三是作为地区文化资源高地，拥有丰富多样和最具影响力的文化要素；四是作为文化地标和品牌的集聚地，汇聚了众多的独具影响力的世界文化地标；五是作为全球文化企业总部基地，拥有最具影响力的头部文化企业；六是作为全球文化产品贸易中心，是现代文化产品的集散地。面向2035年，粤港澳大湾区将逐渐成长为"巨型全球城市区域"，因此，国家对其文化产业发展寄予厚望和赋予了不可替代（引领性）的重任，因此，国家的多个文化领域的相关政策文件均将大湾区发展目标定位为世界级，冀望其通过先行探索支撑文化强国及现代化建设（见表3-1）。

[①]　自中共十七届六中全会提出建设社会主义文化强国以来，党中央在党的十九届五中全会首次明确了建成文化强国的具体时间表。

[②]　"全球城市区域"（Mega-City Regions, MCR）由P.Hall提出，是全球化背景下新型城市化空间形态，是世界各国提升国际竞争力的主要空间单元。

[③]　详见弗里德曼、萨森等人关于"世界城市"的相关理论。

表3-1　国家主要发展规划中与粤港澳大湾区文化产业有关的要求

级别	时间	政策名称	发展定位（目标）要求	布局要求
国家级	2021年3月	中华人民共和国国民经济和社会发展第十四个五年规划和2035年远景目标纲要	2035年：建成文化强国	世界级旅游目的地
	2021年4月	"十四五"文化和旅游发展规划	2025年：文化强国建设取得重大进展。文化产业、旅游业是重要支撑 2035年：建成社会主义文化强国	深化粤港澳文化和旅游合作，共建人文湾区、休闲湾区。东部地区文化和旅游率先实现高质量发展，加快创新突破

资料来源：课题组总结。

2. 文化产业高质量发展需要依托城市群的集聚效应和创新创意功能

优化总体布局，建设"文化产业创新实验区"。地区文化产业的发展应与其区域定位、功能结构及资源环境承载能力相匹配。[1]应依托地区综合交通网络，串点成线、连线成面，形成高效联通和一体协作的布局。结合城市群建设，培育特色文化功能区、优质文化带和旅游带，建设自然风景线和文旅发展廊道。且应深化区域文旅合作，培育一批旅游业和文化交流品牌，建设海外中国文化中心。发挥各地禀赋优势推动区域与城乡文化产业协调发展，发挥各地禀赋优势，形成互补与联动发展格局。加强文化创新创意探索，推进国家级的文化产业创新实验区、文化产业示范园区（文化产业示范基地）建设，推动区域文化产业加快发展。[2][3]

支撑新发展格局，建设"区域文化产业带"。为落实2035年中国要建

---

① 《"十四五"文化和旅游发展规划》，《中国旅游报》2021年6月3日。

② 《积极作为深入推进粤港澳大湾区建设》，《中国产经新闻》2021年10月23日，第1版。

③ 引自国家《"十四五"文化和旅游发展规划》。

成文化强国的要求，国家"十四五"规划提出要规范文化产业园区发展[①]，建设区域文化产业带。粤港澳大湾区作为中国经济体量最大、开放型经济最发达的地区，在文化产业高质量发展方面具有领先全国的基础和能力。具备实施文化产业数字化发展战略，打造有影响力、代表性的文化品牌，发展对外文化贸易，开拓海外市场，建设国家文化出口基地等优势。

重点战略部署，打造具有全球影响力的"现代文化产业城市群"。国家要求在京津冀、长三角、粤港澳大湾区等重大战略重点地区，推动"区域文化产业带"和"产业群"建设。[②]将红色文化发扬光大，推动革命老区文化产业发展；鼓励海洋文化产业发展，助推海洋经济建设。推动文化产业与新型城镇化同向发展，发掘城市文化资源，保延历史文脉。利用历史建筑、工业遗产、旧街区、旧厂房、旧仓库等发展文化产业。支持城市群、都市圈、中心城市形成区域文化产业发展高地和协同创新中心，东部地区要率先实现文化产业高质量发展。粤港澳大湾区文化产业群是重点区域之一，要发挥文化创意、科技创新、对外交往等优势，重点推动数字文化、创意设计、先进文化制造等产业发展，打造具有全球影响力的现代文化产业城市群；加强内地与港澳文化合作，支持深圳文化产业加快创新，助力中国特色社会主义先行示范区建设。[③]

强化文化融通调适功能，推动文化"双创"与区域联动发展。广东也提出了要深入推进"广府文化、客家文化、潮汕文化、雷州文化"等广东四大传统文化以及少数民族文化、华侨文化等特色文化的研究和传播，弘扬岭南历史人文精神。[④]推动岭南优秀传统文化创造性转化与创新性发

---

① 引自国家"十四五"规划纲要相应提法。
② 李杰：《文化产业高质量发展的应变与求变》，《北京联合大学学报》（人文社会科学版）2021年第4期，第25—32页。
③ 引自国家《"十四五"文化产业发展规划》。
④ 胡庆亮：《论华侨华人与广东文化的海外传播》，《广东省社会主义学院学报》2011年第1期，第27—31页。

展①，挖掘大湾区人文精神、传承和创新岭南文化，以史溯源、以文化人，促进港澳稳定繁荣，实现湾区民心相通，为人文湾区建设夯实基础。②

表3-2 "十四五"时期广东对文化产业发展的定位（目标）和布局要求

时间	政策名称	发展定位要求	布局重点
2021年11月26日	广东省文化和旅游发展"十四五"规划	2025年：更高水平的文化和旅游强省建设取得重大进展，文化和旅游产业发展质量显著提高	1. 珠三角核心引领：重点建设地标景观、商贸会展、节庆赛事、主题公园、娱乐购物、科技体验等优势项目 2. 广州：创意设计产业集群，深圳：高端创意设计和时尚产业 3. 珠海、佛山：文化演艺产业，惠州、江门、肇庆：旅游目的地，东莞与中山：出口导向型文化制造业 4. 滨海旅游"七组团"布局：环珠江口、川岛—银湖湾、海陵岛—水东湾、环雷州半岛、大亚湾—稔平半岛、红海湾—碣石湾、汕潮揭—南澳，广东滨海旅游经济带
2021年4月6日	广东省国民经济和社会发展第十四个五年规划和2035年远景目标纲要	文化强省建设迈出新步伐。文化产业体系更加健全，传统文化得到传承创新，影响力进一步提升，凝聚力进一步增强	1. 建设粤港澳大湾区文化产业圈 2. 广州：动漫游戏之都、全球创意城市和文化装备制造中心 3. 深圳：设计之都、国际文化创新创意先锋城市 4. 珠海：全国知名演艺城市 5. 佛山："南方影视中心""粤港澳大湾区影视产业合作试验区" 6. 东莞、中山：出口导向型文化制造业 7. 江门、肇庆和惠州：特色文化旅游

资料来源：课题组总结。

---

① 《推动中华优秀传统文化创造性转化创新性发展》，《光明日报》2021年11月25日。
② 引自广东省"十四五"规划。

3. 粤港澳大湾区五大定位锚定了文化产业发展主方向

国家赋予粤港澳大湾区的五大战略定位[1]，为文化产业发展明确了方向。

定位一：充满活力的世界级城市群，体现了引领全国现代都市文化发展的方向。长期以来，粤港澳大湾区在广州作为千年商都的引领下，曾长时间作为全国"一口通商"口岸，域内香港、澳门等城市与海外市场具有广泛的联系渠道，深圳、珠海作为改革开放后的特区城市，是全国对外开放的窗口，因此，开放发展早已内化为大湾区基因，而珠三角作为改革开放的排头兵，改革开放的文化优势引领全国，国家要求大湾区借力港澳自由开放经济体优势，强化地区的国际文化交往功能，提升传统文化、文化制造与文化服务业等方面优势，体现了大湾区对现代化发展的要求。

定位二：具有全球影响力的国际科技创新中心，承担着国家通过培育创新文化引领全球大国竞争的新要求。国家要求大湾区要对准国际科技和新兴产业前沿领域，强化创新载体建设，大力发展"四新"模式（新技术、新产业、新业态和新模式），体现了国家对大湾区培育引领全国创新文化和文化新兴产业的期望。

定位三："一带一路"建设的重要支撑，肩负着国内外文化交流的重任。国家要求更好发挥港澳在对外开放中的作用，助推国际、国内两个市场和两种资源深入对接，支撑国家参与全球文化资源配置和文化经济治理，体现了大湾区建设国际交通物流枢纽和国际文化交往中心的要求。[2]

定位四：内地与港澳深度合作示范区，体现了国家对大湾区内三地文化融合发展的要求。要深化珠三角与港澳合作，促进物流、人流、资金流、信息流快捷流动，为粤港澳大湾区发展增添新动力，为内地与港澳紧密合作提供示范[3]，体现了内地与港澳、国内国际双循环下文化产业融合创

---

① 《粤港澳大湾区发展规划纲要》，新华网，2019年2月18日。
② 《粤港澳大湾区发展规划纲要》，新华网，2019年2月18日。
③ 南日平：《把粤港澳大湾区建设抓紧抓实办好》，《珠江水运》2019年3月2日。

新发展的要求。

定位五：宜居宜业宜游的优质生活圈，体现了对生态文化及人文湾区建设的要求。国家要求大湾区建设要落实生态文明理念，加快运用现代信息技术，推动智能管理，提高人民生活水平，体现了加强多元文化交流融合，建设环境优越、生态安全、社会团结、文化繁盛的美丽湾区的要求。

表3-3 三大层次政策对粤港澳大湾区文化产业发展要求总结

三大尺度	发展目标	重点领域	主要方向
国家"文化强国"建设要求	文化强国是实现社会主义现代化强国的重要方面	世界级的文化载体，世界文化枢纽	全球文化资源配置中心、世界文化及产业网络核心节点、全球六大高地
国家"十四五"规划纲要	2035年，建成文化强国	文化产业数字化战略，加快发展新型文化企业、文化业态、文化消费模式	根据区域功能定位、文化本底资源及承载能力、文化产业基础，优化文化产业空间布局
大湾区发展规划要求	实现"五大定位"	城市群建设、科技创新、"一带一路"交往、内地与港澳合作、宜居宜业宜游	国际文化交流与融合、文化贸易、创新、生态

资料来源：课题组总结。

（二）战略定位：具有全球影响力的国家文化产业创新实验区

根据国家及相关省市对文化产业发展的要求，围绕粤港澳大湾区文化产业的经济发展与社会调适功能，结合大湾区发展趋势，将粤港澳大湾区文化产业圈定位为"具有全球影响力的国家文化产业创新实验区"，重点强化"岭南文化传承创新中心""数字文化产业示范区""文化品牌输出及交流枢纽"三大功能。

1. 总体定位

建设"具有全球影响力的国家文化产业创新实验区"。

牢牢把握社会主义先进文化发展方向，深化文化产业供给侧结构性改革，以改革创新为根本动力，发展先进文化生产力，推动文化产业升级，提高文化产业质量和效益，满足群众日渐增长的文化需求，持续提升大湾区文化传承创新试验区发展能级和产业功能，着力强化大湾区的全球岭南文化传承展示、全球岭南文化创新创意、国际文化交流、数字文化交易、国际休闲旅游等功能，以文化产业高端发展支撑大湾区社会经济高质量发展。紧紧围绕举旗帜、聚民心、育新人、兴文化、展形象的使命任务，推动文化高质量发展，塑造与经济实力相匹配的文化优势。推进大湾区文化圈和世界级旅游目的地建设，吸引海内外游客前来领略科技之光、文明之光、时尚之光，释放大湾区强大的经济辐射力、文化影响力。

重点功能：一是强化文化产业的本底禀赋支撑，推动岭南文化的传承和创新；二是紧跟产业数字化趋势，全力打造一批世界级的数字文化产业IP；三是借助湾区开放发展基因，加强内外联动，培植更多文化产业品牌和提升品牌价值。

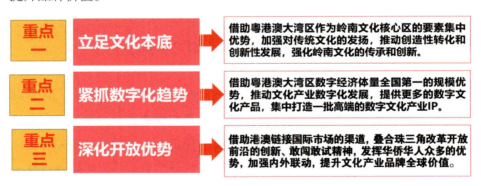

图3-1　粤港澳大湾区文化产业总体定位及三大重点功能
资料来源：课题组总结绘制。

2. 功能定位

岭南文化传承创新中心。以岭南文化传承和创新为主线，挖掘岭南文化传统建筑、曲艺、民俗、宗教、中医药等的时代内涵和资源价值，通过现代技术手段，展现岭南文化独特魅力，打造具有全球影响力的岭南文化传承展示中心。提升会展业综合服务能力，拓展会展产业链，加强分工，促进产业链上下游协同，打造若干专业化、市场化、国际化的岭南文化产业展会。采取差异化策略，优化会展业布局。

推进岭南文化"双创"工程
- 依托华南教育历史研学基地，挖掘传统文化史料，梳理岭南文脉，传承弘扬岭南历史人文精神财富。
- 推动岭南传统文化产业化、现代产业文化化，共推

打造岭南文化大数据库
- 建设具有岭南特色的中国文化遗产标本库、中华民族文化基因库和中华文化素材库，支持国家文化大数据体系构建，融通数字资源聚力岭南文化数字化发展，创新岭南文化传播方式，焕发岭南文化新魅力。
- 绘制岭南文化要素地图，实现文化要素"一张图"输出；构建岭南文化综合性数据库，实现岭南文化"一张表"管理。

彰显岭南文化传统赛事+节庆影响力
- 推动以国际龙舟邀请赛、醒狮表演赛、传统武术表演赛等为代表的岭南文化传统体育赛事发展，通过粤港澳大湾区文化艺术节、中国粤剧节、中国潮剧节、中国（佛山）大湾区功夫电影周等活动，扩大粤港澳大湾区文化影响力。

图3-2　岭南文化传承创新中心重点发展方向
资料来源：课题组总结绘制。

国家数字文化产业示范区。依托大湾区岭南文化底蕴深厚、文化资源丰富、文创市场巨大、辐射带动能力强的基础和优势，大力推动数字文化产业与贸易发展。充分发挥中心城市的区位优势和规模优势，以及大湾区整体的数字经济及产业优势，加快发展文化数字创意产业，推动数字技术在文创、文艺作品生产、文化传播和服务等环节的应用，逐步导入数字图书、期刊、视频等优质资源，建设新型数字资源交易系统，培育基于大数据、云计算、人工智能、物联网等新技术的新型文化业态，打造海上丝绸之路数字文化资源交易中心，促进"双循环"新格局下数字文化资源优化配置、合理流动，打造全球新IP、新地标。

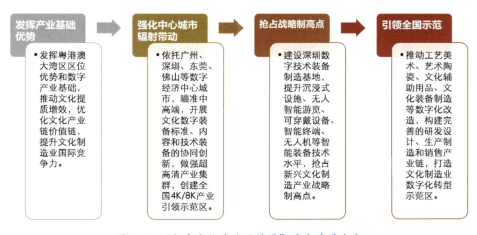

图3-3 "数字文化产业示范区"重点建设方向
资料来源：课题组总结绘制。

国家文化品牌输出及国际交流枢纽。发挥大湾区作为中国文化国际展示窗口的作用，推动大湾区文化产业品牌成为最具魅力的国家文化名片。推动综合性和专业化文化展会有机协调发展，打造全球知名文化品牌。加强对外文化交流、文化宣传、文化贸易的统筹协调，增强整体合力，实现资源共享，提升大湾区多维文化对外交流的层次和水平。推动粤港澳大湾区文化产业和企业的全球拓展，进一步发掘、阐释和呈现岭南文化和中国文化，探索国际交流、互利合作和文化共鉴的新路。通过主办或参与重要的国际性文化活动、举办中外艺术交流和高水平展演活动，增强文化认

图3-4 "文化品牌输出及交流枢纽"发展重点方向
资料来源：课题组总结绘制。

同。打造具时代特色的大湾区文化品牌，以文化产品、文化服务的形式走向世界，打造面向世界的中国文化国际交流重大平台。

二　文化景观格局测度与"356N"总体结构

（一）总体格局：基于文化景观格局指数的测度

地区文化空间结构是由自然过程及人文活动在空间上的投影，其所形成的一定要素规模、比例、密度、组合分化等结构关系就是地区的发展格局。景观生态学作为新兴学科，利用其相关指标可以较好测度文化景观空间结构关系。反映大尺度区域的文化景观格局特征需要海量数据，为了最大程度综合集成拟合大湾区文化产业空间格局特征，通过开源数据获取包

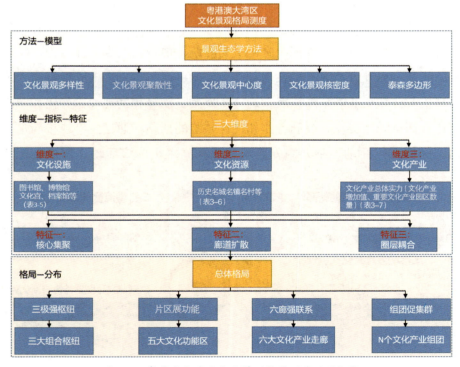

图3-5　粤港澳大湾区文化景观格局测度思路框架

括文化设施及部分典型文化资源在内的开源性基础数据，归纳出大湾区文化产业发展的总体格局特征。

1. 测度指标："规模—密度—多样性—空间聚散"多尺度测度

用于测度地区空间格局结构特征的景观生态学指标数量较多，本节基于网络POI数据，主要以规模、类型比例、空间距离为基础，采用文化景观核密度、文化景观多样性、文化景观聚散性、文化景观中心度、文化市场区等指标来综合表征大湾区文化产业的总体格局特征。

表3-4　大湾区文化要素格局测度指标

指标	公式	解释	结果（均值）
文化景观多样性	$div^r=\dfrac{1}{HHI_r}$ $=1/\sum_{i=1}^{1}(L_{ir}/L_r)^2$	r表示城市，i表示文化设施或资源类型，L为文化设施或资源规模，HHI为赫芬达尔指数[1]，指数越低，文化要素分布越分散，多样化特征越显著	0.47 结论：多样化明显
文化景观集聚性	$D_i=1-\dfrac{\sum S_i}{S}$	D_i为分散度；S为区域文化要素总规模；S_i为城市群核心城区的文化要素数量。数值大小反映文化要素分布的"集中—分散"程度，数值越大，大湾区内城市中的文化要素分布越趋于分散，无明显的中心城市；数值越小，说明文化要素越趋于大湾区一个或多个中心城市的城区集中分布	0.15 结论：集中分布于城市中心区
文化景观中心度	$lnPi=lnP_1-qlnRi$	q为地区文化景观中心度，可判断城市群文化景观是单中心分布还是多中心分布。P_i为第i个城市的文化要素规模。P_1为规模第一的城市。R_i为第i个城市的排名。q大于1，说明核心城市突出，文化要素趋向于单中心分布。q小于1，说明大湾区城市群内部规模差异较小，服从多中心结构	1.15 结论：城市群尺度多中心结构

---

① 孙祥栋、张亮亮、赵峥：《城市集聚经济的来源：专业化还是多样化——基于中国城市面板数据的实证分析》，《财经科学》2016年第2期。

（续上表）

指标	公式	解释	结果（均值）
文化景观核密度	图3-7 图3-10 图3-13	判断文化要素密度空间分布情况	结论：形成高密度中心；形成"主中心—次中心"联通渠道
文化市场区（泰森多边形）	图3-14	判断文化要素空间分布的均质性与异质性及其范围	结论：形成大范围均质性区域

2. 测度结果：显著的"核心集聚"—"廊道扩散"—"圈层耦合"特征

第一，文化设施空间分布呈现显著的城市依赖性。从文化设施数量来看。截至2022年4月，粤港澳大湾区（珠三角九市）拥有各类型文化设施9719个（部分数据统计口径与官方有差别，但数据量可覆盖官方数据，且具有准确的地理位置信息，可以较好拟合空间分布特征）。分城市来看，各类型设施分布在广州数量最多，达到2753个，其次为深圳，为2126个，佛山和东莞接近，分别为1194个和1179个，其他城市数量较少。从不同城市博物馆、图书馆、文化宫（馆、站）等主要设施来看，广州的博物馆最多，深圳与广州差距不大，分别为119个和112个；深圳的图书馆最多，达到422个，广州264个，排在第二，可见广州建设"图书馆之城"还需努力；文化宫（馆、站）则是广州最多，达到554个，排在第二的是佛山，为207个，东莞158个，排在第三，深圳147个，仅排在第四，表明传统文化核心城市，其文化馆站等设施数量较多。此外，文化传播的传媒机构、电视台、报社、会展中心等，均为广州最多，表明了广州是地区的文化传播中心；而文艺团体则是深圳最多，表明其文化受众及市场化程度相对领先。

表3-5　粤港澳大湾区珠三角九市文化设施类型及数量

地市	博物馆	图书馆	文化宫（馆、站）	档案馆	美术馆	科技馆	天文馆	展览馆	传媒机构	电视台	电台	文艺团体	报社	会展中心	小计
广州市	119	264	554	38	111	29	2	209	1014	43	6	73	68	155	2753
深圳市	112	422	147	20	120	27	0	134	868	25	4	84	28	113	2126
佛山市	62	208	207	22	53	10	0	97	390	26	4	42	21	43	1194
东莞市	54	189	158	11	42	9	0	72	540	17	1	28	18	39	1179
江门市	34	77	106	8	17	8	0	29	136	48	2	34	31	24	559
惠州市	20	25	153	11	35	8	0	31	252	21	1	15	10	30	614
中山市	19	42	91	5	28	4	0	29	228	11	2	20	14	24	520
肇庆市	16	29	127	10	19	6	0	25	126	20	1	13	14	18	426
珠海市	10	31	63	8	21	3	0	29	127	9	3	17	9	13	348
总计	446	1287	1606	133	446	104	2	655	3681	220	24	326	213	459	9719

数据来源：高德地图POI数据，截至2022年4月20日。

粤港澳大湾区[①]的文化设施[②]空间分布呈现以下几大特点：一是具有明

————————

①　由于香港和澳门数据与内地标准不统一，且数据可获得性较差，在此仅比较珠三角九市数据。

②　数据来源于高德地图，课题组借助网络爬虫技术手段，得到152133条科教文化设施的POI数据，从中提取出与本研究相关的文化设施空间分布数据。数据截止时间为2022年4月20日。

显的"中心—外围"圈层结构，集中分布于深圳和广州，围绕两大城市形成圈层式近域扩散态势。二是具有明显的"中心城区"核心圈层指向性，即主要分布于城市的中心城区。广州文化设施主要集中在中心城区（天河、越秀、海珠、荔湾、白云南部和番禺北部），外围城区数量不足。深圳文化设施则主要分布于南部城区。三是从数量规模等级体系来看，广州、深圳为第一方阵，东莞和佛山排在第二方阵。四是四大城市形成了一定的空间连续性，形成了条带状分布特征。如珠江东岸地区比较密集，形成显著的"点—轴"扩散形成，即形成了"广佛—莞深"文化走廊地带，文化设施分布密度相对高于其他城市。

第二，文化资源空间分布集中于广州、佛山、东莞等核心圈层的城市。从数量来看，根据广东省自然资源厅数据，总体而言，粤港澳大湾区（珠三角九市）一共拥有文化资源（本章仅以"历史文化名城名镇名村、

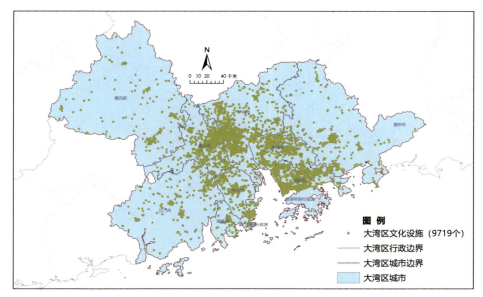

图3-6　粤港澳大湾区文化设施总体分布示意图（缺港澳数据）
资料来源：课题组绘制，底图边界根据自然资源部标准地图绘制，审图号：GS（2019）1822号。

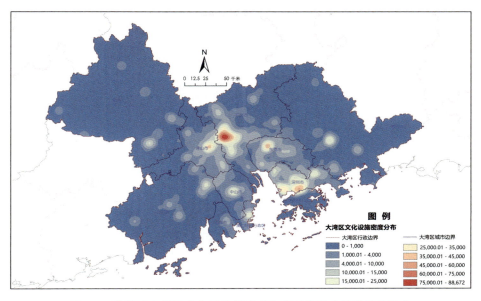

图3-7　粤港澳大湾区文化设施核密度分布示意图（缺港澳数据）
来源：课题组绘制，底图边界根据自然资源部标准地图绘制，审图号：GS（2019）1822号。

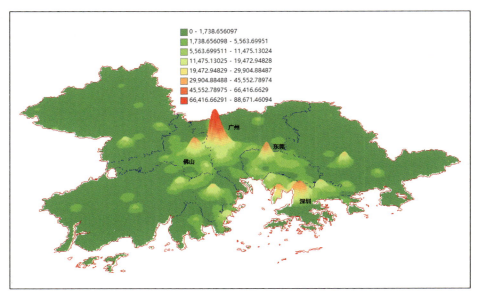

图3-8　粤港澳大湾区文化设施分布的三维空间示意图（缺港澳数据）
来源：课题组绘制，经三维拉伸变形，突出显示文化要素的地域高低分布情况。

物质文化遗产、红色印迹、4A级及以上景区"作为代表性资源进行分析）共299处，其中，广州76处，佛山43处，东莞及肇庆各38处，惠州31处。在不同的文化资源类型中，历史文化名城名镇名村一共58个，东莞和佛山分别拥有12个，数量最多。从石器时代至今的物质文化遗产共72处，其中广州数量最多，达到32处，遥遥领先于其他城市。红色印迹一共61处，肇庆最多，达到了20处。4A级及以上景区一共110处，其中广州数量最多，达到30处。

表3-6　粤港澳大湾区（珠三角九市）部分文化资源数量

城市	历史文化名城名镇名村	物质文化遗产	红色印迹	4A级及以上景区	小计
东莞市	12	9	2	15	38
佛山市	12	8	7	16	43
广州市	8	32	6	30	76
惠州市	6	3	9	13	31
江门市	6	4	7	11	28
深圳市	1	3	4	9	17
肇庆市	6	6	20	6	38
中山市	4	3	3	4	14
珠海市	3	2	3	6	14
总计	58	70	61	110	299

数据来源：根据广东省自然资源厅公布数据统计所得，截至2021年。

主要文化资源的空间分布具有几个规律：一是物质文化遗产和非物质文化遗产均主要分布于传统广府文化核心区，其中，以广州为最多，佛山、东莞、中山、江门、肇庆等地也有分布。二是从国家级以及省级历史文化名城、名镇和名村的空间分布来看，主要分布于广府文化核心区中的水网密布地区，如"西江—珠江—东江"三江围合的区块。而"红色印迹"等红色文化资源的分布，则相对比较均匀，珠江东岸稍多于珠江西岸地区，肇庆市也有较多分布。此外，4A级及以上景区较多，主要分布于生态资源条件较为优越的地区，而非中心城区（图3-9）。经核密度模型拟合的空间分布规律表明，以广州为核心，与就近的佛山形成连绵分布，并向东与东莞城区、水乡新城片区等东江流域区块形成一个块状连绵的区域，属于文化资源景观的核心片区。其他较大的片区主要在珠江西岸南部的中山—珠海一线、西江的肇庆城区等（图3-10），因此，广州在基础文化资源要素上占有绝对优势，处于地区的龙头位置（图3-11）。

第三，文化产业空间圈层集聚特征明显。从文化产业基础来看，2019年的整个大湾区（珠三角九市）的文化产业营业总收入已达16756.1亿元，其中，深圳排在第一位，达到8131.2亿元，广州4110.2亿元，分别占整个湾区的48.52%和24.53%。产业增加值5354亿元，深圳和广州排在第一和第二位，分别为2199亿元和1498亿元，分别占41.07%和27.98%。国家级及省级

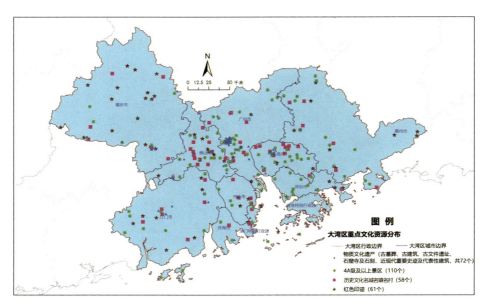

图3-9　粤港澳大湾区部分文化资源分布示意图（缺港澳数据）
资料来源：课题组绘制，底图源于广东省自然资源厅，审图号：粤S（2021）179号。

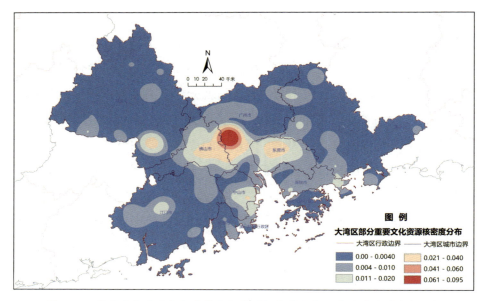

图3-10 粤港澳大湾区部分重要文化资源核密度分布示意图（缺港澳数据）
资料来源：课题组绘制，底图源于广东省自然资源厅，审图号：粤S（2021）179号

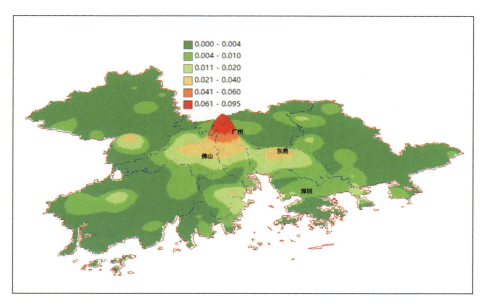

图3-11 粤港澳大湾区以文化资源数量表征的三维空间分布示意图（缺港澳数据）
资料来源：课题组绘制，经三维拉伸变形，突出显示文化要素的地域高低分布情况

重要产业园区合计达到了56个，其中，国家级文化产业示范园区1个，在广州；国家级文化产业示范基地25个，广州和深圳各有10个；广东省文化产业示范园区30个，其中深圳最多，为8个，佛山7个，广州6个。上述数据表明，从产业基础支撑能力来看，深圳、广州基础雄厚，东莞和佛山支撑能力较强，核心圈层的这四大城市是大湾区（珠三角九市）的主要产业引擎。

表3-7　粤港澳大湾区（珠三角九市）文化产业营业收入、增加值及园区数量情况

城市	2019年文化产业总体实力		2019年常住人口数量（万人）	2022年重要园区数量（个）		
	营业总收入（亿元）	增加值（亿元）		国家级文化产业示范园区	国家级文化产业示范基地	广东省文化产业示范园区
广州	4110.2	1498	1530.59	1	10	6
深圳	8131.2	2199	1343.88	0	10	8
珠海	358.9	145	202.37	0	0	2
佛山	1044.6	381	815.86	0	3	7
东莞	1484.3	564	846.45	0	0	3
中山	341	131	338	0	1	3
江门	228.9	105	463.03	0	0	0
惠州	902.3	229	488	0	0	0
肇庆	154.7	102	418.71	0	1	1
总计	16756.1	5354	6446.89	1	25	30

数据来源：2019年文化产业营业总收入来源于《广东文化及相关产业统计概览》（2020）；2019年常住人口数量来源于《广东统计年鉴2020》；2022年重要园区包括各地市的"国家级文化产业示范园区、国家级文化产业示范基地、广东省文化产业示范园区"三类园区数量，求和所得。

为对比大湾区（珠三角九市）的文化产业基础支撑能力，以"人均增加值"和"重要园区数量"两大指标作为主要依据，构建产业基础能力指

数，表征大湾区（珠三角九市）文化现状发展能力。以各城市文化产业营业收入占区域营业收入总和比重为权重，根据各个城市文化产业基础能力综合得分，排在第一的是深圳，综合得分为0.9705；广州为0.3625，排在第二；东莞和佛山得分分别为0.0735和0.0530，分列第三和第四位（表3-8、图3-12）。而以省级园区空间分布来进一步考察大湾区文化产业空间发展的重点，发现，广州、深圳、东莞和佛山是重点城市，因此，无论以产业增加值还是重要园区数量来衡量，粤港澳大湾区文化产业空间发展重点均为广州、深圳、佛山、东莞等城市，而香港和澳门作为区域核心城市，理应是文化产业发展的重点扶持城市。

表3-8 粤港澳大湾区（珠三角九市）文化产业基础能力综合得分

城市	人均增加值（2019年：元/人）	重要园区数量（2022年：个）	人均增加值标准化值	重要园区标准化值	综合得分
广州市	9787.08	17	0.53	0.94	0.3625
深圳市	16363.07	18	1.00	1.00	0.9705
珠海市	7165.09	2	0.26	0.11	0.0080
佛山市	4669.92	10	0.17	0.68	0.0530
东莞市	6663.12	3	0.31	0.52	0.0735
中山市	3875.74	4	0.11	0.00	0.0023
江门市	2267.67	0	0.00	0.22	0.0030
惠州市	4692.62	0	0.15	0.00	0.0080
肇庆市	2436.05	2	0.01	0.11	0.0011

注：人均增加值为2019年文化产业增加值/2019年常住人口数据。重要园区数量为"国家级文化产业示范园区、国家级文化产业示范基地、广东省文化产业示范园区"三类园区数量总和。人均增加值和重要园区的标准化值＝（原数据−最小值）/（最大值−最小值），综合得分＝人均增加值标准化值*权重+重要园区标准化值*权重。

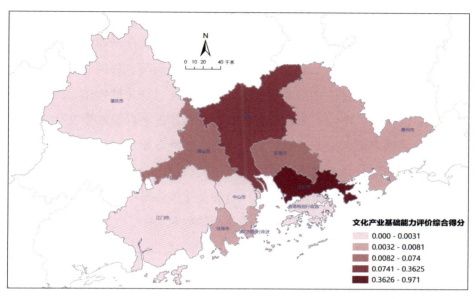

图3-12 文化产业基础能力评价综合得分情况（缺港澳数据）
资料来源：课题组绘制，底图源于广东省自然资源厅，审图号：粤S（2021）179号。

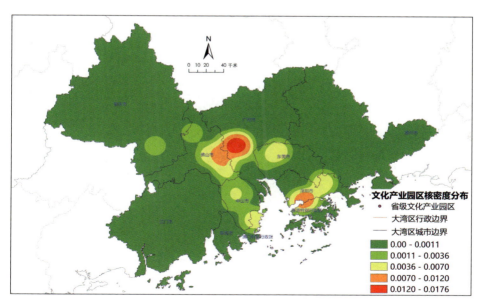

图3-13 文化产业园区核密度分布示意图
资料来源：课题组绘制，底图源于广东省自然资源厅，审图号：粤S（2021）179号。

3. 总体格局：三极强枢纽、五片展功能、六廊强联系、组团促集群

根据上述总体格局评价结果，综合考虑大湾区文化产业要素圈层结构特征，以及圈层耦合之下形成的核心圈层、近域圈层、外围圈层等不同圈域的要素密度变化过程，结合粤港澳大湾区文化设施（博物馆、图书馆、文化馆、电视台、电台、杂志社、出版社、报社等）以及物质文化遗产、历史文化名城名镇名村、非物质文化遗产、红色资源（红色印迹）、4A级及以上景区的现状分布规律，总结出粤港澳大湾区文化产业发展的空间基础禀赋结构具有以下规律。一是文化资源要素集中分布在广州、深圳、东莞、佛山等四大城市，形成了核心圈层引领显著特征。二是围绕四大城市相互的联系及其各自与外围的联系形成了"文化走廊"。三是珠江东岸文化要素比西岸密集，东岸地区形成明显的条带状。四是红色印迹空间分布相对均衡。五是平台载体（4A级及以上景区）主要分布在广州、深圳、东

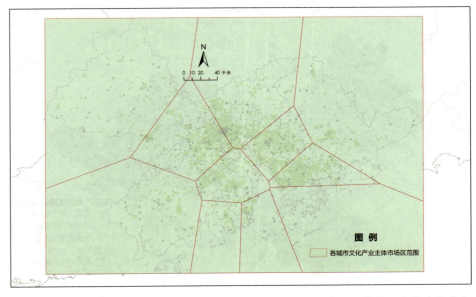

图3-14　基于泰森多边形计算的大湾区各城市文化产业主体市场区范围示意图（缺港澳数据）
资料来源：课题组绘制，底图边界根据自然资源部标准地图绘制，审图号：GS（2019）1822号。

莞和佛山。另外，根据泰森多边形原理，以各城市的文化设施和基础文化资源的数量规模比例，求算得出各城市文化产业主体市场区的空间范围，对于根据各地区的文化产业特质，综合划分文化产业的发展片区，具有指导意义（图3-14）。

因此，在上述空间格局特征基础上，结合国家及省市对文化产业发展的要求，总结出粤港澳大湾区文化产业圈总体布局要求，塑造"三极五片六廊多组团"的总体格局，即通过"三极强枢纽、五片展功能、六廊强联系、组团促集群"的形式，打造国际化多元荟萃的文化产业新高地（图3-15）。

（1）三极强枢纽（核心圈）：空间邻近性—文化基因邻近性—文化产业邻近性

大湾区文化产业及支撑载体的两大基本分布特征，一是核心城市的组合化，即存在香港—深圳、广州—佛山、澳门—珠海三大组合化城市，也是大湾区的极点城市。二是城市的组合化带来文化产业的组合化，文化产业及文化要素主要富集于这三大组合城市，如近现代发达的工商业文化与传统岭南文化的组合化、1840年香港开埠后的国际化进程以及改革开放后珠三角嵌入全球产业生产网络过程中的国际化与本土文化的组合化等。三大组合城市因为空间距离相近，人文相亲而形成的强强联合，能有效提升全球影响力，引领粤港澳大湾区文化产业发展。强化三大极核枢纽之间的循环联动，共同推动环珠江口100公里"黄金内湾"①地区文化产业高质量发展。

（2）五片展功能（跨圈层）：要素圈层分异—禀赋耦合—文化主体功能区

大湾区内部不同地区间文化要素分布的区域差异形成了一定圈层密

---

① "黄金内湾"提法引自《忠诚拥护"两个确立"　坚决做到"两个维护"　奋力在全面建设社会主义现代化国家新征程中走在全国前列创造新的辉煌——在中国共产党广东省第十三次代表大会上的报告》，2022年5月22日。"黄金内湾"空间范围大致包括珠三角的沿海海岸地带。

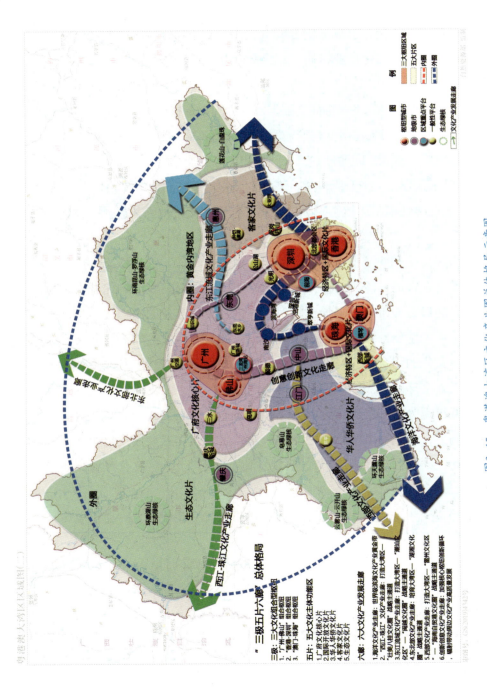

图3-15 粤港澳大湾区文化产业圈总格局示意图 底图边界根据自然资源部标准地图绘制，审图号：GS（2019）4342号。

资料来源：课题组绘制，

度分异，叠合不同的区域禀赋，形成了文化亚区，不同的文化亚区奠定了文化产业主体功能区域差异化特征。从文化亚区和文化产业主体功能的差异化来看，形成了五大片区，分别是以广州、佛山、东莞（北部和西部）为主的广府文化核心片区，以"经济特区+特别行政区"为主的国际开放文化片区，以江门和中山为重点的华人华侨文化片区，东江流域惠州、东莞（东部和北部）、深圳（东部和北部）的客家文化片区，莲花山（白盆珠）—罗浮山（南昆山）—鼎湖山—皂幕山—云雾山—天露山一线簇拥着的生态文化片区。

（3）六廊强联系（核心圈到外围圈）：交通通道—文化交流渠道—文化产业发展走廊

大湾区与周边地区的主要交通通道分别有沿海、沿河（珠江—西江、东江、北江）、沿陆路（国省道、高速公路、高铁）等三大渠道，三类交通通道也是文化区域交流的主要渠道，在此基础上，形成了文化产业的发展走廊。大湾区目前存在六大走廊，分别为海洋文化产业走廊，主要是发展滨海文化产业；"西江—珠江"文化产业走廊，作为大湾区—"壮美八桂文化圈"战略主通道；东江流域文化产业走廊，作为大湾区—潮汕文化区"—"闽越文化圈"战略主通道；东北部文化产业走廊，作为大湾区—"湖湘文化圈"战略主通道；西部文化产业走廊，作为大湾区—"雷州文化区"—"海南自贸港文化圈"战略主通道；核心区的创新创意文化产业走廊，是三大核心枢纽的内部循环和辐射周边地区的主要闭环通道，是引领湾区文化产业发展的"脊梁骨"。

（4）组团促集群（多元耦合）：特色集聚—分工融合—集群发展

根据大湾区内部存在的文化产业要素圈层集聚分布特征，在大湾区核心城市中可孵化成为文化产业的特色化产业集群，在外围的文化组团可培育成为地区文化产业集聚性载体。根据不同的组团特色来划分，有广府传统文化组团，如广州传统中心城区组团、佛山祖庙—东华里组团、佛山文翰樵山组团、佛山桑基鱼塘核心区组团、三水云东海组团、东莞城区组团、东莞东北部组团、东莞水乡片区组团、深圳龙岗大芬村组团等。按照组团的文化功能，可分为海洋文化产业组团、文化创意产业组团、华侨华人文化组团、文化制造业组团、文化服务业组团、滨海文旅融合产业组团、休闲康养文化产业组团等。

（二）三极：三大文化组合枢纽，引领大湾区文化产业圈建设

1. "广州—佛山"组合枢纽："千年商贸+现代制造+广府文化"综合集成，建设内源型文化产业高地

基于广佛两市作为广府文化核心、两地同城化发展走在全国前列、产业互补性强的优势，联合打造成为大湾区文化产业的组合化发展引擎，支撑广佛作为湾区极点城市的发展要求。借助广州作为国家中心城市、综合性门户城市、国际商贸中心、综合交通枢纽的功能[①]，以及广州作为岭南文化核心区、红色文化富集区、海洋文化集中区、商贸文化及区域创新文化重点区，佛山作为世界级制造业基地、广府文化核心区等优势。加强广佛千年商贸和工商业文化的融合发展，拓宽文化产业合作领域，以广佛深度同城化和全域同城化推进广佛文化产业全域合作和深度合作，围绕两地产业基础，培育创客文化、创业文化、创意文化、创造文化，联合打造湾区重要的内源型文化产业高地。

2. "香港—深圳"组合枢纽："国际开放+经济特区+科技创新"的国际国内文化双循环发展先锋

基于香港、深圳两市之间的"经济特区—特别行政区""国际—国内"联系枢纽与开放窗口等互补性功能，联合打造集国际文化、经济特区改革开放文化、创新创意文化、文化数字经济等于一体的内外循环组合文化枢纽。香港重点聚焦现代金融、文化创新创意、文化教育、商务会展、

---

① 张大卫：《广州：在粤港澳大湾区建设中实现更新与复兴》，《全球化》2019年第9期，第14—27、133—134页。

服务交流等高端的国际化核心文化功能，发展知识密集型创新创意文化服务业，提升城市品质和国际化水平，打造核心文化圈标志性地标。提升国际航运、金融、贸易、航空枢纽等领域地位，加强对中国文化的引用及阐发，构建具有文化竞争力的国际大都会。深圳结合中国特色社会主义先行示范区的建设方向，发展成为开放文化与创新文化交融荟萃的城市典范。依托经济特区、全国性经济中心城市、国家创新型城市优势，建设现代化"全球文化城市"，努力培育成为世界一流的创新创意文化之都。

3. "澳门—珠海"组合枢纽："葡语系国家往来+经济特区+高质量发展"精致型文化产业范例

基于"澳门—珠海"的"经济特区—特别行政区""中国—葡语国家"联系枢纽及窗口的互补性，深化珠澳合作，共建世界级旅游休闲中心、中国—葡语国家商贸合作平台，推动以中华文化为基础、多元文化共存共荣的交流合作。澳门立足丰富多元的文化资源，以"文化+节庆""文化+体育""文化+会展""文化+教育"为主要方向，扩大"艺文荟澳"文化品牌影响力，联动大赛车、马拉松等国际级体育竞赛品牌以及旅游业，推动特色国际文化产业发展壮大。珠海要加强空海联动，推动航空航天文化品牌做大，优化滨海旅游业发展，推动西部地区山水田园风光资源开发，构建"文明新特区·活力新珠海"，建设全国文明城市。两市围绕横琴深化合作，推动在文化创意及国际贸易等领域的协同发展。

（三）五片：提升区域文化主体功能，形成差异化发展方向

综合考虑粤港澳大湾区文化资源圈层分布的均质性和异质性特征，以及不同地区文化发展的主体功能，重点打造五大文化产业功能片区。以主体功能为方向，推动多元文化要素跨圈层整合，耦合化发展，催生和孵化多元产业业态。

1. 广府文化"双创"核心片

以广州和佛山为重点，辐射周边，推动传统广府文化创新性发展和创

造性转化，培育成为广府文化"双创"核心片区。加快广州荔湾、越秀、海珠等区岭南文化传承创新展示核心区建设，联合佛山禅城、南海和顺德等区，共建"中华优秀传统文化传承创新示范区"。保护传统历史街区格局和风貌，复兴古代及近代传统城市中轴线，推广永庆坊改造模式，提升沙河片区、沙湾古镇、北京路、恩宁路、黄埔古港、长洲岛、沙面等重点历史文化片区品质，活化提升西关等民俗风情区。加强岭南建筑、语言、饮食、中医药传承与保护，强化粤剧、广东音乐、岭南画派和"三雕一彩一绣"保育与繁荣。创新"广府庙会""国际龙舟邀请赛""迎春花市"等特色文化节庆活动。①加强区域龙头、重点景区及度假区、特色历史街区、特色旅游小镇、文旅特色村的开发建设和等级提升，打造一批文旅休闲集聚区。

佛山重点整合岭南文化遗迹，结合禅城古迹、南海影视、顺德美食、红色高明、生态三水大旗头文化古村落等特色资源，创建国家级全域旅游示范区。推进文化与城市相融发展，加强历史文化街区、历史文化风貌区、名镇名村及古村落保护与开发。强化城市文化特色规划，将岭南文化元素融入公共建筑、公共空间的建设管理之中，探索独树一帜和深具岭南文化特色的城市标识系统。升级改造品字街、祖庙—东华里、梁园、莲升片区等历史文化街区。建设若干文博综合体，培育"博物+商业+研学+体验"的博物馆综合体新模式，形成文旅+商业+酒店等多业态融合创新发展态势。

2."经济特区+高水平开放"片

以深港和珠澳为重点，向周边东莞和中山延伸，发展成为国际开放文化、创新文化、珠三角工业文明展示等交汇融合区。深圳重点建设"新时代十大文化设施"，推动国家级博物馆、美术馆深圳分馆落地，推进文化馆（新馆）等建设，改造升级"十大特色文化街区"，开展第二批特色文

---

① 《广州市人民政府关于印发广州市国民经济和社会发展第十四个五年规划和2035年远景目标纲要的通知》，《广州市人民政府公报》2021年第20期，第1—48页。

化街区建设，打造现代化城市文化群落和湾区地标。完善文化馆、图书馆总分馆体系，深化"图书馆之城"建设。形成改革开放文化、经济特区发展成果展示展览+旅游+宣传教育产业链，提炼敢为人先的改革开放文化新特征，丰富城市发展精神内涵。进一步向东莞延伸，活化利用鳒鱼洲等东莞改革开放工业遗存，讲好改革开放以来，珠三角工业化过程中，从低端的世界工厂到全球先进制造业基地的工业化深化过程故事。

珠海要探索特区文化建设道路，挖掘传统文化、改革文化、海洋文化资源，推动历史文化资源作品化、精品化，建设珠江西岸区域性文化艺术中心。开展文化艺术国际交流合作，拓展与国际友城联系。优化文化设施布局，建设容闳博物馆、航空航天博物馆、图书馆新馆、文化艺术中心和工人文化宫，扩建美术馆，完善横琴新区文化中心、香洲区文化中心、航空新城市民艺术中心建设。弘扬优秀传统文化，加大南门村、会同村等古村落建设，加强菉猗堂、香山古驿道等文旅资源保护与利用。

3. 华人华侨文化集中片

基于华人华侨资源的集聚性和国内外知名度，以江门和中山为主，联合打造华人华侨文化集中片，借助海外华人华侨渠道，加强国内外文化交流合作，共建华侨文化产业示范区。整合"中国侨乡华人嘉年华""世界江门青年大会"及"少年中国说"等品牌，打造国际文化交流品牌。争取将华侨华人粤港澳大湾区大会永久会址落户，强化华侨华人与祖国和家乡的感情纽带。依托老字号、方言、侨批等历史文化符号，拓展传统戏剧、美术、舞蹈、合唱、中医药、美食等民俗文化城市名片，塑造侨乡文化新品牌。组织海外华裔青年夏令营、青少年文化体验、港澳青年游学、寻根之旅、"冯如杯"华侨华人青年航空航天创新大赛等活动，加强与海外华人青年交流。

弘扬"孙中山"文化资源品牌，建设民族救亡富强及民国文化风情集中展示区。深挖中山历史文化资源潜力，提升孙文西路步行街及沙涌等历史文化街区的时代内涵，整合传统建筑资源，打造华人华侨文化街区。

围绕岐澳古道及"遗址公园"开发建设，推出岐澳古道旅游品牌线路。在翠亨新区打造海峡两岸中山论坛交流平台，提升对海峡两岸交流的促进作用。

4. 客家文化片

在外围圈层地区，以惠州为主向南延伸至深圳东北部和东莞的东部[①]，并加强与东河源客家文化的联动发展。深入挖掘惠州作为客家人重要聚集地、是客家人从陆地文明走向海洋文明的重要通道的历史价值，发掘惠州"岭东雄郡"文化内核，重塑地区发展动力。加快中山公园保护，加强千年府城遗址考古挖掘，保护性发掘白马窑址群三官坑窑址，建设环西湖博物馆群落。提升惠州历史文化名城影响力，推动文化资源系统性保护，加强对历史街区、古建筑、文物、古驿道、古村落、古籍的保护，提升活化品牌价值，建设"岭南东坡文化中心"。[②]

5. 生态文化片

重点以肇庆、惠州东部、江门西部等地区为主，依托生态资源要素，培育湾区生态休闲康养后花园。依托环鼎湖山生态绿核、环南昆山—罗浮山生态绿核、莲花山—白盆珠生态绿核、环天露山生态绿核、云雾山—云开山生态绿核、皂幕山生态绿核等大湾区重要的生态空间，发展岭南特色生态休闲文化产业。推动珠中江协同发展，辐射带动粤西文旅产业发展。加强北部山林和南部海洋生态共保共育，结合山海特色，推动"海洋—海岛—海岸—山林"立体式文旅开发，推出滨海旅游—山林—乡村游等特色海陆统筹的文化旅游融合发展新业态。东部地区依托罗浮山旅游资源，发挥北近山南临水优势，打造农旅、文旅示范区。南部做好水文章，打造沿江沿河水生态特色旅游带。

---

① 大致包括惠州市的惠城区、惠阳区、博罗县、惠东县；深圳市的盐田区、龙岗区、龙华区、坪山区、大鹏新区；东莞市的清溪镇、樟木头镇、凤岗镇等三市的部区城区、镇街及周边地区。

② 《如何通过文旅释放大湾区文化影响力？》，《南方日报》2022年2月17日。

（四）六廊：打造文化产业走廊，优化文化要素区域联通

依托以高速铁路、高等级公路、重要水运通道等区域文化交流通道，串联重点城市和文化产业平台，培育文化产业发展走廊，推动各区域文化要素与大湾区文化产业联动。根据大湾区背山面海、中南部水网密布、主要对外交通干线围绕核心城市指状延展的特点，分别打造海向、河向、陆向文化产业轴带。海向轴带主要是从珠江口到粤东、粤西的文化联系轴带，形成沿海地带海洋文化发展密集地带。河向轴带是大湾区沿着珠江—西江流域、东江流域、北江流域等传统的文化联系通道，打造文化产业发展带。陆向轴带方面，依托在传统的驿道基础上形成的现代公路体系、高速公路体系和高铁等交通体系，作为社会经济要素集聚和扩散的复合型通道，培育发展文化产业发展带，主要为东北部发展走廊和西部发展走廊。在大湾区的核心地带，围绕三大组合化枢纽，依托传统交通通道和创新性重大平台载体，推动广深港科技创新走廊和广珠澳创新走廊形成闭环发展格局，打造"穗莞深港澳"文化创新发展走廊。

1. 海向：海洋文化产业走廊，打造世界级滨海文化产业黄金带

以大湾区的沿海地带海洋资源为依托，结合滨海特色风光和人文资源，建设魅力文化海湾，打造世界级滨海文化产业黄金带，建设世界闻名的滨海旅游休闲度假目的地。该带串联广州、深圳、佛山、东莞、惠州、珠海、中山、江门等城市的海岸地带，集中发展海洋文化产业。以"海丝"文化为牵引，活化文化遗产，提升海洋传统文化产业的内涵。以广州、深圳为龙头，以自由贸易试验区、国家自主创新示范区、国家级高新区、国家级经开区等重大平台为主，整合高端要素，构建开放型区域文化产业创新体系，打造成为高端文化功能集聚的核心发展区域，辐射带动粤东西北和内陆腹地发展。重点推动三大海湾区地区建设。

一是环珠江口"黄金内湾"，包括广州、深圳、珠海、东莞、中山五市滨海部分，重点发展现代海洋文化产业。联动珠江出海口周边城市，加

强与广州南越王墓、粤海关旧址史迹点、怀圣寺光塔、南海神庙、虎门销烟遗址、大小横担岛、香港皇后大道、澳门相关历史街区、珠海唐家湾、中山翠亨新区、孙中山故里等资源联动，提升邮政博物馆和十三行博物馆，活化珠江口海防遗址。建设"南海神庙—黄埔古港古村"主题海洋历史文化区。推动崖门海战、海上丝绸之路、闯金山、骑楼建筑等历史文化资源价值转化。借助临港产业基础和特色滨海旅游业，建设全球顶级的海洋产业集聚区。重点推进珠海横琴新区、深圳前海新区、广州南沙新区、中山翠亨新区和东莞滨海湾新区等建设。定期举办海丝主题国际学术研讨会，筹办海丝文物展，举办海丝国际文化艺术节。与相关城市联合申遗并加强海丝考古研究合作，建设海丝文化交流中心。

二是环大亚湾湾区。主要由深圳、惠州两市沿海部分构成，主要推动大亚湾及大鹏半岛海洋文化产业发展。重点借助惠州石化及能源工业、港

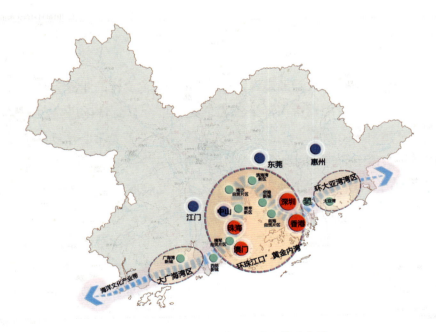

图3-16 世界级海洋文化产业带示意图

资料来源：课题组绘制，底图边界根据自然资源部标准地图绘制，审图号：GS（2019）1822号。

口物流基地，深圳盐田港物流基地，发展海洋临港产业。以大小梅沙和巽寮湾为中心，在稔平半岛滨海旅游区和大鹏半岛旅游区发展高品质滨海旅游、海岛旅游和生态旅游。

三是大广海湾区。主要在江门市，包括镇海湾、广海湾、黄茅海和上下川岛等区域。重点建设广海湾工业新城、银湖湾滨海新城、粤澳（江门）产业合作示范区、深（江）工业园、珠西化工集聚区、台山工业新城、浪琴湾旅游区和上下川岛旅游区等功能区。

2. 河向："西江—珠江"文化产业走廊，打造大湾区—"壮美八桂文化圈"战略主通道

以"珠江—西江"为轴带，串联广州、佛山、肇庆等大湾区城市，并向上游云浮及广西等省市延伸，培育发展以广府文化为纽带、以现代商贸+制造+运输为主要合作领域的文化产业发展带，推动成为西南内陆省市与大湾区文化产业交流的主要通道。以高铁、高速、公路网、碧道、河运提升等契机，挖掘历史和民俗文化资源，利用沿江沿河景观、古城风貌、特色村落、山水田园等，融合发展现代旅游业和康养业，结合新农村建设，集中力量建设文旅、农旅结合连片示范地带。重点加强粤港澳大湾区与广西的协调发展，加快建设粤桂合作特别试验区，强化广州和南宁的双核引领作用，加快文化改革发展和开放合作，依托岭南文化、禅宗文化和壮族等少数民族特色文化，增强区域文化软实力。共同推进旅游业、会展业发展，整合旅游资源，建设一批风景名胜、特色景点和精品旅游线路。建立会展联盟，对接东盟和国内知名会展，推动现有品牌展会向规模化、国际化、专业化发展。[①]

3. 河向：东江流域文化产业走廊，打造大湾区—"潮汕文化区"—"闽越文化圈"战略主通道

沿东江流域打造东江文化产业带，统筹东江流域东莞及惠州等沿线城

---

① 粤桂合作特别试验区管理委员会：《国家发展改革委关于印发珠江—西江经济带发展规划的通知》，2019年10月1日。

市文化资源，串珠成链，构建成为流域内文化产业发展主廊道。借助东江水乡自然延伸，河网密布以及约达40%的土地被山水覆盖的资源优势，焕发惠州岭南东坡文化中心+岭东名郡品牌活力。参与"海丝联盟"交流合作，推进"海丝"史迹保护利用，建设白马窑考古公园、广东省陶瓷标本库房，联合东莞、惠州和深圳，推动东江纵队纪念馆等系列红色文化资源的产业化发展，借助罗浮山秀丽的自然风景和丰富的红色文化资源，发挥"革命教育+旅游"的融合发展优势，培育新型红色文旅品牌。进一步延伸至粤东潮汕文化区，形成大湾区与粤东地区文化联系及产业联动发展主要纽带，借助粤东与闽南地区的地缘及文化的相似性，形成大湾区与"闽越文化圈"联系重要通道。

4. 陆向：东北部文化产业走廊，培育大湾区—"湖湘文化圈"战略主通道

以广州北向交通干道为依托，结合北江流域传统文化资源，进一步向北延伸至韶关和拓展至湖南地区，培育成为"粤港澳大湾区—湖湘文化区"联系主要通道。以广州北部白云机场临空经济区为核心，依托白云空港新城、广州北站、广清接合片、燕湖新区等重点平台，沿北江水运交通线、广清快速轨道线、广佛清韶四市互联高速公路线，打造东北走向文化产业走廊，加强文化产业联动和辐射力度，重点加快推进广清两地文化产业链共建，进一步联通清远的"三连一阳"生态绿色组团。借助两千多年来作为南粤与中原地带联系的主要通道，加强与湖南、湖北等省份的文化联系，推动沿线文化资源与市场的对接，加强民族革命及红色文化等的联合研学及产业化发展，形成主轴驱动、多线扩展的发展态势。

5. 陆向：西部文化产业走廊，打造大湾区—"雷州文化区"—"海南自贸港文化圈"战略主通道

加强粤港澳大湾区（广东）与粤西雷州文化协作，延伸至与海南自贸港文化的联动发展。借助粤西地区丰富的生态资源、农旅海等资源，借助全省"核+副中心"的全新区域协调发展机制，构建统一的大文旅开发市场，引入粤港澳大湾区的旅游资本，开发粤西主题化的文旅综合体。把握海南自由贸易港发展趋势，利用"泛雷州文化"纽带，推动"海南—海北"合作，使湛江地区成为集保税区、自贸港、自贸区等政策优势于一体的优势叠加区，推动面向RCEP（《区域全面经济伙伴关系协定》）和东盟国家的文化贸易发展。进一步承接海南自贸港和粤港澳大湾区部分文化产业，加强营商环境的建设，利用自身区位优势吸引文化产业项目投资。充分利用粤港澳大湾区与海南自贸港资源禀赋、产业结构等方面的互补性，优化区域分工，协调两地的发展规划，打造两地优势文化产业集群。

6. 陆海闭环：创新创意文化产业走廊，加强"黄金内湾"的创新循环，辐射带动周边文化产业高质量发展

以"广深港"和"广珠澳"两大科技创新走廊为基础，借助珠江口东西两岸跨海通道加密的趋势，强化文化纽带对珠江口东西两岸的缝合作用，形成创新创意文化产业闭环。在三大文化组合枢纽地区形成内部联动发展新格局，通过文化要素高价值化转化推动文化产业高质量发展，助推广深"双城联动"及珠东对珠西的辐射带动。重点发展文化创新创意产业和先进文化制造业，加快光明科学城、松山湖科学城、河套科技创新合作区等重大科技创新平台建设，推动大运深港国际科教城、西丽湖国际科教城、坪山高新区、潼湖生态智慧区等创新平台协同发展。对接全球文创资源，探索有利于文化产业人才、资本、信息、技术等要素跨境流动举措，推动资源共享，打造文化创意共同体、粤港澳大湾区文化产业大数据中心和国际化文创平台。探索在知识产权保护与利用方面与国际最高水平接轨，共建国际文化创新发展先行区。

（五）多组团：推动特色文化产业集群化发展

1. 广府传统文化组团

以广佛莞为主，加强传统广州府十三县范围内的历史文化资源集约化开发，推动历史文化街区、历史建筑、历史风貌区保护修复，加强名城名镇名村保护和活化利用。

珠江—西江流域：以广州荔湾、越秀、海珠等地及佛山禅城、南海、顺德为基础，打造广府文化核心区板块；以佛山的西樵、龙江、九江等镇为主，打造传统桑基鱼塘文化组团，联合打造广府文化核心区。提升佛山"文翰樵山"品牌，恢复明清时期商品经济发展场景。推动广州荔湾岭南风情与非遗文创、越秀北京路国家级文化产业示范园区发展。

东江流域：东莞水乡文化组团、莞城—石龙组团、东江流域客家文化组团、惠州西湖周边—归善古城片区组团。打造"莞邑乡韵"旅游产品，加快建设石龙中山路历史文化街区、寮步香市小镇等文旅综合项目①，培育工业旅游精品线路，发展精品酒店和特色民宿，带动文旅体消费升级。

珠江西岸及潭江流域：依托沿海地带（重点是明清以来的沙田垦殖地带），打造疍家文化组团、江门—新会古城及周边组团、中山大香山组团（孙文西路历史文化街区—岐江两岸环铁城古建筑群—沙涌历史文化街区）、中山伟人故里组团（岐澳古道、孙中山故里旅游、郑观应故居等名人资源）等，重点建设中山游戏游艺文化产业城、华艺灯饰文化产业园、中国（大涌）红木文化博览城等文化产业园区。

2. "云山珠水"文化创意组团

广州珠江两岸创意文化产业组团。沿广州珠江两岸布局创新创意文化产业组团，重点发展数字动漫影视、会展和文化演艺、时尚创意等产业。重点建设广州高新区国家级文化和科技融合示范基地、中国（广州）超高清视频创新产业示范园区、"1978电影小镇"文化创意产业园区。联动环白云山文化生态地带，发展生态设计与文旅休闲业态。

3. 华侨文化产业组团

五邑侨乡文化产业组团。以世界文化遗产"开平碉楼与村落"、赤坎

---

① 《东莞市国民经济和社会发展第十四个五年规划和2035年远景目标纲要》，《东莞日报》2021年6月15日。

镇华侨建筑群为主体，联动司徒美堂、戴爱莲、红线女等名人故居，建设江门国家级侨乡文化生态保护区。加大世界记忆遗产"侨批档案——海外华侨银信"资源征集，建设江门侨批（银信）展示馆、华侨华人文化资源数据中心、侨乡博物馆群、五邑华侨华人博物馆国家一级博物馆、专题性华侨历史博物馆、展览馆和纪念馆。

香山华侨文化保育活化产业组团。以中山市上塘、恒美、沙涌、竹秀园、南朗左步村以及石岐龙母庙街、永安里等片区侨房侨捐项目为主体，加快侨房资源和侨捐项目普查力度，创建中国华侨国际文化交流基地。

4．红色文化产业组团

创建红色文化传承弘扬示范区和"红色+"融合发展示范区。重点打造广州黄埔军校纪念公园、东江纵队纪念广场等红色文化地标。围绕毛泽东同志主办农民运动讲习所旧址纪念馆、广州起义纪念馆、中共三大会址纪念馆、中国近代史博物馆新馆（中国共产党广州历史陈列馆）、广州妇女运动历史展陈和团一大纪念馆等项目，建设红色精品场馆。深化大岭山（东莞）抗日根据地旧址保护，加快东江纵队纪念馆场馆升级。

5．文化智能制造产业组团

发挥珠江口东岸电子信息产业基础，打造世界级先进文化制造业产业组团。围绕深圳和东莞的高清显示、柔性显示、印刷显示等文化制造领域，建设具有全球影响力的新型显示产业集聚区，加快发展文化传播的终端载体相关产业，如智能显示、智能无人机、智能机器人、智能家电等领域的文化产业。

6．文化服务组团

珠江口东岸地区：以罗湖、福田、龙华和东莞虎门、厚街等为主体，打造一批时尚创意集聚区，形成一批时尚创意知名品牌。推进文化产业数字化与创新创意融合，重点发展创意设计、动漫、游戏、数字文化等领域。推动服装、家具、黄金珠宝等传统时尚产业升级，创建国家级、省级数字文创产业示范园区。推动东莞以大岭山、寮步、清溪等镇为主，做大

莞香产业集群。^①

珠江口西岸地区：加快珠海文化产业数字化发展，重点发展创意设计、4K/8K影视、数字出版、动漫、网游等新兴产业。提升印刷包装行业的设计能力，培育国内领先的创意包装印刷供应商。扶持动漫游戏行业发展，支持原创动漫平台建设，完善IP孵化、授权等全产业链；建设文化创意产业园区，打造全球知名的文化创意城市。依托江门鹤山中国印刷产业基地，推动印刷文化产品生产，打造"中国童书印刷城"品牌。发挥"中国工艺美术产业基地"示范作用，推进工艺美术产业化。推进新会及台山古典家具产业发展，打造古典家具文化产业基地。推动江门新会陈皮产业园区、小冈香文化产业示范园区等文化产业园区创建。

7. 滨海文旅融合组团

珠江口东岸地区主要以香港、深圳、东莞和惠州为主，建设深圳空港—东莞滨海湾新区空海联动板块，重点发展海洋经济、临空经济、会展经济等领域的新型文化产业业态，建设国际一流海洋新城。推动"大鹏—稔平半岛—百安半岛"板块加快发展，加强深圳坝光国际生物谷、惠州稔平能源科技岛、深汕小漠湾建设，打造大湾区海洋经济高地。发挥海岸线及优质人文自然景观集聚优势，推动深圳大鹏半岛滨海生态旅游度假产业带及大亚湾科技运动特色产业带建设，合力发展滨海旅游，共建世界级滨海旅游目的地。

珠江口西岸重点发展滨海旅游。中山打造岐江新城和翠亨新区文化产业增长极，江门大力推进赤坎古镇华侨文旅项目、川岛浪漫海岸国际旅游度假区、古劳水乡生态旅游度假区等重大文旅项目建设，加快滨海休闲度假、游艇及海上运动等旅游产品开发，推动川岛创建国家级旅游度假区，推动上川岛大洲湾遗址等遗址遗迹活化利用，建设台山海丝考古遗址公园等项目。

---

① 黄晓晴、杜国明：《莞香品质的影响因素探究》，《广东园林》2013年第2期。

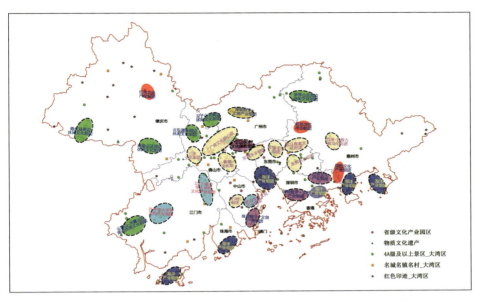

图3-17　粤港澳大湾区文化产业重点及特色组团分布示意图（缺港澳数据）
资料来源：课题组绘制，底图边界根据自然资源部标准地图绘制，审图号：GS（2019）1822号。

8. 休闲康养文化组团

以外围圈层各城市山水田园生态资源，叠加红色文化、传统历史文化等要素，形成大湾区北部地区重要的生态休闲文化组团。重点建设肇庆七星岩景区、罗浮山景区、天露山及云雾山及周边景区，统筹周边资源，发展成为推动休闲湾区、生态湾区和人文湾区建设的文化康养产业组团。

三　优化粤港澳大湾区文化产业发展格局的对策建议

（一）强化核心圈层城市文化产业高端引领

1. 强化港澳高水平国际开放文化引领作用

借助香港的国内国际"超级联系人"地位，扩大与世界的联系，增强国际文化交流窗口作用，强化国际高端文化要素的引入，吸引境外文化产业投资，促进本地文化对外传播。扩大与外部文化交流与合作，举办香港书展、国际影视展、设计营商周①、深港设计双展、全球论坛等文化活动，完善国际大型会展及论坛，助推粤港澳大湾区成为中外文化艺术交流中心。凭借香港作为亚太区国际法律及争议解决服务中心和区域知识产权贸易中心的地位，打通国际文化市场。加密澳门与葡语系国家往来，在澳门设立中葡文化产业交易中心。强化港澳在大湾区文化产业圈中高水平的引领作用，开展多领域、多层次文化交流合作，建设多文化共荣交流互鉴平台。

2. 强化湾区"极点城市"文化融合发展

一是香港+深圳。加快建设深圳改革开放展览馆，创建国家级文化产业示范园区，加快落实香港与深圳"双城三圈"相关规划，凭借前海合作区扩区和河套地区成为深港深度合作区的契机，深化深港两地文化产业合作，共同发展创意设计、时尚文化等产业，高水平举办重大国际文化会展，高标准建设"新时代十大文化设施"和"十大特色文化街区"②，打造有国际影响力的城市文化品牌。香港应善用深圳后海总部基地、大沙河创新走廊、南山高新科技区等平台，加快形成"新界"北核心商务区的发展动力，吸引更多高端企业进驻。加强深圳对前海深港文创小镇、龙岗数字创意产业走廊的建设，培育"深圳设计""深圳创意"品牌群，大力发展时尚产业，打造设计之都、国际文化创新创意先锋城市，建设具有世界影响力的创新创意文化之都和前海国际文化创意基地，为香港提供产品与服务。

二是澳门+珠海。加强横琴粤澳深度合作区的建设，利用澳门作为中国与葡语系国家文化往来枢纽及世界旅游休闲中心的地位，推动海洋文化和

---

① 设计营商周（BODW）由香港设计中心举办，是2002年以来亚洲国际年度盛事，主要探索设计、创新及品牌发展趋势。

② 霍秀媚：《广州引领粤港澳大湾区文化发展的思考》，《首届江南文化·岭南文化论坛》，2019年12月13日。

东西方文化融合，加快建设中国自贸区信息港、横琴澳门青年创业谷等，办好中国国际马戏节、中国航展、沙滩音乐节等活动。加强文旅资源开发，建设横琴国际休闲旅游岛①，共建国际文化旅游发展示范区。培育龙头文旅企业和文旅综合体，举办重大文旅活动和体育赛事，健全服务环境，建立中国与葡语国家商贸合作平台和多元文化合作基地，建设展示湾区现代都市文明和绽放科技创新魅力的世界游客向往之地。

三是广州+佛山。持续深化广佛全域同城化发展，完善广佛城市功能对接，带动广佛文化产业一体化发展。发挥广府文化核心区引领作用，建设岭南文化中心和对外交流门户，强化历史文化名城保护，打造中国（广州）国际纪录片节、中国（佛山）大湾区功夫电影周等品牌。广州重点培育动漫游戏之都、全球创意城市和先进文化制造业中心。佛山建设南方影视业发展中心，创建粤港澳大湾区影视产业合作试验区。深化广佛两地文化产业产学研合作，探索设立广佛科技合作园区。依托广州琶洲广交会展馆及佛山潭州国际会展中心，推动展会资源共享，打造若干国内领先展会项目，引进知名企业、专业组展机构以及国际品牌展会，培育领军展览集团和全球一流的专业展览。②以文化产业提升广州与佛山城市形象、品质、能级。

（二）探索三大都市圈文化产业跨圈层联动发展

以广深"双城联动"，强化广州都市圈与深圳都市圈的文化产业协同。促进两地连通性，形成便捷可达、要素高效流动和企业自由经营的区域环境。强化轨道交通衔接，支持穗莞、深莞地铁对接，推动中南虎城际、广深第二高铁等项目前期工作。利用广州中心城市及腹地市场广大的优势、深圳与香港毗邻具有便捷的国际市场要素通道的优势，通过广深联动，形成内外联通的大市场。借助广州相对丰富的土地要素弥补深圳土地

---

① 《新目标　新实践——广东建设高水平文化和旅游强省》，《中国文化报》2021年3月10日。

② 《广佛全域同城化"十四五"发展规划（公开征求意见稿）》。

短缺的缺陷，将深圳活跃的科技创新产业和新业态与广州大量优质的高教资源结合，促进广深功能分工与合作，加强学习和互鉴，共推文化产业升级。[①]

加强深圳都市圈与珠江口西岸都市圈的文化产业联动。强化深圳与珠海、中山、江门和阳江等城市的产业合作。借助港珠澳大桥加强港澳与深圳及珠江口西岸都市圈的联系，对接国内外高端要素，推进高端文化制造、文化服务等方面的深度合作。抓住深中通道、深珠通道建设机会，加强深圳与珠江口西岸城市合作，推动深圳前海、蛇口与珠海横琴两大自贸片区协同发展，在文化各领域展开深度合作，推动深圳文化要素进一步西进辐射沿线各地，形成新发展动能。

加强广州都市圈与珠江口西岸都市圈的联动。推动两地岭南文化资源联合开发，建设岭南文化中心和对外文化交流门户，强化历史文化名城名镇名村保护与开发，深挖岭南文化旅游资源特色，开发岭南特色文化产品，创作演艺精品剧目。推出文化遗产、博物馆、非遗、海洋文化、影视、功夫、美食等精品旅游线路。在广州南沙、珠海横琴、佛山南海等地打造国际影视策划制作中心，汇聚优秀企业及主创团队，培育广东制片人队伍，孵化优秀影视作品，扶持原创精品生产，培育现代电影工业体系。

（三）推动大湾区与周边地区文化产业协同发展

1. 加强大湾区现代文化与传统文化的协调

保护利用好世界文化遗产及碉楼、骑楼、宗祠、所城、寺庙等文物古迹。建设国家考古遗址公园；保护好东莞虎门炮台、江门崖门炮台、深圳大鹏所城等明清海防遗存及非物质文化遗产，举办大湾区非遗交流活动，推动非遗精品的保护、传承、体验、教育和创新。推动文化文物单位开发文创产品，促进"三雕一彩一绣"传统工艺技艺与现代科技、创意设计、

---

① 毛艳华：《广深"双城联动"的动力机制与发展路径》，人民资讯，2019年9月22日。

时尚元素融合。建设前海国际文化创意基地，提升"省长杯"工业设计大赛、广东设计周及深圳设计周暨环球设计大奖等活动影响力。

打造岭南文化资源数字化系统，创新文化传播形式。加快岭南文化及文化资源数字化，培育数字内容原创精品和品牌，建设全国数字文化生产中心。推动5G、4K/8K、VR/AR/MR、物联网、人工智能、区块链、大数据等新技术在文化产业中的应用，抢占行业制高点，打造全国文化新业态孵化基地。实施大湾区数字创意战略性新兴产业集群行动计划，打造数字文化传播和产业发展平台，前瞻布局、培优培强引领全国的战略性新兴文化产业，打造文化产业高质量发展增长极。

2. 加强广东四大文化亚区的协调

推动广府文化（大湾区）与粤东西北的客家文化、潮汕文化、雷州文化等广东文化亚区的联动发展。以服务沿海经济带建设为导向，助力形成"双核（广州深圳）+双副中心（湛江汕头）"文化产业区域动力系统。

推动广府文化与潮汕文化融合发展。加强与潮汕地区互动，形成文化产业协同发展格局。推动汕头"动漫+玩具+游戏+影视"多维融合，推动汕头小公园保育活化、华侨经济文化合作试验区建设。潮州、揭阳和汕尾共建"中国玉都""中国瓷都"及"中国民间文化艺术之乡"。提升潮州古城质量，创建国家级文物保护利用示范区。加强汕尾红色革命遗址及四个革命文物保护利用片区的保护与开发。

推动广府文化与雷州文化融合发展。加快发展湛江、茂名和阳江的工艺美术、滨海旅游等，大力发展特色文旅产业，打造"文旅融合"产业圈。推动广府和雷州文化艺术、历史人文资源等融入旅游产业，建设具有岭南特色的旅游休闲城市、历史文化街区，发展红色文化游、文化遗产游、研学旅游、粤美乡村游等，打造具有影响力的滨海文旅产业带。将湛江打造为粤西文化中心，湛茂阳共同发展粤西海洋文化。

推动广府文化与客家文化融合发展。推动粤北客家文化与大湾区广府文化融合发展，促进生态发展区建设，打造区域文化名城。围绕生态功能

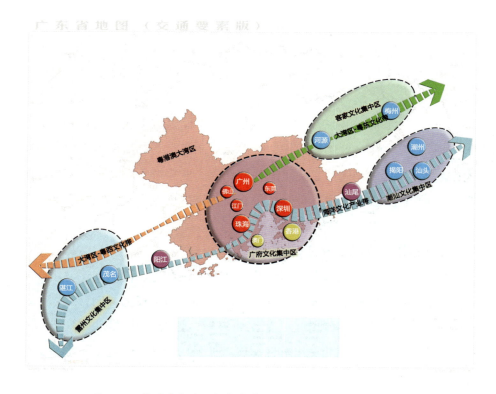

图3-18 粤港澳大湾区与广东其他文化亚区协调发展示意图
资料来源：课题组绘制，底图来源于广东省自然资源厅，审图号：粤S（2021）064号。

区建设，发掘文化资源，培育地方魅力文化品牌，将粤北地区建设为生态休闲旅游地和"粤桂画廊"。支持韶关、梅州发展红色旅游、工艺美术、生态旅游；支持清远、河源、云浮培育特色文旅产业。韶关建设善美之城与文旅韶关，梅州建设国家级客家文化生态保护区，河源、清远和云浮建设有岭南特色的地区性文化城市。

3. 加强大湾区与泛珠三角腹地的文化交往

加强粤港澳大湾区与泛珠内陆省份的文化协调。拓展粤港澳大湾区与内陆其他省份在科教、旅游及社会服务等领域的合作。着力增强粤港澳大湾区科技创新能力、提升市场一体化水平、加强与其他地区的交流交往，加强重大合作平台建设，助推港澳更好融入国家发展大局，争当全国高质量发展动力源。①围绕广东文化强省建设，进一步加强文化生态保护区、非遗小镇、非遗街区、非遗特色乡村、非遗景区建设，推动非遗区域整体性保护，在带动粤港澳大湾区建设和乡村振兴的同时，提升人民群众参与感、获得感和幸福感。②

参考文献

［1］王林生：《现代文化市场体系：粤港澳大湾区文化产业高质量发展的路径与方向》，《深圳大学学报》（人文社会科学版）2019年第4期。

［2］梁建伟：《广东水运与粤港澳大湾区建设》，《珠江水运》2019年第6期。

［3］陈文理、喻凯、何玮：《府际治理：构建粤港澳大湾区网络型府际关系研究》，《岭南学刊》2018年第6期。

［4］陈世栋：《粤港澳大湾区要素流动空间特征及国际对接路径研究》，《华南师范大学学报》（社会科学版）2018年第2期。

［5］贺泽劲、李继勇：《行走客地：穿越千年的迁徙》，《风景名胜》2011年第11期。

［6］张云彬、王云、陈静媛：《土地利用转型影响下大别山区景观格局演变及驱动力研究》，《华中农业大学学报》2022年第3期。

［7］刘晓萍、王小军：《文化圈层景观格局下马来西亚电影的空间生产——从文化地理学与媒介地理学出发》，《北京电影学院学报》2020年第10期。

---

① 何立峰：《深化粤港澳合作　推进大湾区建设》，求是网，2021年6月1日。
② 《文化强省在行动②|让岭南文化瑰宝焕发新光彩！这些手笔将是世界级》，南方plus，2022年2月14日。

第四章

粤港澳大湾区优势文化产业的提升与协同

粤港澳大湾区新闻信息服务业、出版业、影视业、演艺业、创意设计服务业、动漫游戏等优势文化产业已进入产业发展"稳定期"，具有优质品牌效应和较强地域文化资源特色，内容上具有不可替代性和原创性，总体发展水平居全国领先地位，是推动粤港澳大湾区发展的重要产业类别之一。粤港澳大湾区优势文化产业的高质量发展，受到内容生产核心竞争力不强、市场主体活力不足等问题制约。随着粤港澳大湾区文化资源产业化开发的持续推进和优势文化产业链条的深入对接，粤港澳大湾区应合力探索岭南特色传统文化资源的创造性转化和创新性发展，以大型文化龙头企业为引领加速文化要素融合、精品内容创作和湾区品牌打造，推动粤港澳大湾区优势文化产业高质量协同发展。

一　文化资源与优势文化产业的匹配性

（一）粤港澳大湾区文化资源的产业化

1. 文化资源产业化的内涵

文化资源是文化产业发展的前提和基础，也是文化产业发展的核心要素，这里的资源既包括区位条件、特色文化等基于自然本底的区域特色文化禀赋，也包括对传统文化资源的创造性转化与创新性发展，将文化与科技、金融等融合，形成高能级的文化增值资源。

文化资源产业化的内涵，可以概括为：依托独特的文化传统、风俗习惯、地理区位、人力资源和法律政策等具有较强的区域性和地方根植性的文化本底资源禀赋，形成文化产业发展的核心要素和区位比较优势，通过提高文化产业发展相关的基础设施完善程度、制度创新程度、人力资本和金融资本丰裕程度等文化资源产业化转化能力，形成差异化、特色化的文化产业。就文化产业而言，其既具有一般产业的资源依赖性、资本密集性和高风险性等经济属性，又由于文化本身的民族性与交融性特性，使得文化产业兼具民族性与开放性、兼具市场属性与意识形态属性等多种特性。因此，要对区域文化资源禀赋及其产业化能力进行分析，挖掘具备潜在优势的文化资源进行产业开发，巩固发展优势文化产业，才能提高区域文化产业竞争力和文化软实力。

2. 粤港澳大湾区文化资源产业化分析

粤港澳大湾区具有共同的岭南文化历史基础，同宗同源，一脉相承。既具鲜明民族特色又兼具世界开放品格的岭南文化和人文精神，为广东文化产业高质量发展提供源源不断的精神动力支持，有效地提升了广东文化品格和国际影响力。面对粤港澳大湾区类型多样、底蕴深厚的文化资源，在坚定文化自信的基础上，大湾区优势文化产业应依托各地文化资源禀赋，基于同根同源的岭南文化和要素禀赋、文化产业结构的匹配性和互补性、园区集聚和龙头企业的带动、区位品牌的协同打造等考量，分类界定，精准发展特色化文化产业。

一是基于同根同源的岭南文化和要素禀赋发展起来的影视业、演艺业，重点是整理和提炼大湾区文化内涵，着力挖掘核心文化元素，强化精品内容生产，打造有衍生价值的文化项目，通过"大湾区"大项目带动沿线文化小项目形式，延长大项目的产业链，提升小项目的规划建设质量，形成主题鲜明、产业链完善的文化产业新格局，实现保护文化生态原真性与文化消费品质化的双重提升。

二是基于文化产业结构的匹配性和互补性发展起来的新闻信息服务业、出版业，重点是各地围绕优势产业、头部企业，配套培育上下游产业链，打造特色产业集群，提升产业链整体价值。

三是基于园区集聚和龙头企业的带动发展起来的动漫、游戏业，重点是建设文化产业信息化管理平台和监控机制，在"大众创业、万众创新"的时代背景下，发挥龙头企业、特色组织及个体企业主的市场主体地位，不断优化多元组织的合作路径，前瞻布局，培优培强，加快具有岭南特色的原创文化产品开发，鼓励龙头企业实施"文化出海"。

四是基于区位品牌的协同打造发展起来的创意设计服务业，重点是围绕大湾区及沿线文化，融合港澳前沿优势和珠三角良好基础，不断丰富文化创意衍生品，融入生活美学，加强"湾区文创"的营销推广，打造创意设计精品。

（二）粤港澳大湾区优势文化产业界定

根据产业生命周期理论，文化产业的形成是技术革新的产物，技术更新和产业功能的拓展，推动着文化产业由导入期进入稳定成长期。在文化产业整个生命周期中，导入期的新兴产业以及稳定期的优势产业之间的界定和转换，关键在于该产业是否具备对文化产业和经济增长的突破性带动能力。

优势文化产业具备几大特性：一是产业成熟度高，即市场竞争程度强，市场需求潜力大，产业经济总量大，从业人员规模大，产业增速高于全行业平均水平；二是产业关联性强，即产业链条长，对上、下游产业具有很强的关联度，能够对多个相关产业产生带动和诱导作用；三是地域文化资源特色强，即产业发展以当地文化资源禀赋为依托，内容上具有不可替代性和原创性；四是战略性高，即在经济、社会发展中占有重要地位，在一些重要的竞争性文化领域保持产业领先地位。

基于以上产业特性，综合考虑粤港澳大湾区文化产业发展现状及文化产业高质量发展的必然规律，结合国内外文化产业发展趋势等，大湾区的优势文化产业主要包括新闻信息服务业、出版业、影视业、演艺业、创意设计服务业、动漫游戏业等六大产业，未来亟须进一步做大做强，以更高水平的文化产品供给迎接文化消费新时代。

二　粤港澳大湾区优势文化产业现状特征

（一）新闻信息服务业：媒体深度融合，优质新型媒体崛起

1. 现状特征

传统主流媒体深度融合发展。近年来，随着"全覆盖"的全媒体框架的搭建以及融媒体技术的快速发展，主流媒体移动平台迅速崛起，大湾区融媒体矩阵初具规模。大湾区省、市级主要媒体建成"中央厨房"采编一体化平台，推出一批重点移动端拳头产品，羊城派、触电新闻、21财经、读特、读创等主流媒体移动平台影响力与日俱增。媒体融合技术持续改进，形成"广电+报纸"生产流程共通、内容共享，实现宣传、网信、舆情、媒体的全平台、全链条、全区域融合。

党报融合传播力领跑全国。根据人民网研究院发布的《2021全国党报融合传播指数报告》，大湾区党报融合传播力全国领先。在下载量排名前五位的省级和地市级党报自建安卓客户端中，有4个是广东省的党报客户端。其中，南方plus、羊城派下载总量分别为16010万、10475万，分别占据省级党报第一、第三名；广州日报和读特下载总量分别为5119万、4168万，

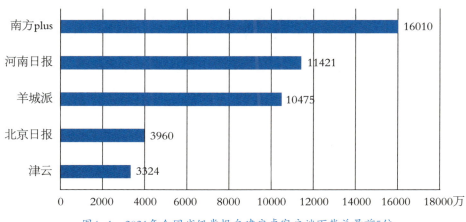

图4-1　2021年全国省级党报自建安卓客户端下载总量前5位
资料来源：《2021全国党报融合传播指数报告》。

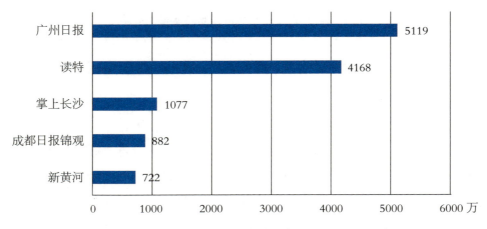

图4-2　2021年全国地市级党报自建安卓客户端下载总量前5位
资料来源：《2021全国党报融合传播指数报告》。

分别占据地市级党报前两名。9个大湾区市级党报的安卓客户端累计下载量均值为826.7万次，远高于全国党报。

大湾区信息传媒企业已具备全球影响力。由世界媒体实验室（World Media Lab）和世界经理人集团联合编制的2020年度（第八届）世界媒体500强排行榜，2020年中国（含港澳台）共有97家媒体公司入选，仅次于美国位居第二，为亚洲第一媒体大国。其中，大湾区共有21家公司入选（见表4-1），占全国的21.6%。在这21家媒体公司中，珠三角有8家，其中腾讯、网易分别排在全球第5位和第35位，在全国97家入选公司中分别排第1位和第3位，显示珠三角互联网新媒体优势突出，在全球具有较大影响力；香港有13家，主要来自电视、报纸等子行业，也凸显了香港在传统传媒领域的优势地位，如香港凤凰卫视作为面向全球华人的卫星电视频道，已成为华语媒体中最有影响力的非政府媒体之一。

表4-1　2020年大湾区入选世界媒体500强公司名单

公司	总部所在地	营收（百万美元）	国内排名	全球排名	子行业
腾讯控股有限公司	珠三角	54082.3	1	5	互联网新媒体
网易公司	珠三角	8491.7	3	35	互联网新媒体
分众传媒	珠三角	1738.7	12	141	媒体公关传播
广东省广告集团股份有限公司	珠三角	1652.7	13	148	媒体公关传播
电视广播有限公司	香港	583.6	30	254	电视或广播电台
凤凰卫视控股有限公司	香港	465.6	34	269	电视或广播电台
羊城晚报报业集团	珠三角	423.0	39	286	报纸
第一视频集团有限公司	香港	391.0	43	293	互联网新媒体
广东奥飞动漫文化股份有限公司	珠三角	390.7	44	294	影视文娱或节目
雅仕维广告媒体有限公司	香港	300.4	57	328	媒体公关传播
深圳市天威视讯股份有限公司	珠三角	243.4	62	355	有线宽频或卫星
星岛新闻集团有限公司	香港	201.8	67	376	报纸
香港经济日报集团有限公司	香港	181.0	69	387	报纸
橙天嘉禾娱乐（集团）有限公司	香港	169.7	72	399	影视文娱或节目
丰德丽控股	香港	148.6	74	409	影视文娱或节目
TOM集团有限公司	香港	146.5	75	412	互联网新媒体
东方报业集团有限公司	香港	131.6	78	420	报纸
广东南方新媒体股份有限公司	珠三角	99.6	81	443	互联网新媒体
皓天财经集团控股有限公司	香港	72.1	87	460	媒体公关传播

（续上表）

公司	总部所在地	营收（百万美元）	国内排名	全球排名	子行业
现代传播控股有限公司	香港	71.3	88	462	期刊
世界华文媒体有限公司	香港	30.7	97	494	报纸

资料来源：世界媒体实验室（World Media Lab）。

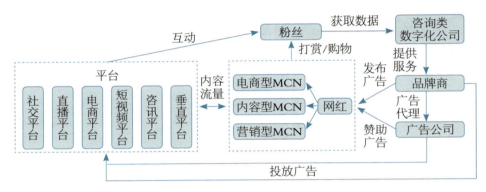

图4-3　新媒体产业链
资料来源：广证恒生。

2. 问题与短板

大湾区融媒体产业内容精品不足。随着短视频、移动直播、微动画等新媒体技术迭代升级，大湾区媒体作品形态不断丰富，但部分媒体过度依赖技术赋能，忽视了优质的内容建设这一媒体融合根本，部分新闻内容停留在简单搬用报纸、电视内容，未能真正落实"一次采集、多种生成、多元传播"，精品原创融媒产品不足。

大湾区融媒体在与互联网平台型媒体的竞争中处于劣势地位。随着网络新型媒体的发展，媒体之间的竞争越来越激烈。互联网平台型媒体凭借其网络化先发优势形成的庞大用户群，以及资本、技术（数据和算法等）实力，在竞争中处于领先地位。大湾区融媒体（主流媒体）话语权和信息流转分配主导权被削弱，舆论引导作用受影响。

（二）出版业：数字出版全国领先

1. 现状特征

出版业整体水平位居全国前列。广东作为文化大省，也是出版强省，围绕传承弘扬岭南文化、讲好改革开放故事、讲好大湾区故事，推出了一大批体现时代精神、突出主旋律、人们喜闻乐见的优秀出版物，出版成果丰硕，出版体系完备，以精品双效带动重大主题出版，实现了社会效益和经济效益的相统一。2018年广东版权产业增加值8472.6亿元，约占全国13%，2019年印刷业增加值640亿元，居全国首位，粤版图书的出版能力、市场竞争力和文化影响力持续提升。

香港是亚太地区的出版中心。出版业是香港的优势产业，2019年香港出版印刷业增加值143亿港元，占文化创意产业增加值的11.1%；从业人员36460人，占文化创意产业就业人数的15.4%。香港出版市场是除内地（大陆）和中国台湾地区之外的第三大华文出版市场，香港书展是亚洲最大的图书展会，已成为全球出版业的盛会。东西方文化交融、双语优势、发达的印刷业和信息资讯促使香港成为亚太地区的出版中心，吸引了许多国际知名的报纸、杂志、图书出版商在香港设立亚洲总部，如美国的《华尔街日报》亚洲版、英国的《金融时报》亚洲版、德国贝塔斯曼集团亚洲出版

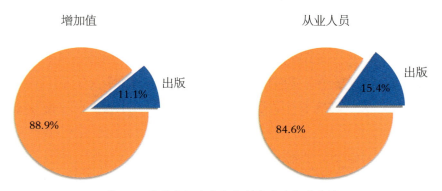

图4-4　香港出版业在文化创意产业中的地位
资料来源：香港特别行政区政府统计处。

公司等均选择在香港设立亚洲总部。在数字出版方面，香港出版业紧跟世界前沿，加快数字技术和营销平台建设，数字出版已成功进入中小学日常教学领域，近1/3教材用书实现了数字化应用。

港澳与珠三角出版合作稳步发展。粤港澳三地出版印刷行业交流日益紧密，三地精心组织编纂《岭南文化辞典》，编辑出版《岭南文化读本》系列丛书（5册），共同传承弘扬岭南优秀传统文化。依托粤港澳大湾区文化教育交流中心，广东省出版集团稳步推进粤港澳文化教育和出版传媒合作，与澳门最大出版机构合作成立澳门启元出版社，率先编写出版澳门首套《中国语文》《小学常识》中小学教材、香港《新视界·中国历史》初中教材、《我的家在中国》国情教育读本等系列港澳教材和文化读本，并将《慢游客都梅州》等百余种图书版权输出到香港。粤澳合作出版《澳门弹起》《粤港澳大湾区药用植物名录》《梦想起航——澳门青年在大湾区成功创业励志案例》等一批大湾区题材精品力作。

数字出版产业全国领先。依托广东国家数字出版基地和广东数字出版产业联合会平台，大湾区以广深为核心的数字出版产业走在全国前列。广东国家数字出版基地、广东国家音乐产业基地（广州南方广播影视传媒园区、广州飞晟园区、深圳A8数字音乐园区、深圳梅沙园区）、羊城创意产业园、天河软件园等一批国家级园区成为数字出版产业集聚的重要载体与平台。其中广东国家数字出版基地入驻企业超过200家，就业人数1.7万多人，营收超百亿元，集聚效应明显。南方报业传媒集团、广州日报报业集团等多家企业入选全国数字出版转型示范单位，羊城晚报报业集团、广东教育出版社等多个图书期刊出版单位被确定为省级数字出版转型示范单位。广州广晟数码技术有限公司开发的数字音频DRA技术已成为国际标准。2019年，广东数字出版产值超1800亿元，继续居全国首位，数字音乐、动漫游戏、网络文学等互联网出版成为数字出版的主力军。得益于腾讯等互联网文化龙头企业，深圳数字出版营业收入超过千亿元，其中仅腾讯音乐2021年营收就超过300亿元。

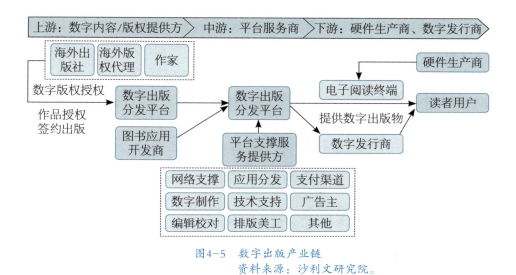

图4-5　数字出版产业链
资料来源：沙利文研究院。

2. 问题与短板

传统出版企业数字化转型缓慢。大湾区数字出版全国领先主要得益于互联网出版企业的数字音乐、动漫游戏、网络文学等数字内容的发展优势。而传统出版企业数字化转型缓慢，互联网期刊、电子图书、数字报纸收入在数字出版总收入中占比低，出版行业整体数字化水平落后于北京、上海和江苏等先进省市。

数字出版产业链关键环节有待突破。大湾区数字出版产业链的多个环节还需要进一步健全，在产业链上游主要体现在优质内容的创作能力弱，知名刊物少，市场格局较为分散，优秀作者的发掘不够，出版资源仍然稀缺且需要满足出版社的审核要求；在产业链中下游主要集中在发行分销环节，利益分配体系不健全，网络平台数字内容运营商和终端设备制造商占据主导地位，内容提供者收益过低，不利于数字出版产业的持续健康发展。

（三）影视业：产业链健全，三地合作深化

1. 现状特征

影视业发展不断提速。粤港澳大湾区影视产业市场广阔、需求强劲，

广东已连续19年蝉联全国电影票房冠军①，其中珠三角占据了90%以上的份额（见表4-2）。近年来大湾区电影产业发展势头强劲，2020年，国内影视行业头部公司博纳影业、华谊兄弟大湾区总部先后落户广州，一大批优质电影资源和高端精品电影项目正在广州加快集聚，共同打造中国电影创作高地、中国电影发展的第三极。

影视制作产业链不断健全。广州积极打造珠影文化创意产业园、银都电影数字摄制基地、广东艺影番禺影视基地、1978电影小镇、小洲影视文化产业园、大湾区影视后期制作中心等一批涵盖电影拍摄、后期制作、电影发行等产业链条的电影产业基地和园区。2021年，由广深两地影视业参与出品的电影票房总收入达到165.55亿元。在第34届中国电影金鸡奖颁奖礼上，广深两地参与出品的电影收获了最佳戏曲片奖、最佳剪辑奖、最佳音乐奖等7个奖项。

表4-2　2021年广深两地企业参与出品电影票房

排名	电影	票房（亿元）	参与出品企业	金鸡奖获奖情况
1	《你好，李焕英》	54.14	深圳二狐文化产业发展有限公司等单位联合出品	最佳女主角奖
2	《唐人街探案3》	45.24	珠江电影集团有限公司等单位联合出品	
3	《中国医生》	13.28	广东博纳影业传媒有限公司、珠江电影集团有限公司领衔出品	最佳音乐奖
4	《拆弹专家2》	13.15	广州市英明文化传播有限公司等单位联合出品	最佳剪辑奖
5	《悬崖之上》	11.9	珠江影业传媒股份有限公司等单位联合出品	最佳导演奖、最佳男主角奖、最佳摄影奖

① 《广东电影票房收入连年夺冠，粤港澳大湾区电影产业发展提速》，第一财经资讯，2021年2月18日，https://www.163.com/dy/article/G350GI1H0519DDQ2.html.

（续上表）

排名	电影	票房（亿元）	参与出品企业	金鸡奖获奖情况
6	《刺杀小说家》	10.35	深圳市一怡以艺文化传媒有限公司等单位联合出品	
7	《人潮汹涌》	7.62	深圳市一怡以艺文化传媒有限公司等单位联合出品	
8	《熊出没·狂野大陆》	5.95	华强方特深圳动漫有限公司制作出品	
9	《门锁》	2.42	广东昇格传媒股份有限公司等单位联合出品	
10	《关于我妈的一切》	1.5	珠江影业传媒股份有限公司等单位联合出品	

资料来源：《"广东出品"以创新破圈，2021年电影票房逾165亿！》，《南方都市报》2021年12月31日。

　　广播电视整体实力明显增强。2020年广东省广播电视行业新媒体业务收入274亿元，同比增长17.4%，占广电行业总收入的28.4%。其中互联网视听节目服务收入251亿元，占新媒体业务收入91.6%。2020年，以珠三角为代表的广东广播电视节目制作机构达到3044家，比2015年增长281%，可提供4K节目量时长近3万小时。"十三五"期间，由中央电视台、广东南方领航影视传媒有限公司等联合出品的《热血军旗》获第31届中国电视剧飞天奖优秀电视剧大奖及第29届中国电视金鹰奖优秀电视剧奖；多部广播电视作品荣获中国广播电视大奖·广播电视节目奖；43部纪录片、48部动画片被评为国家广播电视总局季度优秀作品。2020年，广东省有43个节目被评为国家广播电视总局年度优秀网络视听节目。

　　港澳与珠三角影视交流合作持续深化。香港是华语电影的先驱，曾获得"亚洲梦工厂""东方好莱坞"的美誉，具有较完备的电影产业链，有编、导、演及制作人才资源，还有熟悉市场运作的企业和投资者，海外市场开拓经验丰富。近年来随着内地对港澳影视企业投资限制逐步放松，港澳与珠三角影视投资合作明显加速。2021年，英皇娱乐粤港澳大湾区总部落户广州，致力于推进粤港澳大湾区在网络影视、音乐、文化产业、新人培育等方面的交流和合作。香港的影视后期制作企业贝特计划、澳门的影视出品公司盗梦者文化也先后入驻深圳。2016—2020年，香港与深圳、广州企业分别联合出品电影29部和22部。

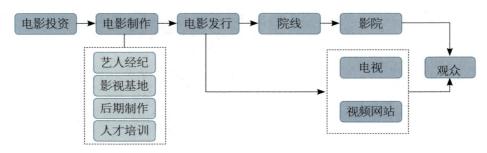

图4-6　电影产业链
资料来源：信达证券。

2. 问题与短板

影视业发展与区域地位不相称。粤港澳大湾区电影曾经在中国电影中占有重要地位，影响力巨大，但近年发展不够理想。[①]大湾区是中国电影最大票仓，但不是电影产业重镇，突出表现在大湾区出品的电影还不够丰富，优质精品影视制作数量偏少，影片的影响力不够高，高层次人才和应用技术人才欠缺，产业聚集度不高。

电视内容创作短板明显。在电视节目制作方面，高品质有效供给不足，产品竞争力不强，缺少热播原创节目，没有形成品牌效应。例如，当前广东卫视还没有爆款综艺节目，观众忠诚度和黏性较低。

---

①　《广东电影票房收入连年夺冠，粤港澳大湾区电影产业发展提速》，第一财经资讯，2021年2月18日，https://www.163.com/dy/article/G350GI1H0519DDQ2.html.

（四）演艺业：高端品牌集聚，内容形式不断创新

1. 现状特征

演艺业市场不断壮大。大湾区坚持以人民为中心的创作导向，通过舞台和银幕，讲好中国故事、湾区故事、广东故事，以满足人民群众对美好精神文化生活的追求为根本目标，不断推动区域演艺业创新发展。2019年，广东省各种规模演出达到13.6万余场次，较2018年增长约36%。按演出类型分，商业演出是演出市场的主体，其收入占市场份额的55.0%；其次是经营主体配套演出，占市场份额的26.5%；政府扶持的公益惠民演出占17.0%。按演出经营主体分，演出经纪机构主办的演出占收入的60.1%，其他演出经营机构主办的占20.9%，演出场所主办的占10.0%，文艺表演团体主办的占9.0%。商业演出和专业演出经纪机构成为演出市场的主体。

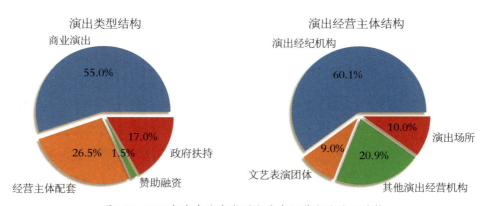

图4-7　2019年广东演出类型和演出经营主体收入结构
资料来源：《2019年广东演艺行业白皮书》。

涌现一批精品创作展演。话剧《林则徐》作为国家大剧院首次与地方剧院合作的剧目，在国家大剧院成功上演。舞剧《沙湾往事》《醒·狮》，粤剧《还金记》《白蛇传·情》，音乐剧《烽火·冼星海》等一批优秀舞台银幕艺术作品成为近年来常演不衰的经典剧目。"十三五"期间，广东省获得"五个一工程"奖、文华奖等全国性文艺奖项106个，获得戏剧奖、荷花奖、金钟奖等专业领域国家最高奖项约300人次。

演艺业集聚化特征明显。依托中国国际马戏节（珠海）、广东省艺术节、广东现代舞周、广州三年展、广州艺术季、羊城粤剧节等艺术品牌活动，珠三角地区优化整合艺术资源，着力打造高端演艺品牌集聚地，形成艺术品牌活动体系。珠三角演艺业发展远远超过粤东西北地区，其中广州、深圳、佛山、珠海成为全省演艺活动最密集的城市。

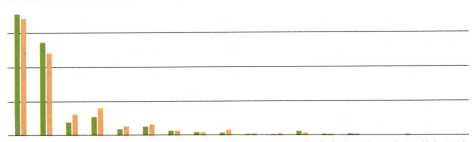

广州 深圳 珠海 佛山 东莞 中山 惠州 肇庆 江门 湛江 清远 汕头 茂名 梅州 揭阳 河源 普宁 云浮
■ 2018年演出数量　■ 2019年演出数量

图4-8　2018—2019年广东省各地市演出场次情况
资料来源：《2019年广东演艺行业白皮书》。

演艺形式不断创新。粤剧电影《白蛇传·情》将传统粤剧进行电影化的改编，用全新方式呈现了中国传统戏曲文化，使传统文化以现代创新的方式焕发新的活力和生命力。网剧、网络电影、网络综艺等演艺新业态加速渗透，以沉浸式演艺、沉浸式影视等为代表的沉浸式体验活力强劲。

旅游演艺高速增长。随着文旅融合加速，以华侨城、华强方特、长隆集团等为代表的文旅龙头企业，通过对地方文化资源与内涵的挖掘，综合运用现代高科技特效和道具，推出以歌舞、戏曲、杂技、武术等表演形式、展示地方文化和地方特色的旅游演艺，成为演出行业新的增长点。2019年广东省旅游演艺演出场次比2018年增长了192%。

珠三角与港澳演艺合作交流频密。近年来粤港澳三地联手谋划举办大湾区文化艺术节，组建粤港澳演艺联盟、艺术教育联盟、戏剧联盟等，推进"粤港澳粤剧群星荟"等专业人才交流项目，打造"粤港澳大湾区艺精品巡演"等品牌活动。2018年粤港澳开展演艺合作交流主要项目有58项，其中广东牵头11项，香港牵头26项，澳门牵头21项。全年仅广东全省引进涉港澳营业性演出就达470多项。

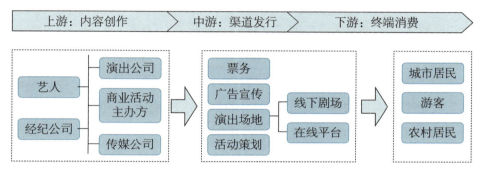

图4-9　演艺行业产业链
资料来源：诺亚研究。

2. 问题与短板

演艺业发展与先进省市相比还有一定差距。相比上海、湖南等演艺业发展较好的省市，大湾区演艺业的原创精品内容仍嫌不足，对岭南文化挖掘力度不够，作品文化底蕴和独特性不强，具有创新性、社会效益和经济效益双效统一的作品仍然比较匮乏，难以满足群众高层次精神文化需求。

国有演艺团体改革亟待深化。部分国有演艺团体彻底改制为企业后，其承担的社会职责并没有改变，但财政基本保障严重不足，再加上市场开拓意识不足，经营管理水平不高，市场适应能力较弱，客观上造成国有团体难以通过现代企业制度的建立和运营，实现自我造血、实力增强、良性循环，面临演艺人才流失严重、艺术人才队伍不稳、事业难以为继等困境。

（五）创意设计服务业：形成全国知名的"广深佛莞文化创意产业圈"

1. 现状特征

创意设计产业发展全国领先。大湾区创意设计起步早、发展快，行业门类齐全，竞争力强，在全国乃至全球的影响力日益扩大，从传统的"三雕一彩一绣"、端砚，到现代的珠宝首饰、仿真植物、工艺礼品等，工艺美术品种和技艺享誉全球。2019年，以珠三角为代表的广东规模以上创意设计服务法人单位数占全国17.0%，拥有一批业内领先、在全国颇具影响力的设计企业或企业设计中心。深圳是联合国教科文组织认定的国内第一个"设计之都"，拥有各类工业设计机构及企业近2.2万家，工业设计专业公司1400余家，工业设计师及从业人员超15万人；累计建成13家国家级工业设计中心，总数位居全国第一阵营；拥有114家省级工业设计中心，占广东省认定数量的34%。2021年深圳工业设计总产值达156亿元，同比增长15.9%，占全国半壁江山，带动下游产业经济价值超过千亿元。①

图4-10 2018—2021年深圳工业设计产值及增速
资料来源：深圳市工业设计行业协会。

大湾区创意设计频频闪耀国家舞台。在重大公共项目设计领域，广州、深圳等地设计机构和企业已多次登上国家舞台，向世界展示中国设计之美。其中，大湾区设计力量深度参与了2010年上海世博会中国国家馆、主题馆，广州亚运会和深圳世界大学生运动会的视觉系统设计等项目设

————————
① 《深圳工业设计迈向高端》，《深圳特区报》2022年3月17日。

计。2022年北京冬奥会更是大湾区设计的高光时刻，从"冰墩墩"到"飞扬"火炬，再到冰上运动纪念邮票，再次将大湾区设计提升到新的高度。[①]

　　珠三角与港澳创意设计合作不断深化。香港是亚洲设计之都，创意设计产业基础扎实，享有较高的国际知名度和影响力。2019年香港创意设计产业（含设计、建筑、广告）增加值263亿港元，占文化创意产业的20.3%；从业人员54570人，占文化创意产业从业人员的23.0%。2019年深港两地政府合作建设的前海深港设计创意产业园，以深港合作为核心特色，引进并聚集深港两地及国内外一流设计创意人才和企业，搭建产业发展示范平台，已成为带动粤港澳合作与文创产业发展的重要引擎。深圳的香港华艺设计顾问（深圳）有限公司、艾奕康设计与咨询（深圳）有限公司、梁黄顾建筑设计（深圳）有限公司等多家港资设计企业已进入2021年深圳文化企业百强榜。

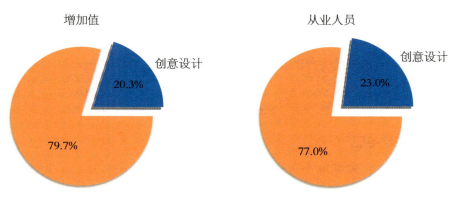

图4-11　香港创意设计在文化创意产业中的地位
资料来源：香港特别行政区政府统计处。

　　大湾区创意设计产业走廊雏形初现。依托广州、深圳、香港、佛山、东莞等创意设计产业集聚最为明显的城市，大湾区创意设计产业走廊已初步形成。其中，广州立足于打造国家级的创意之都和文化名城，2019年获

————————

　　① 《"一墩难求"背后是广东设计的敢为人先》，《羊城晚报》2022年2月9日；"冰墩墩"背后的广东设计》，《南方杂志》2022年2月22日。

得全球"定制之都"称号；深圳致力于打造具有国际影响力的创意产业研发与孵化基地、创意产品出口基地、文化资本经营策划中心及创意产业博览交易中心；佛山立足于打造中国工业设计名城；东莞重点打造国际知名的文化创意产品研发和设备、产品制造服务的基地。

2. 问题与短板

创意设计企业经营规模普遍较小。虽然大湾区创意设计服务法人单位数量众多，但绝大多数是以自由设计师、工作室、企业设计中心等形式存在，经营规模较小，市场竞争力弱。即便是规模以上的创意设计法人单位，其平均营收规模也低于全国平均水平。另外，业务和资产规模普遍偏小，可供抵押资产不足，难以获得银行的信贷支持，也影响了设计企业的发展。

龙头企业和知名品牌综合竞争力不强。大湾区在行业中有较强的影响力的行业性专业设计公司数量少，特别是具备较强的产业综合设计服务能力、具备设计服务内容向产业链条延伸能力的综合型设计企业更是凤毛麟角，高端市场品牌竞争力较弱。

（六）动漫游戏业：全产业链布局不断拓展，全球影响力较大

1. 现状特征

动漫产业优势地位不断夯实。大湾区动漫产业发展迅猛，产业基础、文化氛围、人才数量、作品质量都领全国之先，拥有奥飞动漫、华强数字动漫、广州漫友、腾讯、网易、三七互娱、多益网络等一批行业龙头企业。创作了"熊出没""喜羊羊和灰太狼""猪猪侠""梦幻西游""快乐酷宝""巴啦啦小魔仙"等一批知名动漫作品并形成强大的品牌效应，产生巨大的商业价值。票房收入最高的国产动漫前10名中，广东作品占了8部。中央电视台与国内五大卫视卡通少儿频道的周收视最高、年度收视最高的动画电视剧，广东作品占了八成。2019年，以珠三角为核心的广东动漫产业产值610亿元，约占全国的三分之一，居全国首位。

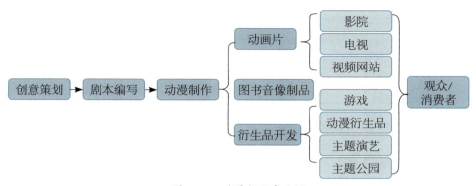

图4-12　动漫行业产业链
资料来源：招商证券研发中心。

　　动漫企业全产业链布局不断拓展。华强方特、环球数码、奥飞、咏声等头部公司依托动漫IP推进全产业链的开发，产业布局涵盖版权售卖、衍生周边、主题乐园、海外发行等多种渠道。全球动漫衍生品中80%为"中国制造"，其中超过一半是"珠三角制造"。

　　网络游戏在全国、全球占据重要地位。广东网络游戏产业高度集中在珠三角，其中广州、深圳分别约占广东游戏收入规模的三成和三分之二，头部游戏企业较多，游戏产业聚集效应明显。在腾讯、网易、三七互娱等头部企业的带动下，近年来珠三角游戏产业在全国乃至全球的影响力都不断提升。根据广东省游戏产业协会发布的《2021广东游戏产业报告》，2021年广东省网络游戏企业收入为2322.7亿元，同比增长8.9%，占全国网络游戏市场营收的78.7%，比2020年提高2.2个百分点，占全球网络游戏营收规模的25.9%；网络游戏出口达到389亿元，同比增长22.6%，约占全国的三分之一。广东的游戏企业总数已经超过了1万家，占全国的35.2%，游戏产业从业人员占全国的37.7%，游戏企业投资额占全国的41.8%。广东有上市游戏企业50家，占全国的24.2%；全国游戏营收前50企业，广东占了10家；其中排名第1的腾讯和排名第2的网易2021年国内外游戏总营业收入分别达到1743亿元和628亿元，规模远超国内其他游戏公司。在伽马数据《2021—2022中国游戏企业研发

图4-13　2018—2021年广东省网络游戏营收占全国、全球份额
资料来源：《2021广东游戏产业报告》。

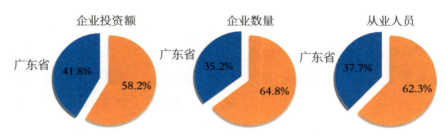

图4-14　2021年广东省网络游戏投资额、企业和人员数量占全国比重
资料来源：《2021广东游戏产业报告》。

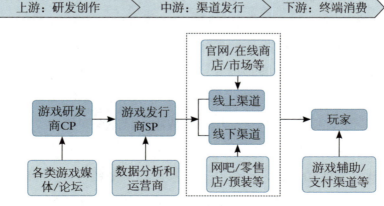

图4-15　网络游戏产业链
资料来源：西南证券。

竞争力报告》评选的2021年中国游戏企业研发竞争力15强中，广深两市的腾讯、网易、中手游、三七互娱、多益网络等5家游戏企业入选，占其中的1/3。

2．问题与短板

动漫产业IP延伸性不足。在日本和欧美动漫产业发达国家，动漫企业的收入主要来源于动漫版权交易、形象或品牌授权、衍生产品收益三大方面。而在大湾区，动漫企业将更多的资金和人力投入到精品IP开发和动漫影视制作过程上，其他环节特别是衍生品产业化环节较为薄弱，衍生品带来的收入与欧美发达市场相比仍然占比较低，企业盈利能力较弱。

动漫产业链协作配合不充分。大湾区现有动漫产业链的各个环节尚不能形成分工明确、健康有序的整体，各自为政的现象十分突出，不能有效配合，且作为核心环节的动漫制作企业、电视播出机构和玩具生产企业大多规模较小，实力不足，缺乏串联和整合产业链的能力。

三　粤港澳大湾区优势文化产业发展布局

（一）新闻信息服务业：全媒体集团引领，重点布局广深珠港

1．产业发展重点

建设全国一流的新型主流媒体群。发挥南方报业、《羊城晚报》、《广州日报》、广东广播电视台、广州广播电视台、凤凰卫视等主流媒体在文化传播与宣传方面的组织优势，实施全媒体传播工程，打造媒体资源数据库，推出一批极具创意、沉浸感、年轻态、破圈效应的高品质融媒体内容，强化用户连接，实现全媒体转型，构建与经济发展相匹配、综合影响力和规模实力位居全国同级媒体前列的新型主流媒体集群。打造一批新媒体发展标杆项目，做强南方+、N视频、羊城派、触电新闻、21财经、粤听、粤TV等移动传播平台，建设全国领先的融媒体矩阵。

优化市县媒体融合发展布局。推动各市县因地制宜建设融媒体中心和传播平台，形成各具特色的媒体融合发展模式。推动有条件的市组建全媒体集团。推动县级融媒体中心完善基层协同治理体系，打造"新闻+政务服务商务"综合体，建立主流媒体与区域社群全覆盖传播体系，建成面向基层的主流舆论阵地、综合服务平台、社区信息枢纽，打造一个覆盖到每一个村庄、链接到每一名受众的全媒体传播矩阵。

组建跨区域、跨媒体大型传媒集团。推动实施媒体优化重组工程，鼓励大湾区内主要媒体集团如南方报业传媒集团等以资本为纽带进行跨地区、跨行业、跨所有制的兼并、收购、重组，推动报网融合、台网融合，打通"报、网、端、微、屏"，整合各自在品牌、渠道、人才、行业经验等方面的优势，实现资源和优势互补，打造数家资产超百亿元、国内一流、国际知名的大型传媒集团。

支持主流媒体控股、参股互联网文化科技企业。支持主流媒体控股或参股互联网企业、科技企业，整合商业平台、内容创作者、技术公司等，建立与今日头条、抖音、B站等头部平台合作机制，运用新技术、新机制、新模式，创新内容表现形式，推动新闻选题、信息采集、内容生产、智能分发等流程再造，推出适合移动传播、社交传播的新闻产品，提高主流舆论传播的到达率、点赞率、黏合率，共建现代传播生态圈。

2. 产业发展布局

新闻信息服务业因具有对时间的高度敏感性和内容创造的专业性要求，从本质属性上来说大中型城市更具备发展优势。从新闻信息服务业产业链来看，上游的信息采集与汇聚活动，包括现场视频、图文内容的实时回传、第三方信源的汇聚、互联网抓取、搜索、热线、爆料等线索的汇聚；中游的信息融合活动，包括生产管理、内容管理、用户管理、智能化全媒体工具、可视化指挥调度、媒体大数据等；下游的信息发布与管理活动，包括新闻产品的运营管理和第三方发布等。广州、深圳、香港、珠海拥有大型传媒龙头企业，具有产业引领和集聚作用，更易于打造全媒体产业集群，业务内容涵盖新闻信息服务业产业链的各个环节。网易新闻、腾讯、触电传媒等新兴媒体，发展优势在于产业链的中下游环节。综合粤港澳大湾区各城市对新闻信息服务业的相关发展规划，未来应重点布局在广州、深圳、香港、珠海，着力推动佛山、东莞、澳门等城市发展，辐射带动中山、惠州、江门、肇庆。

表4-3　粤港澳大湾区新闻信息服务业主要环节及企业

产业链环节	具体生产活动	重点企业
上游：采集与汇聚	实现现场视频、图文内容的实时回传，第三方信源的汇聚，互联网抓取、搜索、热线、报料等线索的汇聚	南方报业传媒集团、羊城晚报报业集团、广州日报报业集团、深圳报业集团、珠海传媒集团、广东广播电视台
中游：融合业务	包含生产管理、内容管理、用户管理、智能化全媒体工具、可视化指挥调度、媒体大数据	广东广播电视台、南方报业传媒集团、广州日报报业集团、深圳报业集团、珠海传媒集团、香港电视广播有限公司、凤凰卫视
下游：发布与管理	新闻产品的运营管理、第三方发布	广东省出版集团、广州日报报业集团、深圳报业集团、羊城晚报报业集团、网易、腾讯、触电传媒、广东广播电视台、凤凰卫视、香港电视广播有限公司

资料来源：课题组整理。

（1）广州推动传统媒体融合纵深发展，打造全媒体产业集群

从产业细分行业来看，新闻信息服务业包括新闻业、报纸出版、广播电视信息服务和互联网信息服务。广州既拥有南方报业传媒集团、羊城晚报报业集团、广州日报报业集团、广东广播电视台、广州广播电视台等大湾区绝大多数的主流媒体集团，也拥有南方+、N视频、羊城派、触电新闻、21财经、粤听、粤TV等在国内具有较强影响力和竞争力的互联网信息服务平台，2021年中国传媒行业上市企业市值排行榜中，广州分众传媒市值最高达1182.82亿元，广东南方新媒体股份有限公司以138.63亿元市值居第29位。

一是传统媒体向融媒体转型，打造全产业链条。南方报业传媒集团重点打造报、刊、网、端、微、屏融媒体矩阵，羊城晚报报业集团着力构建移动客户端、官方微信微博、金羊网、手机报、户外新闻LED屏等新媒体传播矩阵。根据人民网发布的2021全国党报融合传播指数报告，广州日报2021年融合传播指数位居全国报纸第四、地方报纸第一，广州日报微博账号粉丝量超过千万，微信公众号"广州日报"总阅读量、总点赞量、平均阅读量及平均点赞量在所有省级和地市级党报微信公众号中都排名第一，涉及本土疫情的《这张图，刷屏！广州加油！》等微信推文，收获上百万阅读量。

二是特色新媒体品牌在国内具有较大影响力。"2019—2020中国传媒经营价值百强榜"中，广州日报新媒体、广州日报微信、广州日报微博、广州日报客户端荣获新媒体四十强。

"十四五"期间，广州应依托主流媒体集团众多、产业集聚效应强的优势，着力完善移动传播矩阵，推进媒体深度融合，建设广州区域性传播平台，打造特色新媒体品牌。充分利用数据分析、情景感知等先进技术以及社交媒体手段，形成"随需而变"的传播方式，推出喜闻乐见的融媒体产品。鼓励发展"AI+媒体"，利用AI技术打造新型主流媒体，创新内容生产和信息服务。夯实基层广播电视宣传阵地，打造全国区级融媒体建设新标杆。

（2）深圳推动国有大型媒体集团改革，打造新型主流媒体

面对新媒体形态和传播技术的更新迭代，深圳新闻信息服务业不断深化改革，连续五年获得"全国十大数字阅读城市"称号，深圳报业集团深圳新闻网在新三板挂牌上市，成为广东省第一家依托传统报业集团、整合数字媒体业务登陆新三板的新媒体公司。

一是深圳国有大型媒体集团推动"全程媒体、全息媒体、全员媒体、全效媒体"的全媒体深度融合。深圳报业集团形成了以深圳特区报、深圳新闻网、读特、读创领衔，"纸媒+网站+客户端+官微+自媒体+代运营"全覆盖的融媒体矩阵。深圳广电集团建成全媒体新闻指挥中心，改版升级

新媒体平台"壹深圳"客户端，积极推进"CUTV广电云"、IPTV、OTT等业务发展。

二是内容为王，打造媒体融合重点项目和品牌项目。深圳报业集团、广电集团加快建设媒体融合新闻中心和媒体融合重点实验室，构建新型高效、技术先进的融媒体新闻采编平台。

三是开展政务融媒合作，发挥党媒在弘扬正能量、坚持正确舆论导向方面的作用。深圳着力推动政务公开移动化升级，实现政务新媒体对重点民生部门100%覆盖，形成包括网站、论坛、微博微信、APP等在内的"多媒一体化"政务传播格局。截至2021年12月，"深圳发布""i深圳"等政府机构新媒体项目超过200家，总粉丝数超4000万，成为目前国内规模最大政务媒体运营机构。

"十四五"时期，深圳将继续深化深圳报业集团、广电集团等大型国有传媒集团改革，主动适应媒体服务泛在化、交互化、个性化的趋势，实施移动优先战略，打造一批具有强大影响力和竞争力的新型主流媒体，建立以内容建设为根本、先进技术为支撑、创新管理为保障的全媒体传播体系。

（3）珠海拓展多元传媒产业，搭建融媒体生态系统

一是着力搭建科技引领下的跨媒体融合平台。如珠海传媒集团与国内IT行业领军企业东软集团联合开发的"九霄"融媒体生态系统，是拥有自主知识产权的国内首个实现报、视、广、网、端、屏、牌全平台整合，策、采、编、发、评、效、数全环节融合的媒体生产工具。

二是与澳门合作打造现代传媒信息平台。珠海利用毗邻澳门的地缘优势，利用澳门的国际化平台与市场，推出具有国际传播力、影响力的创新传媒作品及应用产品。如澳门法治报社与珠海城视微播（广东）文化传播有限公司签署战略合作协议，将澳门的传统纸媒与珠海的新媒体强强联合，打造包括手机APP、公众号、视频号、抖音号、网站等在内的现代传媒信息平台，形成立足澳门，面向粤港澳大湾区，逐步向全国乃至更广泛区域发展的新媒体平台。

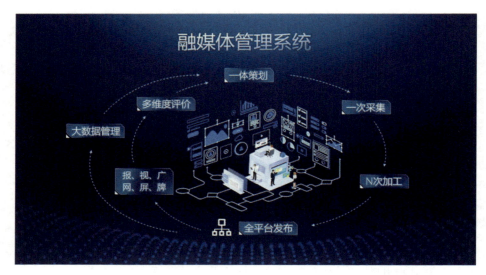

图4-16　国内首个融媒体生态系统——"九霄"融媒体生态系统
资料来源：珠海文明网。

"十四五"时期，珠海应抢抓人工智能、物联网、虚拟现实/增强现实等新技术带来的智媒时代机遇，支持珠海传媒集团构建多媒介的线上线下联动传播体系，大力培育个性化新闻、机器写作、传感器新闻、临场化新闻、分布式新闻等智媒时代新闻模式，打造国内一流新型主流媒体。

专栏4-1

南方报业传媒集团：传统媒体的融媒体转型

南方报业传媒集团是以中共广东省委机关报《南方日报》为龙头组建的党报集团，目前拥有6种报纸、10种期刊、1家出版社、20个网站、7个手机客户端、370个社交媒体公众账号、3000块互动触控屏、1万平方米户外LED大屏幕，形成了"报、刊、网、端、微、屏"立体传播体系，覆盖超过2亿用户。南方报业传媒集团将深耕传统平面媒体和实施新媒体挺进战略相结合，实现跨媒体、跨地区、跨行业经营，以平面媒体、网络媒体、移动媒体、图书出版、文化会展、文化实业和传媒的社会公益活动为"七大舰队"，以"品牌媒体创新力量"为轴，打造国际文化传播品牌集团。2018年品牌总价值达933.71亿元，居全国媒体机构第三位。

图4-17　跳出报业谋融合，扎根传媒促转型
资料来源：南方报业传媒集团官网。

（二）出版业：打造品牌与基地，重点布局广深港

1. 产业发展重点

打造一批数字出版产业基地。发挥广东国家数字出版基地、深圳前海国际新媒体中心、羊城文化创意产业园、佛山新媒体产业园等产业基地优势，吸引优质战略投资者和数字出版龙头企业进驻基地，逐步形成基地品牌。壮大数字出版规模优势，鼓励大型数字出版企业兼并、上市，培育

图4-18 广东国家数字出版基地和
深圳园区龙华项目效果图
资料来源：广州市规划和
自然资源局、《晶报》

一批有较强自主创新能力和市场竞争能力的数字出版龙头企业，打造具有国际水平的数字出版产业带和产业集群，提高产业集中度和集约化经营水平，加强基地数字出版内容资源、生产和传播技术、版权保护、产品电子商务等支撑平台建设。

建立统一的技术标准。大力扶持与ISLI/MPR多媒体复合关联编码技术有关的技术完善与创新。加快ISLI/MPR在数字出版行业中的推广与应用，支持企业对《多媒体印刷读物（MPR）》国家标准开展应用。每年评选确定一批出版技术研发、标准研制等方面的优秀成果，以及在出版科技与标准应用方面具有示范作用的单位。

构建数字出版行业创新体系。大力推动5G、大数据、云计算、人工智能、区块链、物联网、虚拟现实和增强现实等技术在出版领域的应用，推广国家出版发行信息公共服务平台的应用。鼓励出版单位与高等院校、科研机构、科技企业等加强合作，建设高水平行业重点实验室、协同创新平台、技术研发中心，促进相关科技成果高效转化。

培养高素质出版人才。持续深入实施"广东省出版名家培养工程""广东省出版青年创新人才培养工程"，推动传统出版企业和数字出版企业加大人才培养力度，加强创新型、复合型、应用型人才培养，重点打造出版理论人才、优秀校对人才、优秀骨干编辑、数字出版人才、版权运营专家、出版国际贸易人才、印刷发行业务能手等，建设新时代出版人才矩阵。

扶持出版公司以IP为驱动延伸服务布局。结合国家文化大数据体系建设，建设有岭南文化特色的省级优质原创IP项目库，鼓励头部企业建设IP授权中心，打造版权交易平台和全国领先的版权运营中心，推动版权保护、交易、流通和增值。支持广东南方文化产权交易所、深圳文化产权交易所建设文化艺术品版权区块链应用研发基地。鼓励出版企业以IP为核心拓展产业链布局，围绕IP内容拓展延伸上下游产业链，向更多传统产品和服务行业注入IP品牌附加值，形成线上线下联动、虚实结合的立体化IP内容、产品和服务渠道。

2. 产业发展布局

从产业链条来看，印刷出版业可划分为内容提供、策划出版、图书印刷和发行零售等环节。其中，内容提供方需要大量的人才支撑，企业多集中在广州、深圳、香港等地，如广东省出版集团2020年输出图书版权283种，位居全国前列，腾讯控股的阅文集团旗下囊括了QQ阅读、起点中文网等网络文学创作和发布平台，汇聚了强大的创作者阵营，拥有丰富的作品储备；策划企业因人才要求较高，也多集中在广州、深圳、香港等地；出版社多集中在广州、香港，其中香港是世界三大华文出版基地之一；印刷环节主要集中在东莞、深圳，其次为广州、佛山，2020年东莞印刷工业总产值650亿元、位居广东省第一；下游的发行零售业，需要较强的发行渠道网络或大的销售平台，属于资本密集型行业，企业也多集聚在广州、深圳、香港等地。因此，综合粤港澳大湾区各城市出版产业现状及未来发展潜力，未来应重点布局在资金实力雄厚、销售平台众多且拥有大型出版集团的广州、深圳、香港，形成数字出版产业带，推动图书印刷链条较为完善的东莞、江门等城市发展，辐射带动致力于打造数字出版产业的珠海市和佛山市发展。

表4-4　粤港澳大湾区出版产业链主要环节及企业

产业链环节	具体生产活动	主要企业
内容提供方	内容的主要创作者，包括作者或作者授权的版权代理机构	广东省出版集团、皇冠文化出版有限公司（香港）等
策划出版方	通过"选题—策划—编辑—审校—设计"完成图书策划	广东省出版集团、广州漫友文化科技发展有限公司、心喜阅信息咨询（深圳）有限公司、广州开心教育科技股份有限公司、文化传信集团有限公司
图书印刷方	具有相应资质的印刷公司将书稿印刷出品	南方传媒、广弘控股、虎彩印艺股份有限公司（东莞）、雅昌文化（集团）有限公司
发行零售方	具有图书批发业务资质的发行机构从出版社购入图书，或者出版社直接将图书发给下游零售商	广州漫友文化科技发展有限公司、南方传媒、腾讯、网易、广弘控股

资料来源：课题组整理。

（1）广州依托大型出版集团打造内容精品，发掘全媒体市场价值

广州出版业起步较早，在改革开放初期借助毗邻港澳的优势，形成经营业务涵盖图书、音像的编辑、制作、出版、复制、发行、仓储、物流，以及其他文化、电子产品经营等各领域的出版发行产业体系。

一是拥有多家出版业大型龙头企业。广州拥有教育出版的龙头企业南方传媒和大众图书出版的龙头企业广州开心教育科技股份有限公司。其中，南方传媒拥有粤版新课标教材的自主知识产权，以及人教版义务教育阶段和高中阶段教材独家代理权，在广东省乃至全国的教材教辅市场都有较高的占有率，2021年，南方传媒共出版教材1234种，教辅2911种，全年免费教材确认册数约1.88亿册，码洋约14.5亿元；出版图书8133种，其中大众图书3988种，音像制品187种，电子出版物328种。

二是着力推进出版业数字化升级。广州依托广东国家数字出版基地建设，着力打造"粤版教材数字化工程""岭南文化数字资源平台"等出版平台，积极探索全媒体、多介质的数字化出版之路，2018年南方"云教

育"在全国范围内率先实现了义务教育阶段国家课程数字教材全覆盖，2022年一季度，广州数字出版业营收逆势增长1.2倍。

"十四五"时期，广州将以广东国家数字出版基地和广东省出版集团为依托，聚合图书、期刊、电子音像、新媒体等多种介质，着力打造集传统出版发行业务与数字出版等新媒体业务于一体的综合性出版业务架构，形成出版、印刷、发行、零售、印刷物资销售、跨媒体经营等出版传媒行业一体化完整产业链。鼓励大型数字出版企业兼并、上市，培育一批有较强自主创新能力和市场竞争能力的数字出版龙头企业。

（2）深圳依托全民阅读形成示范效应，推进出版业态数字化升级

深圳作为联合国教科文组织表彰的唯一一座"全球全民阅读典范城市"，以全民阅读为抓手，实现以图书为核心、融合多元业态的出版业发展模式。

一是依托全民阅读打造"深圳出版"品牌。如深圳出版发行集团形成"两核心一平台一重点"的文化传媒新格局，将全民阅读APP、掌上书城APP打造成为"互联网+读书"的重点平台，推出的"全民阅读APP"吸引近120万读者加入"全民阅读计划"，"掌上书城APP"实现四大书城阅读文化资源的线上整合。2020年深圳成年居民数字化阅读方式接触率高达99.1%，人均电子图书阅读量为12.13本。

二是推动传统出版的数字化转型。深圳传统纸质出版未能形成规模，仅有海天出版社、深圳报业集团出版社、深圳书城电子出版物有限责任公司等几家传统出版和音像电子出版社/公司。但深圳依托广东国家数字出版基地深圳园区，以具有领军效应的数字出版弥补传统出版的不足，加强数字出版的技术攻关，着力打造国内领先的数字出版产业链，积极争取设立深圳国际版权交易中心，构建版权登记、保护和交易平台，制定鼓励版权输出的扶持措施，推动传统出版的数字化转型。

"十四五"时期，深圳应积极推进广东国家数字出版基地（深圳园区）平台建设，形成龙华园区（国家级数字技术研发中心+众创空间）、南

山园区（影视游戏+IP内容产业）、福田园区（创意设计+数字内容）和前海园区（金融+国际数字内容版权交易服务中心）四大各具特色的分园区，以"互联网+出版"为核心，推动传统出版与新兴出版融合发展。依托"中国文化产业第一展会"文博会品牌，集聚数字出版龙头企业，实施出版融合发展工程，形成"文化+"组团式发展的产业格局，打造数字出版产业高地。

（3）香港依托世界文字传媒中心地位，聚力大湾区出版业发行零售环节的国际化扩张

香港自20世纪80年代初，率先建立现代化的出版、图书经营和印刷体系，一度担当中国内地（大陆）、港澳和台湾地区出版业先锋，不仅是世界三大华文出版基地之一，也是世界文字传媒的中心之一和世界第四大印刷中心。

香港作为国际化程度较高的大都市，一直是现代海外华文出版的重要基地，大湾区出版业通过与香港联合出版集团、华文国际出版社等出版龙头企业开展业务合作，以及通过香港书展等平台实施"走出去"战略，向海外华文市场特别是东南亚市场辐射。如香港联合出版集团作为香港最大规模的综合性出版集团，在中国内地（大陆）和港澳台地区，以及欧美、澳洲、东南亚等均设有子公司和分支机构，已发展成为集出版主业、现代印刷、新零售、新媒体与新业态、资产经营与资本经营五大业务板块和北京紫荆文化广场、广州南沙出版物与文创产品保税物流中心两大产业基地为一体的现代出版传媒产业体系，集团旗下的深圳本来书店、广州联合书店等，已成为大湾区重要的文化地标。

"十四五"时期，香港将充分利用国家"十四五"规划纲要中支持香港发展中外文化艺术交流中心的政策利好，持续强化香港出版总会、香港图书文具业商会、香港书刊业商会等行业协会的集聚引领作用，依托香港出版业在下游发行零售环节的传统优势，构建大湾区出版业走出去的强大发行渠道网络，在国际舞台上讲好香港故事、中国故事，提升中华文化的

软实力和国际感召力。

（4）江门、东莞着力打造大湾区印刷产业高地

江门、东莞具备完整的图书印刷产业链条，其中江门在儿童图书设计、生产方面具有较强竞争力，东莞在绿色印刷方面一直走在大湾区前列。

近年来，江门依托鹤山市中国印刷产业基地，加快推动印刷文化产品生产、人才培养、技术转型升级，积极融入粤港澳大湾区"印刷智能制造产业集群"和"印刷战略新兴产业集群"，聚力打造"中国（江门）童书印刷城"，推动建设智能制造产业园、全国包装印刷标准化技术推广基地，打造承接港澳印刷业的示范区，形成"香港设计+江门印刷"的模式。

东莞依托中国（广东）国际印刷技术展览会，做强做大印刷包装产业，积极破解印刷产业高质量发展难题，重点推动以清洁生产、循环利用、环保治理等先进工艺为支撑的绿色化发展，鼓励、探索印刷产业数字化、智能化和产业链条融合化发展模式，培育国内领先的创意包装印刷整体解决方案供应商，打造国内领先的创意包装印刷高端企业集聚区。

"十四五"时期，东莞、江门应充分发挥文化制造业传统优势地位，发展壮大处于出版业产业链中游的印刷环节，成立印刷标准化交流促进中心和印刷文化交流研究中心，开展数字印刷、纳米印刷、智能印刷、绿色印刷等装备和材料研发与应用，培育数字印刷产业集群。

> **专栏4-2**
>
> ### 广东省出版集团：以园区建设打造文化产业新高地
>
> 广东省出版集团有限公司成立于1999年12月，是全国首批成立集团的出版改革试点单位。集团拥有10家出版社，拥有南方出版传媒股

份有限公司和广弘资产经营有限公司两大主要经营实体，承办的南国书香节，被评为"全国全民阅读活动优秀项目"，已经成为全球最大的华文书展。集团积极布局和规划建设南方传媒广场（琶洲）、新华文化中心（番禺）、南方传媒中心（番禺）、广东国家数字出版基地（东圃）等多个产业园区项目，致力于打造广州城市文化新标杆、粤港澳大湾区文化创意新高地和国际文化企业总部新集群。

图4-19　广东省出版集团参加第二十八届全国图书交易博览会
资料来源：广东省出版集团官网。

（三）影视业：打造"大湾区电影"，重点布局广深珠佛港

1. 产业发展重点

加强大湾区影视产业协作。在广州南沙、深圳前海、珠海横琴、佛山南海等地连片打造国际影视策划制作中心。充分发挥香港成熟的电影工业化生产机制和影视人才优势，推动粤港澳影视合作，加强电影投资合作和人才交流，支持香港成为电影电视博览枢纽。充分利用珠三角九市良好的

经济基础和人文环境，如珠影文化创意产业园、西樵山国艺影视城等电影产业基地与园区，拥有众多电影拍摄、后期制作、电影发行等影视产业上下游企业，为三地电影合作提供经济与物质基础，深厚的岭南文化底蕴也可为电影业提供丰富的题材。利用澳门自由开放的环境，在中国电影"引进来"与"走出去"上发挥平台优势。充分整合香港人才优势、珠三角产业人文优势、澳门平台优势，合力共同打造"大湾区电影"品牌。

整合省内资源，培养影视人才。充分发挥文化名家暨"四个一批"人才等评选工作的导向作用，选拔培育一批德艺双馨、成就突出、影响广泛的名编剧、名导演、名演员、名制片人、名专家，整合广东丰富的影视专业人才资源，建立影视行业专家库。筹建影视学院，鼓励有条件的艺术院校和中山大学、华南理工大学、华南师范大学等重点院校开设或进一步强化电影、广播电视等专业，畅通校企联合办学机制，提高实践教学比重。

强化影视行业科技支撑。依托5G、云计算、大数据、区块链、人工智能、计算机视觉、虚拟现实、电影影像AI修复等新技术，探索制定高新技术格式影视标准化摄制技术与工艺流程。加大电影技术研发应用投入，支持建设一批影视科技融合发展重点实验室。重点培育一批研发能力强、行业带动性强的影视后期制作企业，支持其申请国家高新技术企业、技术先进型服务企业认定，推动建立完善的行业技术标准，建设世界领先的电影后期制作中心。

扩大影视业对外交流。办好中国（广州）国际纪录片节、中国（佛山）大湾区功夫电影周等品牌，深入开展中国电影展映、展播、展销等活动，推动中外人文交流和民心相通。采用贴近不同区域、不同国家、不同观众群体的精准推广营销方式，进一步拓展国际发行放映的地区、渠道和平台，全球主要市场和新兴国家市场并重，商业院线、艺术院线、网络新媒体、电视频道兼顾。

2. 产业发展布局

粤港澳大湾区影视产业主要布局在具有连片效应的广州、深圳、珠海、佛山、香港。如广州的珠江电影集团有限公司是华南地区历史最长、规模最大、实力最强的综合型电影企业，深圳拥有T-PARK深港影视创意园、深圳广播电影电视集团，佛山拥有西樵山国艺影视城、"广莱坞"南方影视中心等，香港拥有众多国内外知名影视企业，如TVB、英皇文化、橙天嘉禾、寰亚传媒等。影视产业是人才、资金、文化、自然资源等多种生产要素需求较高的复合型产业，按照各城市影视行业规划，粤港澳大湾区影视业未来应重点布局在广州、深圳、珠海、佛山、香港，其次依托江港澳影视产业合作基地推动江门影视业发展，依托香港影视资源辐射带动澳门影视业发展壮大。

表4-5　粤港澳大湾区影视业产业链主要环节及企业

产业链环节	具体生产活动	主要企业
上游：主创人员及供应商	包括编剧、导演、演员、摄影等在内的主创人员和电影/电视剧生产所需原材料和服务的供应商	华侨城、香港电视广播有限公司、英皇文化产业集团有限公司、珠江电影集团有限公司、广东南方广播影视传媒集团有限公司
中游：制作、发行机构	国产电影/电视剧制作、发行机构和进口影片发行专营机构	广州奥飞文化传播有限公司、珠江电影集团有限公司、广东南方广播影视传媒集团有限公司、橙天嘉禾娱乐（集团）有限公司、寰亚传媒集团有限公司
下游：播出平台或放映机构	包括电视台和新媒体在内的播出平台，以及包括版权经营商和音像出版商在内的专业发行商，或以院线为组织形式、影城为主体的电影放映机构	大地院线、金逸影视、中影南方电影新干线、香港电视广播有限公司、广东南方广播影视传媒集团有限公司

资料来源：课题组整理。

（1）广州依托影视龙头企业，推动影视业全产业链发展

广州作为大湾区中心城市之一，截至2020年底拥有影视企业超过600家、电影院255家，拥有超过20万张观众席，具有良好的影视业发展环境。

一是聚力发展数字电影与后期制作，完善电影产业链条。广州南沙区

制定出台电影产业专项扶持政策，重点引进电影产业总部企业落户，针对性扶持电影后期制作企业，吸引上下游配套企业落地，推动粤港澳大湾区电影产业集聚发展。黄埔区重点打造粤港澳大湾区电影后期制作中心，着力推进4K内容创新制作基地、影视后期特效工业化制作基地建设，对影视产业人才团队、数字技术企业、数字经济公共技术服务平台等出台一系列扶持政策，大力支持影视产业及数字技术发展。

二是依托影视业龙头企业，打造影视产业文化生态。2020年、2021年，博纳影业、华谊兄弟、香港英皇集团相继在广州市南沙区、广州空港经济区、广州市越秀区挂牌成立大湾区总部。2021年4月，"首家中国电影工业智库"——广东南方电影工程技术研究院在广州揭牌，与华为、珠影集团合作打造影视工业领域具有一定自主知识产权的数字电影操作系统，建成电影工业化数字电影创新与应用示范平台。

"十四五"时期，广州将着力推进广东卫视、珠影集团、文艺院团等振兴计划，扶持广东卫视等电视集团和文艺院团介入影视产业的内容生产，重点依托博纳影业粤港澳大湾区总部、大湾区华谊兄弟文旅中心、英皇娱乐南方总部等项目，建设珠影粤港澳大湾区电影港，吸引优质电影资源和高精尖电影项目集聚，致力于打造集创作、拍摄、后期制作、版权交易、衍生产品开发于一体的影视全产业发展链条。

（2）深圳着力推动影视产业集聚，打造大湾区影视产业新地标

深圳电影产业凭借高新技术和厚重资本的有力支持，短时间内电影企业数量爆发式增长，影视产业带动力和文化影响力大幅提升。从院线来看，全国50条电影院线，在深院线26条，落地深圳比率54%；从市场票房来看，深圳电影票房连续三年排名全国第三，稳居广东第一。

一是拥有大批影视产业基地和产业园区，具有良好的影视产业发展环境。深圳拥有中国（深圳）新媒体广告产业园、T-PARK深港影视创意园、注艺影视基地、定军山数字电影文化科技创意园、深圳东部影视产业园等影视类产业园区。2018年"中国头部电影企业TOP100"名单上，广东

省上榜的5家企业中，3家在深圳，分别为深圳华强方特文化科技集团、深圳中汇影视和深圳大盛国际，这些支柱型的头部电影企业发挥集聚效应，带动众多影视项目启动。

二是"科技+电影"融合发展走在大湾区前列。深圳重点依托宝安定军山数字电影文化科技产业园，打造以5G+卫星+超高清4K/8K传输、超高清内容制作、影视高端设备制造及相关产业为核心的文化科技创新融合产业园，吸引了广东省电影行业协会、臣工影业等56家企业入驻，并凭借完善的产业链条、立体的产业结构，为影视投资、制作、发行、放映各个环节提供有力支撑。

"十四五"时期，深圳将着力发挥影视产业园区的集聚作用，推进新桥影视产业小镇、华强方特后海总部基地、坪山国际影视文化城、大鹏影视产业园等一批影视主题园区和基地建设，打造集影视研创、拍摄制作、投资交易、培训教育和休闲旅游于一体的产业链完善的影视产业集聚区。培育壮大一批掌握核心技术、文化科技融合特点鲜明的骨干影视企业，接轨国内优质影视资源，举办影视业相关主题高端赛事、展览、论坛、沙龙等活动，办好中国国际新媒体短片节，打造大湾区影视产业基地。

（3）佛山着力推动粤港澳大湾区影视产业合作试验区建设

2017年、2018年，佛山相继出台多项政策，对影视企业落户、影视作品生产等进行扶持与奖励，通过打造专业影视产业园区，推进佛山中国南方影视中心建设，推动了影视产业快速壮大。截至2020年底，佛山打造了西樵山国艺影视城、中央电视台南海影视城、石湾古镇文创园影视发展基地、佛山国家火炬创新创业园、佛山互联网+产业园·影视梦工厂、星星国际影业发展基地等10家有汇聚力和市场竞争力的影视产业园区，聚集了1700家活跃的影视企业，吸引800多部影视作品取景拍摄，举行17次电影节庆、论坛活动，向91个影视项目发放近8000万元扶持资金，拥有影院154家，观影人数累计超8200万人次，通过放映累计斩获27亿元院线电影票房，参与出品的院线电影累计票房超50亿元，超40部网络电影单部票房突破千万元，

4部作品获金鸡百花电影节8项提名，3部作品获省"五个一工程"奖，成为集影视创作制作、技术研发、版权交易、成果展映、人才培养、影视旅游于一体的城市。

"十四五"时期，佛山市将以全力创建粤港澳大湾区影视产业合作试验区为契机，推进粤港澳影视创作生产高地、高精尖影视企业集聚中心、粤港澳影视产业合作示范、大湾区影视文化交流枢纽、影视产业改革创新先锋建设，组合"影视场景+影视企业+影视协会+影视人才+影视政策"，努力打造本土化的集影视企业服务、项目服务、剧组服务三位一体的链条式服务平台，涵盖电影拍摄、后期制作、电影发行等产业链条。依托广东财经大学湾区影视产业学院、广东舞蹈戏剧职业学院培养影视专业人才，建立影视人才培养教育基地，着重在影视技术环节和人才培养上形成产业链优势，推动佛山影视全产业链发展。

专栏4-3

粤港澳大湾区重点影视集团

珠江电影集团：打造"粤剧电影现象"

珠江电影集团由珠江电影制片有限公司和广东省电影公司于2008年6月重组合并成立，为全国六大国有电影集团之一。截至2021年11月底，珠影集团主导运营的中影南方电影新干线院线实现票房28亿元，全国排名第5位。院线加盟影城950家，银幕数5732块。2019年，珠江电影集团主导拍摄了国内首部4K粤剧电影《白蛇传·情》，荣获第32届中国电影金鸡奖"最佳戏曲片"提名、第二届海南岛国际电影节金椰奖"最佳技术奖"、第四届加拿大金枫叶国际电影节最佳戏曲歌舞影片、第三届平遥国际电影展观众票选荣誉·类型之窗单元最受

图4-20　电影《白蛇传·情》和《中国医生》海报
资料来源：珠江电影集团。

欢迎影片等多个奖项。2021年4月，中共广东省委、省政府将"深入实施珠影振兴计划"写入广东省"十四五"规划纲要。

香港电视广播有限公司：全球最大的中文商营传媒之一

香港电视广播有限公司（简称"无线电视"或"TVB"）于1967年11月19日由利孝和、祁德尊、邵逸夫等人创办，是香港首家获得免费无线电视牌照的电视台，是目前全球最大的华语商业节目制作商之一，每年制作超过2.1万小时的剧集、综艺、纪录及新闻节目，并拥有超过15.2万小时的节目片库，是世界上少数经营内容创作、广播及分销垂直综合型商业模式的广播公司之一。其中，电视剧为TVB制作的品牌产品，一直影响着香港和全球华人社区，成为香港流行文化的重要组成部分。

（四）演艺业：振兴文艺院团，重点布局珠佛莞

1. 产业发展重点

落实国家优秀剧本创作扶持政策。加强艺术创作研究机构建设，鼓励国有文艺院团或艺术研究院（所）设立创作室等创作机构。坚持以人民为中心的创作导向，深入挖掘岭南文化底蕴，打造以粤剧、潮剧、汉剧、客家山歌、雷剧等地方戏剧为特色，围绕戏剧表演与相关非物质文化遗产和戏剧形象衍生品等进行融合创新发展。对接中华民族民间文艺基础资源数据库，系统整理优秀传统经典剧本，充分吸收新创、改编剧本，搭建优秀剧本推介交易平台，加强剧本创作知识产权保护。

深化国有文艺院团改革振兴。贯彻落实《关于深化国有文艺院团改革的意见》，聚焦分类指导、精准施策，激发国有文艺院团生机活力。保留事业单位性质的国有文艺院团，突出和强化公益属性；未列入保留事业单位性质范围的国有文艺院团，要着力提高市场适应能力和发展活力，创造条件转企改制。实行政事分开、事企分开、管办分离，改进政府管理和服务方式，激发国有文艺院团内生动力。推动全国重点文艺院团建设。

着力推进旅游演艺转型升级、提质增效。鼓励发展中小型、主题性、特色类、定制类旅游演艺项目，形成多层次、多元化供给体系。推动旅游演艺经营主体与相关企业在创意策划、市场营销、品牌打造、衍生品开发等方面开展合作，打造跨界融合的产业集团。鼓励旅游演艺经营主体与旅行社、旅游公司等合作制作大中型驻场综艺演出，开发设计主题鲜明的旅游线路。建设体现新科技的剧场及舞台，积极引入数字艺术、交互体验、观演互动、智能演艺、舞台灯光音响机械技术等领域的新技术、新装备。支持条件成熟的旅游演艺项目向艺术教育、文创设计、展览展示、餐饮住宿、休闲娱乐等综合配套业态转型，因地制宜建设一批旅游演艺小镇、旅游演艺集聚区等。

融通数字资源聚力发展新业态。促进戏曲、曲艺、民乐等传统艺术

线上发展，鼓励文艺院团、文艺工作者、非物质文化遗产传承人利用互联网平台进行演播。办好"星海直播"网络平台，推进"网演中国"数字文旅平台建设，鼓励建设创新型演播平台，深化文艺院团与数字文化企业合作，推动线上演播与线下演出融合发展。鼓励文艺院团与互联网平台企业合作，规范推广流量转化、体验付费、服务运营等模式。

2. 产业发展布局

从产业链条来看，演艺业主要由演出场所、文艺表演、演艺设备等几大模块组成，模块间没有明显的上下游关系，但其中较为重要的是文艺表演团体模块。演艺产业是知识密集型产业，内容的生产和展现需要有相应的文化传承和人才支撑，消费市场也多集聚在经济发达、人口众多的城市，综合各城市对演艺业的规划，广州建设全国艺术产业中心，深圳打造"演艺之都"，香港打造"中外文化艺术交流中心"，东莞打造"音乐剧之都"，珠海建设全球知名演艺城市、横琴打造国际演艺岛，粤港澳大湾区演艺业将重点布局在广州、深圳、珠海、佛山、东莞，以及香港、澳门，辐射带动中山、惠州、江门、肇庆等地。

表4-6 粤港澳大湾区演艺业产业链主要环节及分布

产业链环节	具体生产活动	主要分布
演出场所	艺术表演场地	香港的香港文化中心、香港大会堂；广州的广州大剧院、广州星海音乐厅；深圳的深圳大剧院、深圳滨海艺术中心
文艺表演	文艺院团、表演团队	广州的广东粤剧院、广州交响乐团、广东歌舞剧院、广东省话剧院、广东民族乐团、广东汉剧传承研究院、广东音乐曲艺团、广东现代舞团等；深圳的深圳市粤剧团、深圳歌剧舞剧院、深圳交响乐团
演艺设备	专业音响、表演器材	广州、深圳、江门

资料来源：课题组整理。

（1）广州依托广府文化打造民族演艺精品品牌

广州作为有着2200多年建城史的文化古城，广府文化为演艺产业发展提供了良好的创作基础。

一是演艺业全国影响力较大。广州相继出台扶持文艺精品创作、振兴粤剧的多项政策措施，做强做优中国音乐金钟奖、中国国际演艺交易会等品牌活动，音乐和演艺产业的影响力和辐射力大幅提升。其中，舞剧《醒·狮》荣获中国舞蹈"荷花奖"舞剧奖；《粤剧表演艺术大全》荣获"张庚戏曲学术提名奖"，是唯一一部被提名的理论著作；话剧《林则徐》成为国家大剧院首次与地方剧院合作的剧目，在国家大剧院成功上演；歌剧《马可·波罗》成功在意大利米兰和热那亚上演，成为广州首部走出国门的原创歌剧；创新推动粤剧与国家京剧院、潮剧等地方戏曲同台交流，有效扩大了粤剧艺术的影响力。

二是大力推动文化赋能"演艺+"。广州重点扶持具有广府文化特色的传统文化演艺项目，打造民族精品品牌，并利用广州文化金融服务中心的资源矩阵及资本助力，焕发文艺精品活力，为广府传统文化搭建更加广阔的展示平台，推动文化赋能"演艺+"。

"十四五"时期，广州将着力突出粤剧粤曲、广东音乐、十三行等特色文化资源，办好羊城粤剧节、广州艺术季、中国（广州）国际纪录片节、广州大学生电影展、中国国际儿童电影展、国际漫画节、国际艺术博览会等，支持剧院场馆、文化和旅游综合体、文化园区引进全球高端演艺项目，打造国际演艺资源集散中心。发挥正佳广场"亚洲首席体验式购物乐园"的平台优势，进一步打造开心麻花剧场演艺项目，提升旅游演艺品牌效应。完善国有文艺院团的管理体制、运营体制和激励体制，开展"广州国家青苗画家培育计划""广州市戏剧创作孵化计划"等文艺人才孵化项目，激发文艺院团、演艺人才的原创活力和发展动力。

（2）深圳打造演艺之都

深圳拥有深圳戏院、深圳大剧院、深圳保利剧院、深圳音乐厅、华夏艺术中心、开心麻花红山剧场等27家营业性演出场馆，成功举办钢琴音乐季、大剧院艺术节、中外艺术精品演出季、深圳戏院少儿演出季、交响乐团音乐季、粤秀剧场等大型演艺活动。

一是文艺院团艺术创作生产水平和市场开拓能力国内领先。深圳成立深圳歌剧舞剧院，与深圳大剧院融合发展，整合深圳粤剧团与深圳戏院资源，形成推动粤剧发展的合力。大型交响套曲《我的祖国》、现代粤剧《驼哥的旗》入选文化和旅游部"庆祝中国共产党成立100周年优秀舞台艺术作品展演"及广东省文化和旅游厅"百年百戏"舞台精品展演；《灯塔》入选文化和旅游部2020—2021"时代交响"创作扶持计划；《烈火中永生》《肖像》《等》获第十二届中国舞蹈"荷花奖"，深圳歌剧舞剧院成为全国获奖最多的院团。

二是依托各类艺术节、音乐节等国际化活动扩大演艺市场。深圳支持原创音乐和歌舞剧、音乐剧、话剧创作，打造"深圳原创"文艺精品，唱响"深圳好声音"，紧扣重大纪念活动庆典时间节点，精心打造"一带一路"国际音乐季、深圳国际摄影大展、中国图片大赛等一系列文化演艺品牌活动，提升文艺院团艺术创作生产水平和市场开拓能力，拓展演艺市场。

"十四五"时期，深圳应以福田区、南山区、宝安区、龙岗区为重点，推动精品原创剧目创作，支持开发沉浸式、互动式演艺新业态新产品，深化国有文艺院团改革，扶持民营演艺机构创新发展，支持旅游演艺精品开发，鼓励演出院线、演艺联盟发展，着力打造大湾区演艺之都。

（3）东莞打造"音乐剧之都"

自2007年以来，东莞通过政府扶持与社会办艺术并举，创编推出一批"莞产"音乐剧佳作，并不断组织展演原创音乐剧，举办系列品牌性、普及性音乐剧活动，将"音乐剧之都"建成为城市独具特色的艺术品牌。其中2013年创作的《妈妈再爱我一次》在全国20多个城市巡演150多场次，获得了良好的社会反响和票房收入，2014年获得中宣部"五个一工程"奖、韩国大邱国际音乐剧节最高奖等国内外重要奖项。东莞塘厦、东城、望牛墩3个音乐剧创作生产基地吸引了大批著名音乐剧名家入驻。"十四五"时期，东莞将着力实施"东莞记忆"城市文旅演艺计划，进一步强化"音乐剧之都"的品牌塑造。

（4）香港打造中外文化艺术交流中心

几十年来，香港在世界文化舞台上一直有着不俗的影响力，成为国际艺术文化交流枢纽，打造了亚洲艺术品交易中心、亚洲创意中心、东西方表演艺术中心、会议展览中心等众多国际知名的文化交流平台。

未来，香港将重点依托香港M+和香港故宫文化博物馆等世界级艺术地标，向全球旅客展现香港艺术之都的魅力，并推广社区深度艺文游及艺术科技互动体验，致力于将香港打造成为中外文化艺术交流中心。

专栏4-4

广东粤剧院：粤剧最高艺术殿堂

广东粤剧院成立于1958年，首任院长为著名粤剧艺术大师马师曾。现旗下有广东粤剧院一团、广东粤剧院二团、广东粤剧艺术中心、舞美设计制作中心和院部等12个内设机构，是粤剧界规模最

图4-21　新编传奇粤剧《白蛇传·情》剧照
资料来源：广东粤剧院官方网站。

大、水平一流的表演艺术团体，被誉为粤剧的最高艺术殿堂。剧院

成立以来编演了600多个粤剧剧目，其中《搜书院》《关汉卿》《山乡风云》为保留剧目，近年推出《南海一号》《风云2003》《白蛇传·情》等一批优秀原创剧目，多次获得国家级及省级奖项。

（五）创意设计服务业：创意设计与工业融合发展，重点布局广深港澳

1. 产业发展重点

加强工业设计能力建设。培育一批工业设计龙头企业，加快建设广州开发区国家新型工业化产业示范基地（工业设计）、深圳创新创意设计学院。鼓励和支持开展关键共性环节设计创新攻关，促进工业设计从外观设计向附加值高的综合设计服务转变。加强工业设计基础研究，建设前沿研究中心、校企联合实验室。支持针对工业设计基础研究开发一批先进适用的设计工具（软件），促进专用设计及仿真软件应用。推动CMF（色彩、材料、工艺）数据库、产品图谱库、设计项目案例库、生活方式数据库等基础信息资源共享，建设工业设计数据资源中心。办好"省长杯"工业设计大赛及广东设计周，强化设计成果展示推广与对接转化。

大力发展时尚创意产业。利用广州、深圳、香港时尚产业资源优势和人才优势，鼓励发展珠宝首饰、礼品、服装、鞋帽、皮具、饰品、发型、美容、形象设计等时尚设计产业，孵化一批国际时尚设计品牌。创新传统工艺设计，推动文化文物单位开发文化创意产品，促进"三雕一彩一绣"等传统工艺技艺与创意设计、现代科技、时尚元素有机融合。提升城乡规划和建筑设计文化含量，延续历史文脉，塑造城市特色风貌。

构筑文化创意人才高地。大力引进国际创意设计服务大师及其团队，引进高层次、具有较高原创水平的创意设计服务专才和既懂创意、设计又懂管理经营的高级复合型人才。加强创意设计服务产业岗位职业培训，提高人才队伍的专业水平和整体素质。鼓励高校和科研院所优化专业设置，

激发学生创造力、设计热情和实践精神，培养创意设计服务产业发展所需的高层次应用型人才。

2. 产业发展布局

粤港澳大湾区创意设计服务业主要集中在广州、深圳、香港、佛山、东莞等地，其中珠三角地区已形成具备全国领先水平的"广深佛莞文化创意产业圈"，香港在时装和珠宝设计、互动游戏、漫画广告等领域取得不俗成就。创意设计服务业是知识密集型产业，对于人才有着较高的要求，较易在高校众多的城市取得发展。按照各城市规划，广州打造国家级的创意之都和文化名城，深圳打造"设计之都""国际文化创新创意先锋城市"，香港持续巩固"创意之都"地位，澳门发展文化创意产业，佛山打造全国重要文化创意产品中心、中国工业设计名城，东莞重点打造国际知名的文化创意产品研发和设备、产品制造服务的基地，中山规划建设大湾区国际创新园、国际设计港。综上，粤港澳大湾区创意设计服务业未来应重点布局在广州、深圳、香港、澳门，其次推动工业设计能力较强的佛山、东莞发展，辐射带动中山发展。

表4-7　粤港澳大湾区创意设计服务业产业链主要环节及企业

产业链环节	具体生产活动	主要企业
广告服务	以互联网广告设计服务为主	省广集团、粤传媒、天泓文创等
建筑设计服务	包括房屋建筑工程、休闲娱乐工程、室内装饰和风景园林工程专项设计服务等	深圳市城市交通规划设计研究中心、深圳市水务规划设计院、广州地铁设计研究院、AUBE欧博设计、URBANUS都市实践建筑设计事务所
工业设计服务	独立于生产企业的工业产品和生产工艺设计等	广东华南工业设计院、深圳创新设计研究院有限公司、华为工业设计中心、中兴产品设计中心、大疆工业设计中心
专业设计服务	包括时装、包装装潢、多媒体、动漫及衍生产品、饰物装饰、美术图案、展台和模型等	周大生、周大福、六福集团、广州市酷闪动漫设计有限公司、深圳市格外设计经营有限公司等

资料来源：课题组整理。

（1）广州依托创意设计产业集群打造全球"定制之都"

作为首批国家历史文化名城、广府文化的发祥地，广州区位优势明显，经济、文化、科技资源丰富，具有集聚创意设计产业集群、引领大湾区创意设计产业区域协同发展的良好基础条件和优越发展环境。

一是创意设计产业集群形成集聚优势，推动文创出圈。广州拥有羊城创意产业园、TIT创意产业园等一批在国内具有较大影响力的文化创意产业园区，为创新产业、创意艺术、时尚文化、新业态经济提供了良好的承载空间。同时，广州举办多种类型的文创比赛、展览、论坛，如首届中国（广州）文创大会、2021广州文创（创新）设计大赛优秀作品展、中国文创产业大会·天河峰会、南沙区首届文创大赛等，推动文创产品、文创活动持续出圈。

二是依托工业设计产业集群推进创意设计产业与制造业的一体化、协同式发展。2019年12月，联合国工业发展组织发布首批全球"定制之都"案例城市，广州荣获全球"定制之都"称号。2021年，广州在白云区着力推进广州设计之都项目，着力引进建筑设计、工业设计、时尚设计、芯片设计、文化创意设计等五大产业，积极推动工业软件、设计软件等"卡脖子"关键技术突破，构建百亿级设计产业集群，致力于打造粤港澳大湾区设计产业国际品牌集聚地，建设全国专业设计交流平台和国际时尚融合基地。

"十四五"时期，广州应重点发展数字内容、文化传媒、创意产品制作、分销与版权贸易、咨询策划、设计创意等产业链高端环节，着力打造国家级创意之都和文化名城。

（2）深圳数字创意产业规模和发展水平全国领先

2008年，深圳获批加入全球创意城市网络，成为中国首个被联合国教科文组织授予"设计之都"称号的城市。

一是创意设计产业快速发展。目前，深圳已集聚了F518时尚创意园、深澳文化产业园、罗湖区笋岗艺展中心、大浪时尚小镇等50多家创意设计园区，拥有飞亚达、AUBE欧博设计、浪尖设计等为代表的6000多家设计品牌企业和近20万名专业设计人员，通过"深圳设计周暨环球设计大奖"等重大平台推动国际交流，加速向国际、国内市场输出"深圳设计"，在德国红点奖、iF设计奖评选中收获了全国1/3的奖项。

二是数字创意产业成为创意设计服务业高质量发展的重要驱动力。2020年12月，龙岗数字创意产业走廊获批文旅部第二批国家级文化产业示范园区，2021年文博会发布的2021年度"深圳文化企业100强"名单中，100强企业均属于数字创意产业。目前，深圳正着力推进数字创意产业集群行动计划，以数字创意、数字艺术为代表的产业发展新模式成为推动深圳创意设计服务业发展的新动力。

"十四五"时期，深圳将大力发展时尚产业，打造"设计之都""国际文化创新创意先锋城市"，建设前海国际文化创意基地，重点发展数字娱乐、动漫游戏、现代高新技术、珠宝、工艺礼品、软件开发等优势文化产业，建成具有全球影响力的创新创业创意之都。

（3）佛山、东莞以工业设计带动创意设计服务业发展壮大

佛山、东莞作为广东制造业的标杆城市，工业设计占有非常核心的地位。

一是工业设计与制造业全领域深度融合。2021年，佛山共有7家国家级、54家省级工业设计中心，拥有广东工业设计城、顺德创意产业园、陶谷小镇、广东泛家居设计谷、广东大门设计创新产业园、鹰创园等一大批工业设计园区和基地。佛山的建材、家具、门窗、纺织、五金等传统行业通过工业设计赋能发展，已构建起"政府大力推进、市场有效驱动、企业协同创新、专业人才支撑"的工业设计产业创新体系；2021年，东莞拥有1家国家级工业设计中心、1个国家级工业设计研究院培育单位和11个省级工业设计中心，着力推动"设计+制造"，面向先进制造业建设培育打造3～5个设计师超千人的工业设计基地，探索建立一批国家级和省级工业设计中心，强化对产业集群的支撑服务。

二是依托工业设计大赛打造"东莞设计""佛山设计"知名品牌。佛山"市长杯"工业设计大赛、"东莞杯"国际工业设计大赛均为国内高规格、高热度的工业设计风向标,集聚了大批优秀的工业设计人才、机构和项目,已发现、扶持、培育一大批优秀的设计人才、设计机构、设计项目,成为工业设计赋能佛山制造、东莞制造的新通道,部分设计品质高、技术应用性强的工业设计方案与产业直接对接,为佛山、东莞制造业高质量发展提供了强大动能。

"十四五"时期,佛山将着力打造全国重要文化创意产品中心、中国工业设计名城,重点发展以工业设计和传统工艺设计为主要内容的创意产业园区。东莞将重点打造国际知名的文化创意产品研发和设备、产品制造服务基地。

(4)香港创意设计服务业对外贸易持续壮大

香港拥有开放活跃的创意气氛,在创意设计产业发展上具有得天独厚的优势。香港拥有众多创意设计企业,每年创作出大量的文化产品和服务,但自身市场容量有限,创意设计产品和服务的出口贸易较为发达,能够发挥中西文化交流的纽带作用,把带有大湾区标识的创意设计产品和服务传播到世界更多角落。

未来,香港将着力推动包括设计在内的文化创意产业,加强与大湾区内不同城市的交流合作,促进产业多元化,共同开拓国际市场,巩固香港"亚洲创意之都"的地位。

专栏4-5

羊城创意产业园:打造互联网+文化企业集群

羊城创意产业园(简称创意园)是羊城晚报报业集团于2007年创建

图4-22　羊城创意产业园"一园七区"分布图
资料来源：金羊网。

的大型文化创意产业园。创意园建立以来，积极引进培养文化科技创新企业，现有羊城晚报报业中心、酷狗音乐、荔枝、滚石中央车站、金山西山居、中科零壹文创加速器、碧桂园橙家、两棵树（跨境电商）、良策金融、祺曜互娱、唯普汽车、优飞无人机、创业黑马、小鱼在家、天闻角川动漫、爆米花动画、北影广东培训中心、瀚华建筑设计、华阳工程设计等140多家信息科技、艺术设计、文化传媒企业入驻。2019年，创意园被纳入"广州人工智能与数字经济试验区"。

（六）动漫游戏业：打造岭南特色原创品牌，重点布局广深双核

1. 产业发展重点

着力打造原创精品。发挥粤港澳三地技术和人才优势，积极鼓励企业打造优质原创动漫游戏作品，开发一批漫画、电视动画、网络动漫、网络游戏、手游等领域的新IP。强化版权管理体制机制建设，开展IP全链条保护。扶持和鼓励原创艺术游戏的创作和推广，支持开展优秀原创艺术游戏评选活动，提升中国动漫金龙奖的影响力，办好中国（东莞）国际影视动漫版权贸易博览会、中国（中山）国际游戏游艺博览交易会，支持开展世界顶尖水平的艺术游戏创作理念分享活动。进一步丰富网络游戏品类，鼓励企业开发各类功能游戏。加强内容价值导向管理，建立评价奖惩体系，培育具有国际一流水准的原创游戏品牌产品、团队和企业。

增加动漫游戏的文化内涵。加强游戏内容审核及运行监督，提升游戏文化内涵，鼓励充分挖掘岭南特色文化，吸收借鉴世界优秀文化，鼓励、扶持动漫游戏工作者和动漫游戏企业创作、生产、传播和推广富有中华文化精神、饱含时代特点的原创动漫游戏产品。大力开发推广具有教育、益智功能的游戏动漫产品。

拓展以动漫游戏IP为核心的全产业链布局。推广"动漫内容制作—动漫内容发行—动漫衍生内容、产品和服务"全产业链的业务体系。鼓励动漫游戏企业与演艺、旅游、教育、艺术品、金融融合，开发动漫演艺、动漫主题旅游、动漫教育等产品和服务。坚持品牌化发展战略，大力发展网络动漫、动漫衍生品、动漫演艺、动漫会展等新型业态，创作生产优质动漫产品。推动有条件的地区培育有国际水准的原创动漫、游戏品牌和企业，打造有国际竞争力的产业集群。

提升动漫游戏创新技术应用。探索沉浸式体验、智能互动等趋势发展，加强内容和技术装备协同创新，推动新兴技术在动漫游戏产业中的应用，加快形成以企业为主体、市场为导向、产学研相结合的动漫游戏技术创新体系，加强动漫游戏领域关键技术研发。深入推进5G、云计算、AI、大数据等数字化新技术在动漫游戏领域的集成应用，鼓励动漫游戏企业研发VR、AR、MR、裸眼3D等前沿科技与动漫游戏相结合的产品，优化动漫游戏互动体验。

推动动漫游戏出海。加快培育一批具有较强实力和国际竞争力的外向型骨干动漫游戏企业，支持企业通过境外投资并购、联合经营、设立分支机构等方式开拓海外市场，支持诸如《熊出没》等自主版权文化品牌，支持腾讯、网易等大企业构建海外游戏研发、发行体系，进一步开拓海外市场。推动动漫游戏企业积极研发海外本土化产品，并与海外游戏企业、内容平台合作，推动建立国内游戏企业在海外的高效研运体系。鼓励具有岭南特色的动漫游戏产品"走出去"。

2. 产业发展布局

粤港澳大湾区拥有完整的动漫游戏产业链条，广州、深圳主要集中了动漫游戏内容的创作、制作，拥有众多的动漫游戏公司和知名动漫游戏品牌，如华强方特、咏声动漫、腾讯游戏、网易游戏等，且软件产业相对发达；江门通过多年大力发展动漫产业，以缤果动漫、科信动漫为龙头，逐步成为全国知名品牌。动漫游戏衍生品的生产、加工主要集中在珠三角地区，其中，东莞凭借制造业基础优势，已成为国内最大动漫衍生品的生产基地之一；中山市形成以游戏游艺产业为龙头的相对完整的文化产业体系，并在全国占据重要地位。

表4-8 粤港澳大湾区动漫产业链主要环节及企业

产业链环节	具体生产与服务活动	主要企业及平台
IP版权	主要包括文学和漫画创作，提供IP	腾讯动漫、奥飞动漫、华强方特、咏声动漫、文化传信
内容制作	将IP转化为电影、电视剧、动画等作品	华强方特、咏声动漫、腾讯动漫、丝路视觉、盛讯达、奥飞娱乐、环球数码、大地动画、东莞漫彩、文化传信
发行播映	发行动漫作品或提供播放平台	腾讯视频、大地院线、金地影视、广东广播电视台、中山广播电视台、电视广播
衍生品	主要为游戏制作、周边、衍生品等方面	奥飞娱乐、华强方特、智高文创、狼博旺、华立科技、世宇科技、金马游乐、大象艺术、华夏文化科技

资料来源：课题组整理。

表4-9 粤港澳大湾区游戏产业链主要环节及企业

产业链环节	具体生产与服务活动	主要企业及平台
IP版权	提供基础素材和资源使用权。即将其所拥有的文学、影视、动漫、热门游戏等的角色、图像、文字、情节等素材授权给游戏研发商用于游戏的研发	腾讯动漫、奥飞娱乐、网易游戏、文化传信
游戏研发商	游戏产品内容的创造者提供游戏产品的开发、更新和维护。主要包含创意策划、美术动画、软件编程这三个核心部分	腾讯游戏、三七互娱、网易游戏、中手游、中青宝、冰川网络
游戏发行商	承担研发以外的推广、运营和服务等职能，致力于帮助产品获取流量，并和研发商配合来最大程度地变现流量	中手游、腾讯游戏、三七互娱、网易游戏、盛讯达、巨量引擎、腾讯广告
游戏渠道商	提供游戏下载和更新的平台，玩家可以在该平台购买、下载、讨论、上传和分享游戏	WeGame、QQ游戏，华为、vivo、oppo等手机内置应用商店

资料来源：课题组整理。

专栏4-6

华强方特：打造动漫全产业链条

华强方特是国内知名的大型文化科技集团，拥有超过2000项自有知识产权，下辖70多家专业公司。其中，华强方特动漫作为"国家重点动漫企业""中国十大优秀原创动画企业"，原创出品的《熊出没》《生肖传奇》《小鸡不好惹》系列等30余部动画作品，先后在央视少儿等200多家国内电视台和爱奇艺、优酷、乐视、腾讯视频、搜狐视频等国内一线视频网站热播，网络点击超3000亿次。华强方特依托成熟的多元化产业发展基础，将动漫产品与文化科技主题乐园、特

图4-23　华强方特原创《熊出没》系列动画电影及票房收入
资料来源：华强方特文化科技集团股份有限公司。

种电影、主题演艺、交互游戏、动漫衍生品等相关领域有机结合，打
造完整动漫产业链。

　　动漫游戏产业链上游的IP版权和中游的内容制作都属于知识密集型产
业，对创意、设计、美术等人才需求度极高，拥有众多高校和知识人才的
大中型城市更具备发展优势。具体而言，推动广州、深圳打造动漫游戏产
业之都，充分发挥其人才及技术优势，重点发展动漫游戏IP以及具体内容
的创作、制作，发展动漫游戏新业态；巩固发展东莞在动漫衍生品上的制
造优势，强化动漫内容创作，打响"东莞动漫"品牌；巩固提升中山市游
戏游艺产业在全国的地位，持续推动产品创新升级；支持江门持续发展动
漫游戏产业，打造全国知名品牌。综上，粤港澳大湾区动漫游戏产业首先
应重点布局在人才与技术优势明显的广州、深圳，其次推动动漫衍生品制
造业和游戏游艺设备制造业较为发达的东莞、中山、江门发展，辐射带动
香港。

表4-10　粤港澳大湾区优势文化产业布局

文化产业	珠三角地区									港澳地区		布局本产业的地市数量（个）
	广州	深圳	珠海	佛山	东莞	惠州	中山	江门	肇庆	香港	澳门	
新闻信息服务业	★★★	★★★	★★★	★★	★★	★		★	★	★★	★★	10
出版业	★★★	★★★	★	★	★★			★★		★★★		7
影视业	★★★	★★★	★★★	★★★				★★		★★★	★	7
演艺业	★★★	★★★	★	★	★		★	★	★	★★	★	10
创意设计服务业	★★	★★		★★	★★		★			★★★	★★★	7
动漫游戏业	★★	★★			★★		★★	★★		★		6
各地市布局的优势文化产业数量（个）	6	6	4	5	5	2	2	5	2	6	4	

说明：优势文化产业区域布局的重要程度用★的数量表示，其中★★★标注核心城市，★★标注重点城市，★标注一般城市；未标星的地市可以结合自身实际谋划发展。

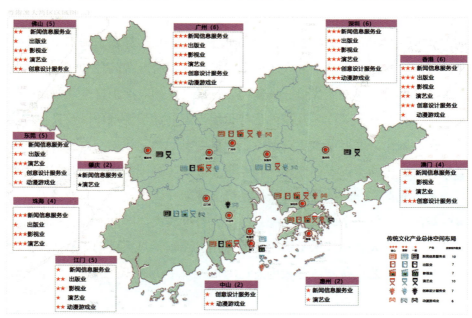

图4-24　粤港澳大湾区优势文化产业总体空间布局图

资料来源：课题组绘制，底图边界根据自然资源部标准地图绘制，审图号：GS（2019）4342号。

四　粤港澳大湾区优势文化产业协同发展路径

（一）构建优势文化产业带，推进项目合作及文化出海

1. 以项目合作为抓手推动粤港澳优势文化产业带建设

粤港澳三方应以项目合作及投资推动优势文化产业高质量协同发展。依托广深港、广珠澳科技创新走廊，支持广州、深圳、香港巩固"定制之城""设计之都""创意之都"地位，辐射带动"一核一带一区"优势文化产业高质量发展。支持珠海、东莞重点发展动漫游戏、演艺娱乐、创意设计产业，佛山重点发展影视制作、数字创意融合服务，中山重点加快游戏游艺装备等数字化转型，澳门重点发展文化创意、演艺娱乐产业。

2. 合力打造大湾区特色"区位品牌"

推动香港PMQ元创坊、澳门设计中心、羊城创意产业园、深圳华侨城创意产业园等极具发展前景的文化产业园区实施品牌提质升级战略，提升大湾区春节嘉年华旅游品牌、美食文化品牌、文化遗产品牌、国际体育盛事品牌效应。办好深港设计双城展、深澳创意周、中国（广东）国际印刷展，支持香港国际影视展、香港书展、设计营商周，提升粤港澳大湾区文化艺术节、中国粤剧节、中国潮剧节、中国（佛山）大湾区功夫电影节展等品牌效应，支持澳门建设中国与葡语系国家文化产业交易中心。

3. 建设大湾区优势文化产业服务中心

整合大湾区各类资源，设立囊括宣传推广、信息互动、展示交易、投资咨询、教育培训、国际交流、业务代理等服务在内的优势文化产业公共服务平台，建设"政府引导、企业主体、市场化运作"的粤港澳大湾区优势文化产业服务中心，以为大湾区优势文化企业提供全方位、低成本的优质服务为经营目标，委托专业公司按市场化原则进行运营，在整合区域资源基础上实现区域利益最大化。

4. 鼓励具有岭南特色的自主文化品牌"走出去"

鼓励大湾区优势文化企业创作生产既体现岭南文化特色又符合国外

受众审美习惯和市场需求的文化产品，强化品牌意识，推出更多具有岭南风格和大湾区气派的文化精品，形成一批拥有自主知识产权、具有核心竞争力的知名文化品牌。做强做大广州天河区国家文化出口基地、深圳国家对外文化贸易基地，完善政策集成、企业集聚、产业集中、引领发展的文化出海全链条服务体系。培育一批具有较强国际竞争力的外向型骨干文化企业，支持诸如《熊出没》等自主版权影视文化品牌，腾讯、华强、华侨城、保利等优势文化企业品牌"走出去"。

（二）激发市场主体活力，做大做强大型龙头企业

1. 做强做优做大优势产业龙头企业，打造"文化航母"

着力引进世界500强、全国30强文化企业总部落户大湾区，定期发布年度"大湾区文化企业100强"。在新闻信息服务业、出版业、创意设计服务业等核心和重要领域建立龙头企业动态培育库，按"一企一策"方式推动实力较强的大型文化集团通过资源整合、技术创新、品牌输出、跨界经营、兼并重组等方式做大做强，推动粤港澳联合打造一批国内外知名的"文化航母""文化旗舰"。

2. 促进文化产业园区提档升级，提升优势产业集聚发展势能

支持文化产业园区建设政务服务、知识产权保护、金融服务、产学研合作、孵化创新等公共服务平台，提升服务效能。高标准建设优势文化产业示范园区（基地）、影视拍摄基地、对外文化贸易基地、数字出版基地、版权示范基地，培育壮大一批品牌园区和运营机构。探索在珠三角九市设立港澳优势文化产业发展"飞地"，以"一区多园"委托管理的方式进行合作运营，提升园区集聚发展势能。

（三）强化内容生产，推进岭南文化"双创"工程

1. 实施"新时代精品工程"，打造更具影响力的"粤派"品牌

强化精品原创内容开发，注重大湾区文化资源系统保护整体保护、品

牌化提升和活化利用，鼓励文化企业创作开发体现岭南特色文化、展示湾区形象、面向国际市场的文化精品。推动国有文艺院团改革振兴，支持民营文艺表演团体改革发展，优化演出院线、演艺联盟。形成高水平的文艺精品创作生产体系，在"各美其美""美美与共"中融入中华文化大美，铸就更具影响力的"粤派"品牌。

2．培育创造一批原创型文化产品技术专利，建设完善知识产权服务平台

聚焦大湾区优势文化产业重要行业和关键领域，依托重大科研项目和企业研发平台，培育一批创新程度高、市场竞争力强的原创型、基础型高价值专利。加强国际商标注册，培育知名品牌，对文化科技创新成果、核心竞争优势、商业模式等进行商标品牌化建设。推动前海国家版权创新基地、版权示范园区、中国版权保护中心粤港澳版权登记大厅等建设，建立服务于文化科技成果转移转化和内容版权的知识产权运营服务平台。

参考文献

［1］黎泽国：《岭南文化在粤港澳大湾区建设中的重要作用研究》，《特区实践与理论》2021年第1期。

［2］林存文、吕庆华：《文化资源禀赋对文化产业发展的影响》，《山西财经大学学报》2020年第8期。

［3］吕庆华、林存文、林炳坤：《文化资源禀赋与文化产业发展匹配研究》，《哈尔滨商业大学学报》（社会科学版）2021年第6期。

［4］潘锦云、范敏：《优秀传统文化促进区域经济发展的内在逻辑及实现路径》，《经济问题》2017年第10期。

［5］严荔：《发达国家文化资源产业化开发的做法及借鉴》，《经济纵横》2012年第6期。

第五章

粤港澳大湾区新兴文化产业发展与合作

新兴文化产业尚处于产业发展导入期，是文化与科技相融合产生的新业态，对未来文化产业发展起着战略带动作用。粤港澳大湾区积极推动新兴文化产业发展，电子竞技、网络视听、数字文化装备等产业处于全国前列或领先水平，"数字文化+"融合新业态新模式涌现。"9+2"城市群在发展新兴文化产业上各具优势和特点，通过粤港澳三地文化创新载体的合作，已基本形成较为完善的新兴文化产业生态体系，并在电竞、网络视听、数字文化装备等领域形成全产业链发展模式。粤港澳大湾区具有发展新兴文化产业的产业基础、技术创新体系、市场需求和营商环境，未来通过前瞻性的驱动政策和创新性的合作机制，推进粤港澳三地"文化+科技"的深度合作，打造具有国际影响力的文化科技高地和新兴文化产业集聚地。

一 新兴文化产业特征与发展趋势

新兴文化产业，是指伴随新的文化理念、新的消费观念出现的新的文化消费形式，具体而言，是以文化为主体，与互联网、科技、金融、旅游和传媒等相关产业实现跨界融合形成的新兴产业门类。根据粤港澳大湾区的数字技术基础和消费升级的需求，结合全球新兴文化产业的发展趋势，大湾区的新兴文化产业包括网络视听（网络直播、短视频）、电竞（电子竞技）、沉浸式文化新业态（5G、AI人工智能、VR虚拟现实）、云服务新业态（云演艺、云展览、云旅游）、数字文化装备（智能无人飞行器、可穿戴智能设备制造、虚拟现实设备制造）、"数字文化+"融合产业及"互联网+"平台经济等。

（一）新兴文化产业特征

1. 创新是新兴文化产业发展的关键

新兴文化产业是生产和生活方式的新引领，新兴文化产业的"新"，表现的不仅仅只是形式上的创新，更重要的是文化内容的创新。创新是新兴文化产业的生命力，无论是内容创新、形式创新、技术创新、经营模式创新，都构成了新兴文化产业美丽的风景线。随着大数据、云计算、物联网、5G技术的快速发展，文化产业科技装备水平不断提升，推动新兴文化产业创新能力不断增强。因此，发展新兴文化产业必须以创新作为发展的核心关键。

2. 新兴文化产业的发展需要高科技支撑

新兴文化产业与传统文化产业的最大区别就在于传统文化产业是一种固态化的产业模式，而新兴文化产业是动态化的产业模式，是顺应时代的变化，在高新技术特别是当前数字信息技术和网络信息技术的推动下，对于传统文化产业的升级和改造。通过引进、消化、吸收、再创新的过程，促进文化产业体系结构性和效能性明显提高，以此推动文化产业经济联动和文化产业升级。因此，科技进步是新兴文化产业的发展引擎，文化产业发展需要科技支撑。

3. 新兴文化产业具有跨界融合的特点

新兴文化产业的发展就是由原有的文化与科技相融合，将科学技术贯通于文化产业的各个环节，影响着文化产品的生产、流通和传播。因此，跨界融合性是新兴文化产业的重要特征，且体现了文化产业的渗透性。"互联网+"以超时空特性几乎和所有行业与生活领域相联结，使一些阻碍文化产业发展的传统性弊端被数字技术消解，并促进文学、媒体、出版、游戏、动漫、音乐、影视、舞台演艺等行业相互交融，形成诸多新兴文化产业，培育新的经济增长点。

4. 新兴文化产业引领文化消费新潮流

新兴文化产业的发展是紧紧围绕消费而进行的，一直走在市场发展的前沿，引领文化市场新潮流，并与国际市场相接轨，具有高成长性、高创新性，对未来文化产业发展起着战略带动作用。科技创新推动了文化产业形态边界融合，长短视频、直播、游戏、影视、文学等不同内容形态IP联动成为主流，融合多形态元素的内容新样态，不断创造文化消费新热点和增长新动力，引领了文化消费的新潮流，增强了文化产业发展活力。

（二）新兴文化产业发展趋势

1. 深度融合化

"文化+""+文化"已成为文化产业发展新趋势，在数字化技术推动下，这一趋势愈发明显，跨界融合是文化产业发展的必然趋势。通过文化创意与相关资源要素的不断融合，才能为实现社会经济创新发展培育新动能，为文化产业高质量发展创造更好的基础。数字融合下的产业形态创新，可以带动相关产业跨越式发展，产生良好的经济效益、文化效益、生态效益和社会效益，进而培育新的经济增长点。新兴文化产业实现了跨业和跨界大融合，未来产业融合的方式将更广泛，新兴文化产业未来有着巨大的市场发展空间。

2. 产业互联化

互联网数字技术的发展，加快了文化产业跨界融合的发展速度。当前，文化产业内部以及文化产业与其他产业之间的边界逐渐模糊，跨地域、跨行业及跨媒体经营成为文化产业的重要发展趋势。新兴文化产业正从消费互联网转向产业互联网，消费端和供给端的联合发力形成了新兴文化产业互联网。因此，未来从供给侧角度来思考新兴文化产业的体系创新和生态构建不仅会有效提升需求层次，还能真正有效发挥新兴文化产业对文化消费新潮流的引领作用。

3. 商业模式创新化

商业模式是新兴文化产业价值创造的核心。文化新业态有助于完善产业的组织管理机构、拓展产业链、开拓商业运营模式、促进资源创新组合，从而决定了新兴文化产业的商业模式有自己特殊的规律。未来，以5G、IPv6、3R（VR/AR/MR）等为代表的通信和数字技术创造了新的文化产品应用场景，改变文化产业市场环境，促进新兴文化产业商业模式创新，进一步提升文化产业盈利模式和可持续发展能力。

4. 消费群体多元化

随着传统文化产业向新兴文化产业持续转型和变革，诸多新兴文化产业门类已经成为青少年群体关注和参与的主要文化消费形式。例如，文字、图像、声音、视频等被整合进一个不再有介质差异的大视听（视频）产业，使得传统的电影、电视、报刊等获得新的形态和生命力，培育了新一代的消费者。以"互联网+文化"的融合积蓄文化产业发展势能，不仅推进以供给侧结构性改革契合需求的居民消费升级，还推动了文化产业的消费主体向以新兴文化产业为主要消费对象的青少年群体快速转移和过渡。因此，新兴文化产业消费群体的多元化态势已经形成，并且有可能成为文化消费群体的趋势走向。

二　粤港澳大湾区新兴文化产业发展现状

（一）电子竞技产业居全国首位

1. 电子竞技产业规模及用户全国第一

广东省电子竞技产业营收及用户量位居全国第一，占据国内电子竞技游戏市场主导地位（见图5-1）。根据广东省游戏产业协会、前瞻产业研究院整理的数据，2021年广东省电子竞技产业收入1236.3亿元，同比增长3.2%

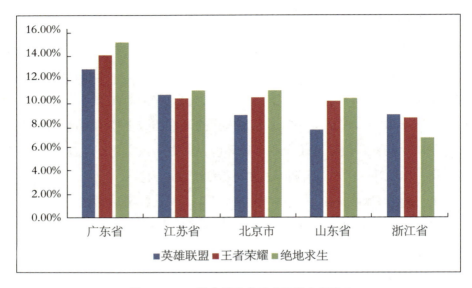

图5-1　2019年中国电竞用户区域分布情况
资料来源：陀螺研究院：《深圳市电竞产业调研及分析》，2021年2月。

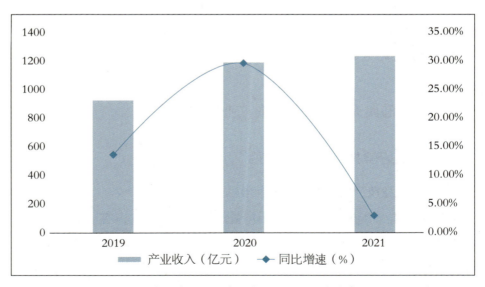

图5-2　2019—2021年广东省电子竞技产业收入及增速（单位：亿元，%）
资料来源：广东省游戏产业协会：《2021广东电竞产业发展报告》，2022年1月。

（见图5-2），占全国总收入的73.6%，较2020年下降了2个百分点。①广东电竞用户数量占全国的13%，全国排名第一，用户分布以广州、东莞、深圳三城为主，粤港澳大湾区拥有扎实的电竞用户基础。

2. 电子竞技产业收入结构在持续优化

广东省电子竞技产业收入结构在持续优化。近年来，广东省电子竞技游戏收入增速下降，2021年广东省电子竞技游戏收入占比92.7%，较2020年占比下降了1.8%；游戏直播领域由于线下赛事数量降低，用户需求转化为线上直播，受疫情影响较小，收入增速较快，占比上升至7%（详见图5-3）。但是，广东省电竞产业赛事收入、俱乐部收入和其他收入占比较小，整体不足0.3%，对整体产业的推动力不足，未来有待进一步提升发展。

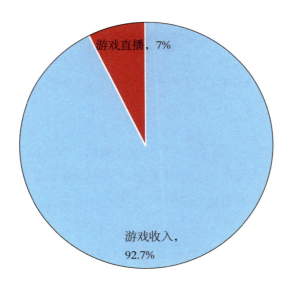

图5-3　2021年广东省电子竞技产业收入结构
资料来源：广东省游戏产业协会：《2021广东电竞产业发展报告》，2022年1月。

3. 电子竞技从业人员数量全国第一

2021年广东省电竞从业人数在全国占比达到了31.6%，电竞从业人数全

---

① 广东省游戏产业协会：《2021广东电竞产业发展报告》，2022年1月。

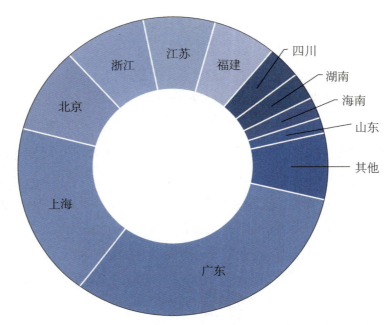

图5-4　2021年中国电子竞技从业人员分地区分布情况（单位：%）

资料来源：前瞻产业研究院：《中国电子竞技行业市场前景预测与投资战略规划分析报告》，2021年12月。

国第一（图5-4）。一方面是因为广东存在腾讯、网易等千人以上规模的巨头企业，内部拥有大量电子竞技从业者；另一方面则是因为广东以人力为主的部分制造业逐步开展电竞硬件、设备相关的业务，让设备制造相关的从业者数量出现增长。

整体来看，虽然广东省电子竞技收入规模占全国比重在近年有所下降，从2019年的92%下降到2021年的73.6%[①]，但其在收入规模和从业人员数量方面的全国领先优势仍然明显。未来，随着电竞产业收入结构的不断优化，粤港澳大湾区电子竞技产业的发展将更加均衡，并逐渐形成成熟完善的电竞发展体系。

---

① 广东省游戏产业协会：《2021广东电竞产业发展报告》，2022年1月。

（二）数字文化装备产业处于领先水平

1. 超高清视频产业持续领跑全国

粤港澳大湾区文化和科技融合发展具备扎实基础，围绕4K/8K超高清视频突破了一批核心关键技术，基于国产8K技术标准的媒体终端芯片实现全球行业领先。2017年，广东率先出台了第一个省级4K产业发展实施方案《开展新数字家庭行动推动4K电视网络应用与产业发展的实施方案》，2019年，又推出了《广东省超高清视频产业发展行动计划（2019—2022年）》，同年广东获批建设全国首个超高清视频产业发展试验区，从广州的维信诺、超视堺、乐金显示、博冠光电，到深圳、惠州的华星光电、雷曼光电，初步形成从核心零部件、面板、模组到终端整机的全产业链生态（详见图5-5）。

广东在全国率先发力4K产业取得显著成效，成功举办中国超高清视频（4K）产业发展大会、世界超高清视频（4K/8K）产业发展大会，成功开播全国首个省级4K频道，获得工业和信息化部和国家广播电视总局联合授予全国首个"超高清视频产业发展试验区"，4K电视机产量、机顶盒产量、电视面板产能均位居全国前列，广晟资产公司的数字音频DRA技术已成为国际标准。广东成为全国超高清视频显示产业的先行地，产业集群效应明显，广佛惠超高清视频和智能家电产业集群成功入选工业和信息化部公示的第一批国家先进制造业集群决赛优胜者名单。2020年，广东超高清视频显示产业营业收入达6000亿元，全省4K用户累计2347万户，占比达70%，持续领跑全国。[①]

2. 人工智能产业走在全国前列

人工智能为文化产业科技创新带来了全新模式和方向，激发为文化产品的多元化、数字化、网络化和智能化，产生全新的文化新业态。粤港澳大湾区具备良好的科技基础，香港、深圳、广州、东莞等城市在发展人工

---

① 《超高清视频，广东下一个万亿级产业集群？》，南方新闻网，2021年5月11日。

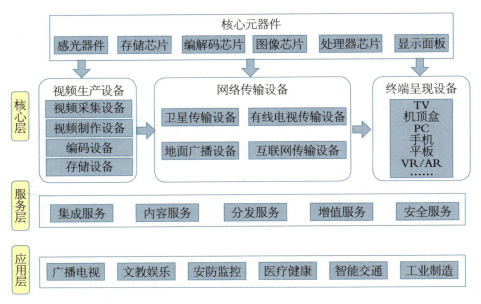

图5-5 超高清视频产业的产业链结构
资料来源：《中国超高清视频产业发展白皮书（2018版）》，东莞证券研究所。

智能产业上各具优势和特点。香港、澳门凭借其国际化和基础研究优势为广东人工智能发展提供技术、资金以及人才方面的支撑。香港的诸多科研机构在人工智能研究方面于大湾区中首屈一指，比如香港中文大学宣布该校研究团队利用人工智能影像识别技术判读肺癌及乳腺癌的医学影像。香港能够吸引国际人才，吸引很多内地企业与香港合作，比如腾讯也与香港科技大学联手成立了"微信—香港科技大学人工智能联合实验室"。大湾区汇聚了华为、腾讯、商汤、云从科技、佳都科技、小鹏等一批人工智能领军企业和瑞松、广州数控、巨轮、华数、珠海格力等龙头企业，在人工智能与机器人几大集聚区中优势突出（详见表5-1）。2017年，粤港澳大湾区9座城市的人工智能核心产业产值规模约260亿元，约占全国的1/3，机器人及智能设备等相关产业规模超2000亿元。[①]深圳和广州分别名列"2019年

① 《粤港澳大湾区新一代人工智能发展蓝皮书（2018）》，2018年12月。

中国人工智能产业发展城市排行榜"中第一和第五。^①

表5-1 粤港澳大湾区人工智能领军企业一览表

序号	企业名称	所在城市	主要业务范围
1	腾讯	深圳	人脸识别、图像识别及语音识别、机器学习、智能医药
2	深圳市大疆创新科技有限公司	深圳	无人飞行器控制系统及无人机解决方案的研发和生产
3	平安科技（深圳）有限公司	深圳	智能认知
4	深圳市优必选科技股份有限公司	深圳	人形机器人研发、制造和销售
5	华为诺亚方舟实验室	深圳	人机交互、智能系统
6	云从科技	广州	国内首发"3D结构光人脸识别技术"、跨境追踪（ReID）技术、人体3D重建技术
7	图谱网络科技公司	广州	高效图像识别方案
8	小鹏汽车	广州	智能驾驶
9	云洲智能公司	珠海	无人船、无人艇

资料来源：周翔、秦晴：《智能化：粤港澳大湾区文化产业发展的基点和方向》，《深圳大学学报》（人文社会科学版）2019年第6期，第48—57页。

综上所述，粤港澳大湾区拥有优良的人工智能发展基础，未来应紧密结合自身优势，不断探索大湾区文化产业发展的"人工智能"模式，形成跨区合作、跨界融合、跨域打造、跨国引入的发展格局，实现人工智能在文化产业中的广泛应用。

3. 智能可穿戴设备已形成全国最完备产业链

据广东赛迪工业和信息化研究院测算，2019年，粤港澳大湾区智能可穿戴设备产业销售收入占全国25%。粤港澳大湾区的智能可穿戴设备主要集

---

① 《粤港澳大湾区人工智能与机器人产业发展报告》，2019年8月。

中在广州和深圳，广深智能可穿戴企业数量约占大湾区的84%，其中深圳自2014年起大力支持可穿戴设备产业的发展，目前有约3000家企业涉足可穿戴领域，已经形成全国最完备的产业链。[1]根据中国电子信息产业发展研究院发布的《2020世界智能移动终端产业发展白皮书》，在智能手机、民用无人机、智能服务机器人、智能可穿戴设备等领域，以深圳、广州、东莞为主的粤港澳大湾区城市抱团发展，已形成国内绝对优势。其中，深圳已成为民用无人机之都，在智能可穿戴设备领域已形成最完备产业链。此外，东莞的智能手机制造规模位列大湾区第一，2019年东莞全市智能手机产量为4.06亿台，占粤港澳大湾区九成以上。[2]

（三）网络视听行业迅猛发展

广东网络视听产业呈现出产值效益同步提升、创新活力持续迸发、用户规模稳步增长等特征，高质量创新发展势头明显。

1. 网络视听产业规模不断提升

近年来，粤港澳大湾区网络直播行业发展迅猛，拥有300多个直播电商特色产业集群。《2020直播电商产业趋势观察报告》指出，广东的直播APP企业和MCN机构数量在全国排名第一，广州已成一线城市第一大直播之城。此外，根据《粤港澳大湾区建设背景下广东网络视听行业发展研究报告》，2019年，涵盖网络视频（含短视频）、网络直播、网络音乐、网络音频、专网电视等细分业态的广东网络视听行业直接产值规模达1790亿元，约占全国产值规模的40%，发展增速达36.37%；带动"大视听"全产业链产值3829亿元，占2019年全省地区生产总值的3.56%。[3]根据相关上市企业年报披露数据，2019年广东主要网络视听企业还积极探索多元业务与应用场景，开辟海外用户市场，拓展盈利来源，加大技术投入和创新业务模

---

[1] 《2020世界智能移动终端产业发展白皮书》，2020年12月。

[2] 《2020世界智能移动终端产业发展白皮书》，2020年12月。

[3] 《粤港澳大湾区建设背景下广东网络视听行业发展研究报告》，2021年1月。

短视频定义：
时长10分钟内的网络视频内容

图5-6　中国短视频产品定义
资料来源：艾瑞咨询：《中国短视频企业营销策略白皮书》，2019年12月。

图5-7　2017—2020年广东网络视听产业规模
资料来源：《粤港澳大湾区建设背景下广东网络视听行业发展研究报告》，2021年1月。

式，有效带动了广东网络视听产业的快速发展，实现了企业营收效益及人均创造价值的同步增长。

2. 产业创新引领态势明显

广东网络视听企业积极把握5G时代网络视听产业发展新机遇，加快大数据、云计算、物联网、区块链、人工智能、虚拟现实等新技术研发应用，产业整体研发创新能力持续增强。《粤港澳大湾区建设背景下广东网络视听行业发展研究报告》显示，2019年广东主要网络视听企业的研发投入显著加大，平均研发投入强度为6.67%，技术研发人员占比达34%。创新投入产出成果丰硕，主要网络视听企业的专利申报量比2018年增长37.8%，其中发明专利申请量达30%以上。2019年广东网络视听平台20强创新势头迅猛，平均研发强度近10%，5成平台研发人员占比超40%。[①]

3. 产业平台"头雁效应"日益显著

广东已形成广深双核驱动、头部企业带动、大中小微企业协同共生的行业生态。在不同细分领域拥有一批全国性的头部平台，发展优势明显。广东网络视听产业坚持走社会效益与经济效益相统一的发展道路，在细分领域涌现出腾讯视频、虎牙直播、YY直播、网易CC直播、酷狗音乐等一批全国知名的头部平台（详见表5-2）。根据《2019年广东网络视听产业发展"祥云"指数报告》，2019年广东网络视听平台20强经济效益稳健，相关营收规模超750亿元，全球月活跃用户总规模超13.5亿人；创新势头迅猛，平均研发强度近10%，5成平台研发人员占比超40%，"头雁效应"明显。[②]

表5-2 　2019—2020年度广东网络试听平台20强祥云榜单

序号	平台名称	所属单位
1	酷狗音乐	广州酷狗计算机科技有限公司
2	虎牙直播	广州虎牙信息科技有限公司
3	腾讯视频	深圳市腾讯计算机系统有限公司
4	YY直播	广州华多网络科技有限公司
5	广东广电网络	广东省广播电视网络股份有限公司
6	荔枝App	广州荔支网络技术有限公司
7	TT语音	广州趣丸网络科技有限公司

---

① 《粤港澳大湾区建设背景下广东网络视听行业发展研究报告》，2021年1月。

② 《2019年广东网络视听产业发展"祥云"指数报告》，2021年1月。

（续上表）

序号	平台名称	所属单位
8	喜粤TV	广东南方新媒体股份有限公司
9	天威视讯	深圳市天威视讯股份有限公司
10	懒人听书	深圳市懒人在线科技有限公司
11	21CN	世纪龙信息网络有限责任公司
12	珠江数码	广州珠江数码集团股份有限公司
13	全景网	深圳市全景网络有限公司
14	太平洋网络	广东太平洋互联网信息服务有限公司
15	YY一件	广州朱雀信息科技有限公司
16	深圳新闻网	深圳新闻网传媒股份有限公司
17	花生FM	佛山人民广播电台
18	触电新闻	广东触电传媒科技有限公司
19	56视频	广州市千钧网络科技有限公司
20	CUTV	华夏城视网络电视股份有限公司

资料来源：《2019年广东网络视听产业发展"祥云"指数报告》，2021年1月。

（四）"数字文化+"融合新业态新模式涌现

　　粤港澳大湾区积极推动先进制造、人工智能、大数据等新技术与文化产业融合发展，在文化装备、新媒体、动漫游戏、数字影视、创意设计等领域催生了一批新业态新模式。其中，广州励丰依托国内领先的声光电技术，以科技演绎艺术，通过文化与科技融合手段，成为国内知名的公共文化设施、数字文化体验、新兴文化旅游领域解决方案与全产业链集成服务提供商。机器时代公司将AI应用于文创领域，推出多种文创智能设备；来画公司将智能绘画技术运用于视频，是中国首家、全球第二家AI动画短视频创作平台；亿航白鹭公司将无人机技术与文化表演融合起来，在无人机

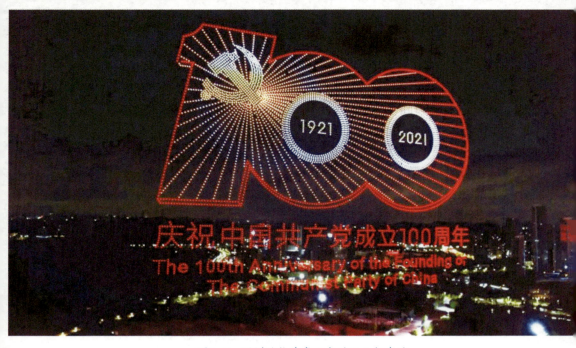

图5-8　深圳献礼建党百年的无人机表演
资料来源：《千架无人机组成灯光秀闪耀深圳湾，献礼建党百年》，深圳卫视深视新闻，2021年3月24日。

灯光秀表演领域广受好评。

三　粤港澳大湾区新兴文化产业发展布局

（一）电子竞技产业布局与发展重点

1. 产业发展布局

（1）广州目前已经构建起较为完善的电竞产业链条

广州的电竞产业链条已经基本构建完成，这也是广州打造粤港澳大湾区游戏研发高地、中国电竞直播之都和世界电竞名城的坚实基础。首先，电竞产业的上游是游戏研发。广州目前拥有网易游戏、三七互娱、多益网络等一批国内知名游戏厂商以及趣丸网络等国内领先的电竞语音工具研发企业，有《第五人格》《梦幻西游》等多款国内知名的自研电竞游戏。近年来，游戏存量市场的竞争越来越激烈，精品游戏研发比重越来越高，广州在游戏研发、运营、直播等产业链上已然具备产业优势，而电竞是打通整个产业链的重要一环，与广州的产业匹配度极高，所以广州在这个领域也有较强的竞争力。其次，电竞产业的中游是电竞赛事举办。目前《第五人格》[①]《梦幻西游》两大本土职业联赛联盟落地广州，国内顶尖电竞战队中，广州TTG王者荣耀战队落户广州，这也使广州成为王者荣耀职业联赛（KPL）第四座电竞主场城市。最后，电竞产业的下游是电竞赛事直播。电竞直播行业是5G、AI、VR、AR、超高清等最新技术率先落地及验证的领域之一。广州拥有虎牙、CC直播等一批电竞直播龙头企业，近年来，主要电竞直播平台坚持在实时内容创作与直播互动技术上持续发力，一直致力于直播与电竞的双向赋能，并在此过程中持续扩充电竞内容生态，提升用户观赛体验。

此外，广州有广州星力动漫游戏产业园、广州大湾区数字娱乐产业园、花都数字文化产业园等电竞产业发展园区（详见专栏5-1）。综上所述，广州电竞产业具有良好的发展基础，具备优秀电竞游戏研发团队、头

图5-9　中国电竞产业链

资料来源：前瞻产业研究院：《中国电子竞技行业市场前景预测与投资战略规划分析报告》，2019年。

---

① 第五人格职业联赛，简称IVL（Identity V League），是中国大陆地区最高级别的第五人格职业比赛，是每年中国大陆赛区通往第五人格深渊的呼唤COA（Call of the Abyss）全球赛的重要通道之一。同时，IVL还是国内首个非对称对抗竞技职业联赛。

部直播平台、各类投资运营和电子竞技专业人才、庞大的消费群体等电竞产业发展的积极因素。

广州电竞产业园

广州星力动漫游戏产业园：坐落于番禺区东环街，已入驻国内外知名动漫游戏企业约160家，是国内最专业的游戏游艺设备集中地。星力动漫游戏产业园作为动漫科技文化创意新地标，充分挖掘动漫游戏产业中的科技、文化创意内涵，至2020年，园区企业申报自主知识产权近5500项。未来10年，星力动漫产业园将在保持原有游戏设备产业基础上，规划发展建立软件研发中心、游戏数据中心、动漫影视制作中心、游戏研发学校、游戏营运学校、电竞中心、玩具设计中心，打造动漫游戏产业新标杆、新名片。

广州大湾区数字娱乐产业园：依托国家粤港澳大湾区的战略布局，快速集聚了一批动漫、游戏、电竞、文化、MCN等产业上下游公司，已成功引进了娱加娱乐集团总部、大画文化（云图动漫学院）、苍龙文化、秀美文化传媒、坤道科技、易腾动漫、独角兽文化等60余家企业，其中文化创意企业占比60%，2020年总产值超过2.2亿元。被认定为"广州市文化创意产业示范园区""广州市级、黄埔区级科技企业孵化器""广州市黄埔区众创空间试点""黄埔区招商引资服务中心"。

广州市花都数字文化产业园：园区规划发展数字文化研发基地、数字文化研究院、沉浸式5G、VR体验中心、VR上下游产业孵化器、数组文化产业孵化器、影视制作基地、电竞馆等。

（2）深圳在电竞研发、高端赛事举办等方面有优势

一是电竞相关企业优势明显，位居全国前列。根据陀螺研究院发布的《深圳市电竞产业调研及分析》，深圳在电竞产业发展上优势明显，截至2020年末，深圳市游戏企业数量超过4000家，上市游戏企业27家（广东省45家），而除去线下开业重复的连锁网咖/电竞馆外，其中与电竞存在直接或间接业务的共706家企业（分布如图5-10）。整体而言，深圳电竞企业以信息化、数字化服务为主，在游戏研发、大众场馆、外设生产等业务上在全国处于头部地位。坐拥电竞产品研发和互联网企业服务优势，在全国范围内都处于电竞行业上游的前列。

二是对高端赛事有一定承接能力。深圳曾有CHINA TOP国家杯电子竞技大赛、WUCL高校电竞联盟挑战赛南部大区赛等大型赛事落地。英雄联盟全球总决赛也在2021年落地深圳，KPL赛事中2020赛季王者荣耀冬季冠军杯在深圳湾体育中心"春茧"举办。虽然深圳头部赛事尚未开赛，但深圳

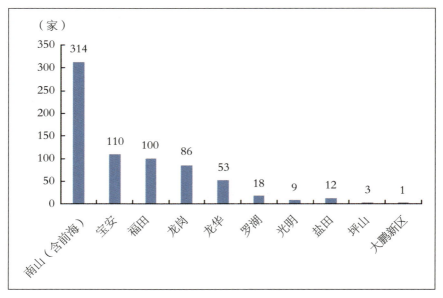

图5-10　2020年深圳电竞企业区域分布
资料来源：陀螺研究院：《深圳市电竞产业调研及分析》，2021年2月。

年轻人群电竞氛围浓厚、商圈、街道、网咖门店多次举办大众赛，深圳赛事支持企业发展环境较为优越。今后LPL作为头部赛事落地，深圳V5场馆正式投入使用，本地企业未来将有更多业务发展机会。

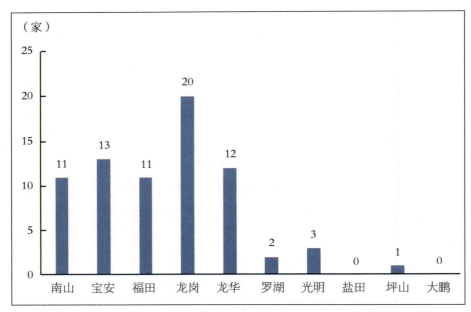

图5-11 2019年深圳网咖、手游馆、电竞酒店企业落地数量
资料来源：陀螺研究院：《深圳市电竞产业调研及分析》，2021年2月。

三是电竞消费潜力巨大。2019年深圳常住人口1343.88万人，其中19—24岁群体占电竞用户39.4%，23—30岁群体占电竞用户26.6%，深圳年轻群体占城市常住人口近半数。①鉴于深圳本地高校较少，在深圳电竞市场中，消费主力是来深工作的年轻群体，这部分人群收入和消费意愿较高校学生有更多潜力，深圳电竞市场变现模式仍有极大挖掘空间。

整体而言，深圳电竞企业以信息化、数字化服务为主，在游戏研发、大众场馆、外设生产等业务上在全国处于头部地位，坐拥电竞产品研发和互联网企业服务优势，在全国范围内都处于电竞行业上游的前列。目前深

———————————

① 陀螺研究院：《深圳市电竞产业调研及分析》，2021年2月。

圳各区电竞企业错位分布，例如南山区以线上服务、内容开发以及研发企业为主；龙岗区则以场馆、线下服务等存在的用户体验属性为主；宝安区在外设生产具有独特优势等。但是，深圳电竞企业目前存在的问题是落位分散，这对于深圳电竞企业之间合作、集中发挥力量有一定阻碍。随着粤港澳大湾区对电竞产业发展的持续支持，深圳将在大湾区电竞产业中成为重要城市。

（3）佛山打造粤港澳大湾区电竞产业集聚区域

佛山在电竞产业发展方面，在大湾区城市里是走在前列的，早在2017年便布局电竞产业。2021年2月，佛山市南海区文化广电旅游体育局发布《关于促进电竞产业发展的实施细则》，提出要引进一批专业性强、认可度高、具有广泛影响力的电竞赛事。佛山丰富的历史文化底蕴和非遗文化，为不少游戏企业提供了很好的创作素材，另外，佛山雄厚的制造业根基，也为游戏IP的衍生品制作提供了基础。在南海桂城，除了佛山GK俱乐部①外，虎牙科技全球研发总部、欢聚集团互联科技总部等电竞相关头部资源也相继落户，还有粤港澳大湾区乃至全亚洲最大最专业的电竞综合体——粤港澳大湾区电竞文创产业中心揭牌亮相。因此，"俱乐部+赛事，内容+直播，产业园+电竞专业场馆"体系的产业链集聚发展态势正在南海逐渐成形。

专栏5-2

粤港澳大湾区电竞文创产业中心

2019年佛山保利梦工场·粤港澳大湾区电竞文创产业中心启幕

---

① GK是一家中国电子竞技俱乐部，俱乐部创始于2016年9月，旗下组建了王者荣耀、绝地求生、枪火游侠以及FIFA Online 3等战队。

仪式在佛山市南海区三山新城正式揭牌亮相。项目占地约8.42万平方米，总建筑面积达约35.5万平方米，总投资超过20亿元，囊括电竞、文创、体育、动漫、泛文娱五大产业主题，拥有超5000平方米的国家A级电竞馆，涵盖创意产业办公空间、特色酒店、潮流商业等多个业态，目标打造佛山乃至整个大湾区潮流、时尚、有趣的泛娱乐青年文化的生活圈。产业中心将充分发挥政府、媒体、金融、智库和各方优势，为粤港澳大湾区研究聚集电竞专家资源，打造电竞权威数据研究和论坛，提供专业的产业咨询服务，为大湾区新文创建设作贡献。粤港澳大湾区电竞文创产业中心将成为引领大湾区电竞赛事、电竞文化、电竞教育、电竞人才等电竞文创产业融合的创新高地。

2. 产业发展重点

实施"电竞+"战略，优化提升电竞全产业链，打造较为完善的电竞产业生态体系：

一是支持"电竞+科技"发展。鼓励电竞企业运用AI、5G通信、VR、AR、MR、裸眼3D等前沿技术，研发制造电竞智能装备、游戏外设等硬件设施，提升电竞赛事传播效果和用户体验。支持深圳市南山区重点建设一批电竞产业重点实验室，加快战略性技术超前布局，鼓励原创电竞内容产品开发。推动广东电竞产业渠道和场景的转型升级，加快开发具有教育、益智功能的新产品，打造云游戏平台与生态。

二是加快完善电竞产业生态体系。从省一级政策加强顶层设计，优化电竞产业发展营商环境，设立产业扶持资金、配套产业发展基金、产业用地规划支持、人才引进补助、创新研发补助奖励、承办各级赛事补贴、产业链企业政策扶持等奖励补助措施。支持重大电竞产业项目落地广州市天河区，鼓励深圳市南山区进行原创电竞内容产品开发和引导企业积极参与电竞赛事，培育或引进1—2个国际顶级电竞赛事。鼓励举办具有国内、国际影响的电子竞技大赛，构建多层次的电竞赛事体系。对标上海市，支持深圳市南山区建成顶级电竞赛事举办地、中国电竞产业总部基地和粤港澳电竞产业中心。

三是鼓励融合创新，完善电竞产业链。着力构建完整的电竞产业体系，涉及原创电竞产品、电竞衍生品到电竞经纪、电竞装备、电竞体育、电竞媒体等上下游产业。实施电竞产业与游戏产业融合联动发展计划，推动广州、深圳建设大型电子竞技场馆，鼓励建设集企业办公、特色展示、文化体验、产品售卖等相关功能于一体的综合体，促进观赛门票、收看直播和购买衍生产品等电竞商业发展。依托佛山粤港澳大湾区电竞文创产业中心等电竞产业园、电竞场馆，重点推进电竞媒体、知识产权、版权交易等产业服务平台建设，增强电竞产业服务保障，打造国际一流电竞产业中心。

（二）网络视听产业布局与发展重点

1. 产业发展布局

（1）广州、深圳的数字音乐、网络直播等已经处于全国领先地位

广州与深圳已形成双核驱动、头部企业带动、大中小微企业共生的行业生态，网络视听产业发展水平不断创下新高。在不同细分领域拥有一批全国性的头部平台，发展优势明显。以腾讯视频为代表的综合视频平台月活跃用户数超4.5亿人，占全国60%以上；YY、虎牙等网络直播头部平台全球月活跃用户数超6.3亿人，其中海外用户占比近80%；以酷狗音乐、荔枝APP为代表的"耳朵经济"发展迅速，网络音乐月活跃用户数突破4亿人，用户规模占全国六成以上，产值规模占全国近八成。①另有超过10万家中腰部企业，只要善加培育引导，将有望催生一批高成长性的瞪羚企业、独角

---

① 《粤港澳大湾区建设背景下广东网络视听行业发展研究报告》，2021年1月。

兽企业，成为广东数字经济发展的亮丽增长点。

《深圳建设中国特色社会主义先行示范区综合改革试点实施方案（2020—2025年）》提出，支持深圳文化产业高质量发展。近年来，深圳依托数字技术发达和文化创意资源汇聚的优势，大力推动文化产业数字化，数字创意产业快速发展。深圳数字创意产业规模和发展水平全国领先，数字信息服务、动漫、网络视听、数字文化装备和消费终端制造等行业实力位居全国前列，初步形成覆盖创作生产、传播运营、消费服务、衍生品制造等较为完整的产业链条。

专栏5-3

广州网络视听产业园

时代TIT广场：是时代商业集团携手广州纺织工贸企业集团，共同对原广德旧仓库进行改造升级的特色智慧综合体，融合创意园办公及主题街区业态，形成以数字信息为核心的创新生态圈。园区聚集超过110家数字信息、游戏开发运营、广告传媒、电商直播等行业企业，并吸引了主营直播的星夏文化、文化创意公司范狮斐奇等企业入驻，文化产业集聚度接近75%。

国际单位时尚科技园：2018年成功获评白云区唯一一个广州市工信委及城市更新局选定的提质增效试点园区。作为华南首家以时尚科技产业为主导的园区，已成功培育孵化多家以快手一哥辛选集团为代表的优秀龙头企业，并引进了650家时尚科技、文化创意、互联网等行业企业入驻。为聚合直播产业，园区吸引多种产品供应链、直播代运营企业、短视频拍摄等数百家直播上下游企业进驻，形成"生产设计—研发—直播营销—渠道—延伸服务"直播全周期产业链条。

　　珠江钢琴创梦园：以数字音乐产业为核心，引入数字音乐科技、乐器和影音设备研发、音乐影视制作、动漫游戏制作、艺术教育培训等大文化行业相关企业，打造文化科技融合创新生态园区，有利于提升粤港澳大湾区的文化产业技术创新能力，促进文化产业的数字化和智能化。未来，珠江钢琴创梦园将打造成为广州市城市文化新地标、国家级文化和科技融合示范基地。

　　（2）佛山建设网络视听文化产业平台

　　近年来，佛山市大力支持网络视听产业的发展，精鹰传媒、墨攻视效、宁洋影业、和象影业等一批代表性企业崭露头角。根据《粤港澳大湾区建设背景下广东网络视听行业发展研究报告》的统计，2019—2021年，佛山企业重点网络影视剧规划备案182部，其中2021年规划备案63部，约占全国1/50。佛山市广电网络视听协会于2020年成立，协会发展会员100多家，由国内广播电视和网络视听行业具有一定影响力的企业、单位和个人组成，业务内容涵盖网络视听内容创作、拍摄、后期制作、投资出品、园区运营、法务咨询等各个环节。此外，网络视听相关产业园区也在建设中，2022年2月15日，位于文华路、南桂路交会处的禅桂坊·数字视听文化产业园项目正式启动，这是佛山首个数字视听文化产业园。

专栏5-4

禅桂坊·数字视听文化产业园

　　禅桂坊：位于禅城祖庙街道和南海桂城街道的中心区域，由佛山文化发展投资管理有限公司、佛山路桥资源开发有限公司、广东珠影文化产业投资有限公司共同打造，广东天伦成长空间运营管理有限公司为运营顾问。禅桂坊的第一个定位就是打造一流的数字视听文化产业园区，吸引数字视听的人才、聚集数字视听的企业、打造数字视听的产业生态。未来园区将参与到中国（佛山）网络视听艺术周、中国（佛山）大湾区功夫电影周等影视产业活动之中，推动形成汇聚影视、短视频、直播、文创、研学、商业等业态的综合消费园区，以"影视+"全产业链的模式，建设数字视听文化产业平台。

（3）珠海打造"短视频+网络营销"平台

珠海依托V12文化创意产业园（简称"V12"），打造"短视频+网络营销"平台。"V12"是由珠海壹拾贰文化创意产业园投资有限公司投资和运营，以"创新、创意、创业"为发展理念，凭借多元化的创新实力，打造成为集创意、艺术、文化于一体的文创产业聚集地，涉及动漫游戏、手办制作、数字影像、影视制作、艺术创作等多个领域。2018年，V12重磅推出V-space影视众创空间，以发展影视创意产业链集群为核心，打造"短视频+网络营销"平台，提供项目与业务对接、投资与孵化基金、影视人才培训实践等服务。

2. 产业发展重点

粤港澳大湾区促进数字文化与社交电商、网络直播、短视频等在线新经济结合，加快直播、短视频产业发展：

一是强化优质网络视听内容供给。建立完善网络视听重点作品种子库、优秀题材库、人才专家库。加快构筑规划一批、储备一批、实施一批的重点选题创作生产格局，引导全省网络视听从业机构创作传播更多传承中华优秀传统文化、蕴含社会主义核心价值观、记录书写讴歌新时代的视听精品，提高网络视听作品的精神高度、文化内涵和艺术价值。

二是鼓励与国内外网络视听知名平台等机构合作。支持有条件的省内广播电视机构通过并购、合资、合作、兴办实体等方式"走出去"，支持国内外知名网络视听平台、短视频创作基地、专业制作中心"走进来"。吸引国内外优质企业集聚，促进粤港澳大湾区网络视听产业集群发展。

三是布局创建一批网络视听产业创新园区。建立全省网络视听产业基地（园区）联盟，中国（广东）网络视听产业基地。支持广东分批布局创建短视频、直播产业园区，推动广州、深圳建设一批高水平直播、短视频基地，打造版权交易平台和全国领先的版权运营中心。支持各大短视频平台加速用户精细化运营，实现从娱乐性到功能性的垂直拓展，积极推动虎牙、YY、网易CC直播、酷狗直播等广东直播、短视频平台企业发展壮大，建设全国领先的直播短视频产业集聚区。

四是推动广东视听行业数字营销模式和变现模式创新发展。聚焦电商、扶贫、应急、健康、教育、生活等领域，依靠技术创新推动产品创新、模式创新和业态创新。将短视频品牌融入内容之中，并在"扶贫带货""城市品牌推介"的同时，实现广东特色地域化营销。充分发挥短视频电商在流量获取、社交传播等方面的优势，鼓励广东网络视听电商更多侧重产品体验和场景，激发更多理性消费者的购物意愿，推动电商直播收入变现模式日趋成熟，形成网络视听行业的商业闭环，完善网络视听行业生态体系。

（三）数字文化装备制造产业布局与发展重点

1. 产业发展布局

（1）广州超高清视频产业全产业链发展

2017年以来，广州市依托千亿级新型显示产业发展优势积极发展超高清视频全产业链，已实现从显示面板、前端拍摄、内容制作、内容播出到终端产品、行业应用的超高清全产业链加速发展升级，形成了全国领先、独具特色的"广州方案"。全国首个城市免费超高清电视频道在广州开播，全国首个超高清视频创新产业园区在广州授牌，超高清视频产业已成为广州高质量发展新名片，广州已成为国家超高清视频产业发展试验区核心区。2020年，中国（广州）超高清视频创新产业示范园区正式揭牌，2022年3月，被授予"2021年度全国版权示范园区（基地）"称号，示范区主要包括花果山超高清视频产业特色小镇和广州国际媒体港（简称"一山一港"）。近年来，广州持续集聚龙头企业、核心人才、公共技术平台、各类资金等要素资源，构建全球5G+4K/8K展示应用与贸易中心、海外5G+4K/8K成果国内转化服务平台、粤港澳大湾区5G+4K/8K数字内容创新制作基地、广州5G+4K/8K一站式服务中心，聚拢超高清内容产业集群效应。预计到2022年，超高清视频及数字内容产业规模将超4000亿元。①根据《广州超高清视频创新产业示范园区中长期发展规划（2020—2025年）》，广州加快推进大湾区（花都湖）5G高新视频数字创意产业基地等载体建设，培育发展特色鲜明、聚集效应明显、产业链条完备的"一山一港一湖"超高清视频产业园区发展格局。

专栏5-5

花果山超高清视频产业特色小镇

花果山超高清视频产业特色小镇是广东省创建的国家超高清视频产业发展试验区的重要组成部分。小镇致力打造4K/8K+5G+AI产学研用一体化智媒体聚合平台，力争成为全国超高清视频产业应用重要

---

① 广州市文化广电旅游局：《广州市加快发展国家超高清视频创新产业示范园区工作方案》。

图5-12　花果山超高清视频产业特色小镇
资料来源：《超高清，最前沿！千亿级花果山正在崛起！》，南方+，2020年11月2日。

基地。2019年，小镇挂牌广州全球超高清演示展示中心。2020年，全国城市台第一个智能超高清演播厅改造完成并投入使用，4K/8K+5G超高清展示体验中心正式开放。目前，小镇已逐步形成超高清全产业链生态落户园区，包括：成立4K超高清电视技术研究中心、广州超高清（4K/8K）产业应用研发中心，投资改造建设2个4K超高清演播厅，播出全国第一个城市台4K超高清频道，并通过设立超高清视频产业专项基金，扶持入驻企业发展。未来，将全力创建"花果山超高清视频产业特色小镇"文旅融合发展3A级旅游景区，力争2022年示范园区产值规模超过1000亿元，将花果山超高清视频产业特色小镇打造成"超高清视频应用展示基地"，将广州国际媒体港打造成为"超高清视频内容生产基地"。

此外，粤港澳大湾区还有深圳市超高清视频产业园区，以及广州、惠州、中山等多个省级超高清视频产业园区。广州、佛山、惠州签订《广佛惠共同培育国家超高清视频和智能家电产业集群战略合作协议》，共同编制集群实施方案。

（2）深圳数字文化装备制造产业基础雄厚

深圳是全球数字经济产业重镇，电子信息制造业和软件行业基础雄厚，产业规模不断扩大、企业竞争力持续增强。深圳已经初步形成了由创客团队、小微企业、上市企业构成的可穿戴设备发展梯队力量，如本土培育的华为、中兴通讯、腾讯等一批具有核心竞争力的数字文化装备制造生态主导型企业。其中，小微型企业在可穿戴设备企业中的占比接近80%。此

图5-13　深圳南山区无人机灯光秀
资料来源：《深圳湾畔上演无人机灯光秀》，城市联合网络台，2020年8月7日。

外，深圳在VR体验设备制造、无人机、人工智能产业领域具备发展优势。深圳精敏是国内VR体验设备制造领域第一家国家高新技术企业，是VR线下主题乐园系统解决方案的核心供应商。无人机产业是深圳20个战略性新兴产业中智能机器人产业集群的重要部分，深圳南山无人机产业体系链完备。南山拥有无人机产业链企业超150家，龙头企业带动力强，零部件企业资源丰富，且技术实力雄厚，形成了以龙头整机企业为引领、零部件企业为配套支撑的无人机产业链的雁阵效应。

此外，粤港澳大湾区智能手机产业链综合配套完善，形成以广州、深圳为核心发展前端设计、解决方案和应用软件，以东莞、惠州为主发展整机制造，带动周边中山、佛山等地相关配套的产业格局。

2. 产业发展重点

粤港澳大湾区提升发展数字文化装备制造业，创建产业引领示范区：

一是加强核心技术研发应用。大力支持5G、超高清、增强现实AR、VR、AI等新技术的应用，支持研发新型显示、超高速超高清摄像、激光放映等文化领域的核心技术、关键元器件，推广利用AI技术对直播中精彩画面进行剪辑。加强广东数字文化装备制造业标准、内容和技术装备的协同创新，大力发展新型影院系统、数字多媒体娱乐设备、智能家庭娱乐、流动演出系统等。

二是高标准建设文化科技融合示范基地。高标准建设广州、深圳国家文化和科技融合示范基地，推动成为国内外知名的文化科技研发创新中心。积极创建一批国家文化和科技融合示范基地，遴选一批省文化和科技融合示范基地。构建完善的研发设计、生产制造和销售产业链，推动文化装备制造智能化、高端化发展，提升广东数字文化产业装备制造业发展水平。

三是做强做优4K/8K产业。提升广州4K/8K产业发展，创建全国4K/8K产业引领示范区。依托新媒体4K/8K云服务平台、4K/8K节目制作创意基地等，打造广州、深圳、惠州4K/8K产业集群。

四是建设数字技术装备制造基地。文化与科技的融合将重点面向场景创新、民生应用，推动现有文化内容向沉浸式内容移植转化，重点面向VR游戏、在线逛展、沉浸展览、特效电影、智慧旅游、在线教育、直播带货等场景创新和民生应用领域，丰富虚拟体验内容。加强工业互联网、物联网、车联网在深圳智能文化装备生产各环节的应用，提升沉浸式设施、无人智能游览、可穿戴设备、智能终端、无人机等智能装备技术水平，建设深圳数字技术装备制造基地。

（四）沉浸式文化新业态布局与发展重点

1. 产业发展布局

沉浸式产业对于文化内容IP而言，是拓宽内容分发及文化消费应用的新场景和新途径；对文旅项目而言，是创新文旅消费产品、助力文旅产业迭代升级的新业态；对国有闲置文化资产而言，是盘活闲置国有资产的新手段；对A级景区、古村古镇而言，是充分发掘地方特色文化资源，创新文化传播方式，提供产业内容导入的新模式，具有重要意义。广深的剧本创作、剧本发行、数字技术、体验剧场等相关行业企业成立的"沉浸式体验产业联合体"，将共同培育"沉浸式"产业孵化基地、文旅服务基地，提供从IP开发、创意与空间设计、软硬件系统集成、投融资与运营管理的沉浸式产业全链条服务。如广东省声像灯光科技促进会文旅展演专委会重磅推出"星火·新生沉浸式体验展"，广州天环Parc Central于2022年1月1日至2月28日举办的"型聚潮乐，喜粤新春"主题展，深圳"大田秘境·缘本大田沉浸式体验剧场"等全面朝着沉浸式潮流文化体验的方向发展。创意与科技已经成为助力大粤港澳大湾区数字文旅新业态发展的重要推手，沉浸式和虚拟技术在很多方面影响着文旅消费方式，大湾区文化创意产业园区众多，不仅有制造研发的能力与底层技术，还有创新的内容与IP以及众多消费群体，未来将引领文旅新业态消费的潮流。

图5-14　星火·新生沉浸式体验展

资料来源：《〈星火·新生〉沉浸式体验展——更好看！更好玩！更奇特！》，东方网，2022年2月22日。

专栏5-6

深圳文化创意产业园区

国家级：华侨城创意文化园。

省级：中国（深圳）新媒体广告产业园、UTCP大学城创意园集聚区、深圳文化创意园、深圳国家动漫画产业基地、2013文化创客园、DCC展览展示文化创意园、蛇口滨海文化创意产业带。

市级：F518创意园、珠光文化科技产业服务基地、天健创智中心、INPARK文化创意产业园、盐田国际创意港、雪仙丽文化创意产业园、坂田创意文化产业园、吉虹创意设计产业园、深装总创意设计园、T-PARK深港影视创意园、深圳市楼尚文化创意产业园、深圳动漫园、南山互联网创新创意服务基地、深圳（南山）互联网产业基地、高北十六创意园、深圳市定军山数字电影文化科技创意园、182创意设计产业园、万科星火ONLINE、天安云谷数字创意产业园、1980油松漫城产业园。

2. 产业发展重点

粤港澳大湾区要引导和支持VR、AR、5G+4K/8K超高清、无人机等技术的应用，发展全息互动投影、无人机表演、夜间光影秀等产品，推动粤港澳大湾区文化内容向沉浸式内容移植转化，丰富虚拟体验内容。支持粤港澳大湾区文化文物单位、景区景点、主题公园、园区街区等运用文化资源开发沉浸式体验项目，开展数字展馆、虚拟景区等服务。推动粤港澳大湾区沉浸式业态与城市公共空间、特色小镇等相结合，开发沉浸式旅游演艺、沉浸式娱乐体验产品，提升旅游演艺、线下娱乐的数字化水平。发展数字艺术展示产业，推动数字艺术在重点领域和场景的应用创新，更好传承中华美学精神。积极推广广东不插电娱乐场景建设，以沉浸感和社交属性带动线下娱乐新发展，满足消费者的社交和娱乐需求。支持粤港澳大湾区沉浸式实景演绎项目发展，推动沉浸式业态商业模式升级，形成引领全国新优势。

（五）"数字文化+"融合产业布局与发展重点

1. 产业发展布局

（1）广州推动"数字文化+"新业态全产业链发展

数字文化产业已然成为广州推动文化产业高质量发展、打造文化强市的前沿阵地。2004年广州诞生了中国第一个网络音乐PC客户端——酷狗音乐，酷狗音乐持续领跑全国数字音乐赛道，并在音乐直播、原创音乐人扶持、智能音乐硬件和音乐文创等方面进行全面的探索和布局，形成音乐产业发展的飞轮效应。根据《广州文化产业发展报告（2020）》，当前以酷狗为代表的数字音乐已成为国内龙头。近年来，广州出台了从顶层设计到具体扶持措施的一系列政策，引导数字文化产业集群式发展。同时，从软件开发到硬件设计制造，再到消费场景建设，各种专门化的平台建设渐趋成熟完备，集合了赛事运营、体验场馆、培训中心、直播平台等数字互动产业链的不同环节。

专栏5-7

广州"数字文化+"产业园

中国数字E-park：园区以"打造黄埔区特色文化创意基地"以及"京广文化新干线"为主题，为文化企业提供最富有产业气息的数字文化产业聚集地。2020年11月，中国数字E-park正式开园，引进了包括数字文旅、影视动漫、电影科技、工艺品制作、建筑设计、文化艺术培训、文化交易平台等"数字+文化"产业项目。立足于扶持数字文化产业，多方面进行数字文创产业引进与合作，力争推动黄埔区"数字+文化"应用创新发展，打造成为粤港澳大湾区的标杆文化产业园。

羊城创意产业园：园区根据中央发展新型文化产业的精神和广东省、广州市产业规划，以文化为核心，以科技为重点，积极推进"文化、科技"创新融合发展。园区产值从2010年7亿元增长至2020年超过200亿元，累计培育9家上市公司。创意园发展全媒体、互联网音乐、互联网直播、游戏动漫、互联网教育、互联网旅游、电子商务、"人工智能+"等新兴产业链条，形成以新型文化产业为目标，以媒体融合为核心，以"互联网音乐"为特色，以"互联网+N"为依托，以"创投+孵化"为平台的多功能文化产业园区。

（2）深圳"数字文化+"产业呈现强势引领态势

数字文化产业逐渐成为引领深圳文化产业快速发展的新兴力量，有效推动深圳文化产业繁荣发展，走出了一条具有时代特征、中国特色、深圳特点的数字赋能文化产业高质量发展之路，为健全现代文化产业体系提供了深圳样本。在文化产业的数字化发展战略方面，深圳一方面对传统文化产业实施数字化转型，另一方面，着力推动形成以数字技术和互联网为依托的新型文化业态，包括网络游戏、网络直播、网络音乐、网络自制剧、网络综艺、短视频等。深圳还打造了深澳国际文化科技园，成为深澳在数字文化产业领域合作的标杆项目。深圳还有华为、腾讯、科大讯飞等一批具有较强竞争力的数字文化企业，引导传统文化企业加快数字化转型，实现内容、模式和业态创新。

（3）佛山注重"数字文化+"新业态的孵化

佛山依托佛山传媒K-PARK文化创意产业园等平台，围绕"载体+孵化、文化+孵化、科技+孵化、金融+孵化"四大板块开展业务，充分释放文化、数字科技与金融产业的集聚效应。

2. 产业发展重点

粤港澳大湾区培育云服务业态，打造全国文化新业态策源地。

一是积极推动数字文化新基建。加快建设文化数据中心和云平台，完善文化产业"云、网、端"基础设施建设。深入推进"互联网+"，促进文化产业上线上云，培育文化领域垂直电商供应链平台，形成数字经济新实体。推动5G+4K/8K超高清在粤港澳大湾区演艺产业中的应用，建设在线剧院、数字剧场，引领全球演艺产业发展变革方向。支持广东展品数字化采集、图像呈现、信息共享、按需传播、智慧服务等云展览共性、关键技术研究与应用。

二是培育具有引领示范效应的数字平台。支持打造数字精品内容创作和新兴数字文化资源传播平台，建设数字文化孵化平台，探索流量转化、体验付费、服务运营等新模式，鼓励发展有声产品、地理信息等服务新方式，建立基于知识传播、经验分享的创新平台。支持广东文化文物单位与融媒体平台、数字文化企业合作，运用5G、VR/AR、人工智能、多媒体等数字技术开发馆藏资源，发展"互联网+展陈"新模式，开展虚拟讲解、艺术普及和交互体验等数字化服务。

三是构建文化数字化生产、流通、消费体系。完善新兴文化产业领域人工智能应用所需基础数据、计算能力和模型算法，开展基于用户收视行为深度分析的内容生产，借助去中心化的媒介力量向消费者传递内容，实现精准投放。结合5G互动直播、VR/AR技术应用，研发兼具观赏性、艺术性、互动性的在线演艺产品。推进广东文化会展行业数字化转型，引导支持举办线上文化会展，实现云展览、云对接、云洽谈、云签约，探索线上线下同步互动、有机融合的办展新模式。

表5-3　粤港澳大湾区新兴文化产业总体空间布局

产业	地区										
	广州	深圳	东莞	佛山	珠海	惠州	中山	江门	肇庆	香港	澳门
电竞	★★★	★★★	★	★★	★					★	★
网络视听	★★★	★★★	★	★★	★		★			★★	★
超高清显示文化装备	★★★	★★★	★★	★★	★	★★★	★	★			
智能可穿戴设备	★★★	★★★	★★	★★	★	★	★	★			
沉浸式文化新业态	★★★	★★★	★	★	★					★	★
云服务新业态	★★★	★★★	★		★		★			★★	
"数字文化+"融合产业	★★★	★★★	★	★★	★★		★			★★	★★

说明：产业布局的重要程度用★的数量表示，★★★表示核心城市，★★表示重点城市，★表示一般城市；未标星的城市可以结合自身实际谋划发展。

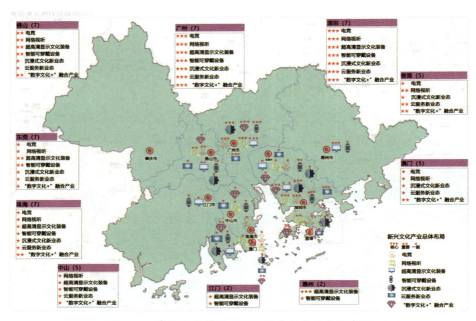

图5-15　粤港澳大湾区新兴文化产业总体空间布局

资料来源：课题组制，底图边界根据自然资源部标准地图绘制，审图号：GS（2019）4342号。

四　粤港澳大湾区新兴文化产业发展方向与合作路径

（一）粤港澳大湾区新兴文化产业的发展环境与支撑

粤港澳大湾区"9+2"城市之间的优势各有不同，所拥有的文化资源具有明显的互补性，正在形成一个共享的市场共同体和价值共同体。通过科技赋能进一步整合大湾区的人文资源，赋能文化生产模式，激发新兴文化产业发展的创意动力和消费活力。

1. 坚实的新兴文化产业基础

一方面，粤港澳大湾区是文化产品生产制造的重要基地，广东是文化经济大省，集聚了印刷、设计、文旅以及文化设备生产制造等产业集群。另一方面，粤港澳大湾区文化产业门类较为齐全，涵盖了互联网与数字产业、文化装备制造、创意设计、会展及节庆活动、体育产业、时尚产业、文化旅游等文化产业门类。依托广东制造业强省和完备的工业链条，以及香港、澳门的金融、创意等现代服务业，为粤港澳大湾区发展新兴文化产业打下坚实的产业基础。

2. 大湾区领先的科技创新水平

技术创新是新兴文化产业发展的直接推动力。让科技赋能文化发展，依托人工智能、大数据等高新科技，刺激和带动粤港澳大湾区文化产业新兴业态发展，促进创意与科技的融合创新，发挥文化与科技融合的新竞争优势。人工智能强大的数据运算处理能力、丰富的内容展现能力和个性化的创新能力，为整个文化产业注入智能化创新的发展动力，成为未来粤港澳大湾区文化产业发展的突破口与引爆点。粤港澳新一代信息技术走在世界前列，为大湾区的新兴发展提供技术支撑。立足粤港澳大湾区打造国际科创中心，全面深入推动文化产业"创新驱动、融合发展"，为大湾区发展沉浸式、互动式、个性定制化的文化科技融合新产品及高文化内涵的文化制造等新业态、新体验打下基础。

3. 新兴文化消费市场潜力巨大

市场需求是新兴文化产业发展的直接拉动力。现代文化市场体系下的文化生产不是规模化、批量化的生产，因为这种生产模式无法满足个性化的消费需求。"个性化……是客体消费选择中的一项重要衡量指标"。追求时尚和潮流、保持独特的风格使得他们着力体现与众不同的消费行为。粤港澳大湾区拥有巨大的"95后""00后"个性化消费群体，可以激发新兴文化消费的市场潜力，为新兴文化产业发展拓展空间。此外，2019年，香港大数据交易所全球超级节点招募计划初步完成，极大拓宽了粤港澳大湾区与世界各地的互联互通，能最大可能地利用世界数据资源，并通过创新技术、产品、服务和模式以满足新的消费需求。大湾区新兴文化消费需求旺盛为新兴文化产业拓展了发展空间。

4. 优良的新兴文化产业发展政策环境

广东省政府高度重视并大力扶持文化产业特别是新兴文化产业发展，

出台了《广东省推进"粤港澳大湾区文化圈"建设三年行动计划（2019—2021年）》《广东省文化发展改革"十四五"规划》《广东省人民政府关于推动文化产业高质量发展的意见》《广东省促进文化和科技深度融合实施方案（2021—2025年）》等，为粤港澳大湾区文化科技融合全面发展提供政策支撑体系，为粤港澳大湾区新兴文化产业发展提供了可期待、可执行的政策基础。粤港澳大湾区不断优化的文化科技融合的制度环境，不断改进的复合型人才引进政策，均有利于新兴文化产业的发展。

（二）粤港澳大湾区新兴文化产业发展方向

粤港澳大湾区新兴文化产业基础良好，是"文化+科技"发展活力最强劲的地区之一，需要充分发挥自身横琴、前海、南沙三个合作区，"双区"建设以及广东三大自贸片区的叠加优势，创新文化科技政策，通过数字科技赋能文化内涵，加强粤港澳三地文化创新载体合作，实现新兴文化产业融合创新发展，打造具有世界竞争力的新兴文化产业集群，以"文化+科技"向全球展示粤港澳大湾区的文化自信和科技之光、时尚之光。

1. 人工智能+文化

人工智能是引领这一轮科技革命和产业变革的战略性技术，具有溢出带动性很强的"头雁"效应。推动"人工智能+文化产业"融合创新发展，必然成为粤港澳大湾区新兴文化产业高质量发展的大趋势。广州和深圳是国家人工智能创新应用先导区，两市入选科技部批复建设的国家新一代人工智能创新发展试验区。按照规划要求，两市要创新一批切实有效的政策工具，形成一批人工智能与经济社会发展深度融合的典型模式，积累一批可复制、可推广的经验做法，打造一批具有重大引领带动作用的人工智能创新高地。香港在推进国家人工智能战略中具有独特作用，其主要高校人工智能研发技术发展享誉国际。香港AI科研人员注重产学研结合和成果转化，例如大疆与商汤集团等著名人工智能企业的创新源头在香港。由阿里巴巴集团、商汤集团及香港科技园公司于2018年成立运营的香港人工智能

图5-16　广州人工智能与数字经济试验区示意图
资料来源：广东省发展和改革委员会。

实验室（HKAILab），是人工智能科技与产业发展的重大平台。粤港澳大湾区的华为、腾讯、大疆等在人工智能领域处于全球领先地位，其数据服务进入深度定制化阶段；优必选、寒武纪等人工智能领先企业，在人脸识别、表情捕捉、语音智能、视觉搜索等细分领域丰富了文化产品的智能化体验。在粤港澳大湾区产业智能化进程中，未来文化装备制造、文化消费场景等的参与程度将更加深入，文化产业各领域发展重心将从"人工智能+"向"+人工智能"转变。

2. 电子竞技

电子竞技作为青年人喜爱的运动项目和生活方式，具备较强的人文属性，与粉丝经济、文化旅游、线下消费等产业关联度高。粤港澳大湾区的电竞产业基础雄厚，集聚了腾讯、网易、虎牙等一批极具创新活力的电

图5-17　第七届HMA虎牙手游电竞大赛——金铲铲之战
资料来源：虎牙官网。

竞企业。各地政府围绕推动电竞产业集聚创新发展，在游戏研发与授权、落地电竞赛事、电竞装备、电竞IP衍生品、打造电竞产业园区以及完善电竞教育等领域竞相出台更加精准的产业扶持政策，为电竞产业链的完善与壮大提供了全链条式支撑。粤港澳大湾区电竞教育和专业人才培养加快推进。比如，广东创新科技职院、广州市白云工商技师学院、中山大学新华学院、广东外语外贸大学继续教育学院等院校已纷纷开设与电竞相关的专业，广州体育学院也成为华南地区首个开设电竞本科专业的公办本科高校。得益于庞大的年轻消费群体，伴随品牌化、专业化的电竞赛事体系日趋成熟，以及周边电竞特色街区、文创园区、旅游景区和主题会展的协同联动发展，具有大湾区特色的"电竞+文旅"产业将维持强劲的增长前景。

3. 网络视听

近些年用户付费、节目版权等网络视听节目服务以及短视频、电商直播等其他网络视听产业快速增长，在2021年进入调整转型期后，网络视听产业在阵痛中寻找着发展新机，展现出较强的发展韧性。粤港澳大湾区

图5-18　腾讯音乐娱乐集团三大音乐流媒体
资料来源：腾讯音乐娱乐集团官网。

网络视听产业基础扎实，产业集群效应显现，腾讯视频等头部平台的视听产品占据了相当市场份额；广州直播电商产业基因发达，具有YY直播、虎牙等头部直播平台，已经基本形成相对成熟、完善的直播生态体系。但粤港澳大湾区网络视听产业高质量发展还面临政策扶持力度不足、产业协同发展水平有待提升、高端人才缺乏等问题。展望未来，在智能视听技术加持下，网络视听赋能其他产业的催化和增值功能将不断凸显，增量空间广阔。粤港澳大湾区网络视听产业在政、产、学、研、用的协同助力下，将从资本和流量驱动转向政策和品质驱动，并向以新型网络视听为基座的"大视听+"生态体系发展。

4. 沉浸式新业态

沉浸式体验是当今文化与科技融合发展形成的创新活力强劲的新型业态，已成为集硬件设备、软件内容等于一体的包裹型、多感官、即时型、可控型的体验系统。沉浸式体验以大量的技术集成、快速的内容更新、广阔的市场应用，成为文化与科技融合创新的强大引擎和前沿领域，衍生出沉浸式演艺、沉浸式展览、沉浸式娱乐、沉浸式影视、沉浸式遗产保护等多种新形态。具体到技术领域，虚拟现实（VR）技术所提供的沉浸式体验已经逐步走进了大众视野。今后VR技术将朝着更全面的感知系统、更强大的计算及传输能力、更强烈的沉浸式体验效果、更便捷精巧的穿戴设备等方向发展，也必将更广泛地应用于文化产业各细分领域。增强现实（AR）技术也已应用于教育、游戏、出版、影视制作、遗产保护等诸多文化领域。伴随静态全息投影方式技术不断攻克，极有可能产生更高水平的演艺形式，从听觉、视觉等方面给观众带来前所未有的全新体验。总之，伴随XR（AR/VR/MR）技术逐渐成熟，5G、大数据、云计算等新型基础设施

暮光之城：午夜追逐

图5-19 珠海横琴狮门娱乐天地沉浸式体验暮光之城：午夜追逐
资料来源：狮门娱乐天地官网。

逐步完善，市场参与者越来越多，沉浸式体验行业迎来技术持续迭代更新并驱动硬件设备市场渗透率不断提升的高增长期，并赋能文化产业和消费新的灵魂。粤港澳大湾区拥有立讯精密、全志科技等在VR/AR/XR硬件和整机制造方面能力较强的公司，能够实现高价值产品国产替代的公司（如面板领域的TCL科技等），以及智能手机巨头OPPO布局轻量级AR产品等，可以预期，伴随消费者和企业对深度沉浸式体验的需求增加，粤港澳大湾区沉浸式体验的应用将迎来巨大的发展红利。

5. 智能可穿戴文化设备

智能可穿戴设备作为高技术集成度的智能硬件，其产品性能高度依赖其背后的核心技术，主要包括芯片技术、传感器、操作系统、通信技术、电池技术、交互技术六个方面。智能可穿戴设备供给主要由苹果、小米、华为、三星、FITBIT、谷歌、亚马逊、华米等主要商家控制。全球智能可穿戴设备需求将保持强劲增长态势，有机构预测，全球智能可穿戴设备预

图5-20　华为智能手表
资料来源：华为官网。

计到2025年出货量为13.58亿台。在5G、人工智能、工业互联网、大数据中心等新基建全面铺开、文化产品消费市场规模不断提高、下游应用持续深化的综合影响下，加之国家明确提出推进智能可穿戴设备、虚拟/增强现实和消费类无人机等产品的研发及产业化，可以预期我国智能可穿戴设备产业发展前景非常广阔。粤港澳大湾区的可穿戴设备产业（尤其是民用无人机）是全国最具竞争力的产业之一，加之庞大的潜在市场需求，未来智能可穿戴设备有广阔的增长空间。

6. 超高清显示文化装备

超高清显示产业正迎来从国家到地方的政策红利期。根据《广东省制造业高质量发展"十四五"规划》，广东超高清视频显示产业将推动超高清电视、平板、手机、VR/AR、健康监测设备、可穿戴设备等超高清终端向规模化、产业化、高端化发展，加快建设超高清视频产业发展试验区，并提出到2025年，粤港澳大湾区超高清视频显示上下游产业营业收入超过1万亿元，打造具有全球竞争力的超高清视频显示产业集群。粤港澳大湾区4K/8K超高清视频产业建设走在全国前列，涵盖灯光、音响、LED屏等全产业链的演艺设备产销量居世界第一。在密集的扶持性产业政策刺激下，粤港澳大湾区超高清视频显示产业未来将从通信终端及智能终端设备制造领

图5-21 深圳洲明科技生产的北京冬奥会开幕式LED地砖显示屏
资料来源：新华社。

域、核心元器件领域以及超高清视频内容、传输服务三个方向协同发力，广州打造世界显示之都、国内一流和全球知名的超高清视频产业制作应用示范基地，深圳打造具有全球影响力的超高清视频技术创新策源地。粤港澳大湾区将输出更多高品质4K/8K视频节目，演艺设备企业向数字内容产业延伸，向灯光演艺、声光电一体化等转型升级。

7. 元宇宙

作为数字经济未来增长点的元宇宙可能是下一代互联网的形态，类比移动互联网对PC互联网的升级。2021年被称为"元宇宙元年"，各地竞相前瞻布局。北京、上海、广州、江苏、浙江、山东、福建等多地的政府工作报告和产业规划中已出现元宇宙的身影，都在抢占元宇宙产业赛道发展先机。2022年4月粤港澳大湾区首个元宇宙专项扶持政策——《广州市黄埔区、广州开发区促进元宇宙创新发展办法》发布，主要扶持范围涵盖技术创新、应用示范、知识产权保护、人才引流、交流合作、基金支持等十个方面，重点培育工业元宇宙、数字虚拟人、数字艺术品交易等体现元宇宙

图5-22　网易星球数字藏品馆
资料来源：网易星球。

发展趋势的领域。长期来看，元宇宙具有实时与真实的沉浸式体验和社交属性，将远超游戏的范畴，元宇宙可容纳各类影视、体育、演艺、服装乃至旅游景点等IP，带来无限的故事性和玩法丰富度。但是，元宇宙需要时间、企业的探索、技术的投入、内容方的供给等多维度的共振。在元宇宙赛道，具备元宇宙基因的企业，从硬件、内容、平台（社交）、数字资产（NFT）等维度分析，腾讯、网易等互联网头部企业可能会暂时占得技术和市场先机，它们正跃跃欲试，其他内容型公司、新型UGC（用户生产内容）创作平台也加速入局。

（三）粤港澳大湾区"9+2"城市合作机制与路径

粤港澳大湾区具有发展新兴文化产业的产业基础、技术创新体系、市场需求和营商环境，通过前瞻性的驱动政策和创新性的合作机制与模式，以加快粤港澳大湾区文化与科技创新要素协同、产业组织协同、合作平台协同，以及文化科技人才协同为核心，推进粤港澳三地"文化+科技"的深度合作，优化创新生态，积聚创新资源，打造具有国际影响力的文化科技高地和新兴文化产业集聚地。

1. 实施数字化战略，发挥平台优势，打造具有全球竞争力的新兴文化产业集群

一是实施文化产业数字化战略，打造数字文化产业新高地。加快文化制造数字化、智能化转型，推动文化产业链价值链向高端延伸。大力发展智能化数字化采集、影视虚拟制作及预演、新型影院系统、数字多媒体娱乐设备、智能家庭娱乐、可穿戴设备和新型显示产业等。推动文化产业"上云用数赋智"，加快发展以移动泛在、智能交互、沉浸体验、高清视频呈现为特征的新型文化业态。运用数字技术巩固数字创意、数字出版、网络视听、数字娱乐、动漫游戏、线上演播等领先优势，创新发展电竞、直播和短视频等，加快发展基于5G、4K/8K、VR/AR/MR、物联网、人工智能、区块链、大数据等新技术的新业态，抢占发展制高点，打造全国文化新业态策源地。创新发展电竞、直播等新兴文化产业，鼓励"大电竞"优质原创内容开发，构建完备的生态体系，打造国际电竞产业中心。拓展广州"直播电商之都"优势，带动珠三角建设全国优质直播、短视频产业集聚发展；建强广州、深圳、惠州等超高清视频产业集群，加强超高清内容生产，利用5G技术，布局发展云直播、云音乐、云演艺、云游戏、云旅游、云会展。

二是发挥国家重大战略和区域合作平台优势，推动文化产业创新载体合作持续深化。把握前海、横琴、南沙三个合作区、三大自贸片区的试验示范作用和体制机制优势，探索粤港澳三地文化产业合作机制创新。发挥粤港澳大湾区文化与科技高端要素集聚优势，搭建数字技术研发、工业设计、知识产权等公共服务平台，聚焦数字文化科技、文化新业态、文旅会展商贸等文化服务业等领域，建设国际文化总部企业，吸引国际国内重大文化项目落地大湾区。强化粤港澳三地文化市场主体在人工智能、电竞、网络视听、沉浸式体验等新业态的产业合作和资源对接，构建电竞联盟、网络视听联盟、沉浸式新业态联盟、元宇宙联盟、可穿戴设备联盟等系列新兴文化产业协作联盟，协同推进大湾区新兴文化产业加快发展。

2. 加强政产学研的深度交流与合作，构建高效协同的文化科技融合创新体系

在政府层面，在粤港澳大湾区建设领导小组框架下，建立大湾区文化建设联席会议制度，推动健全粤港澳新型文化产业协同创新推进机制。发挥粤港澳文化合作会议的积极作用，在规则对接、资源整合、品牌共塑、政策协同上发挥粤港澳三地政府的引导功能，推动更多粤港澳三地文化交流合作措施和项目落地落实，尽早制定《粤港澳大湾区新兴文化产业发展规划》。在《内地与港澳关于建立更紧密经贸关系的安排》（CEPA）框架下，建立畅通以文化贸易为核心的沟通机制，推动大湾区文化市场主体交流与合作。健全广州、深圳文化发展联动机制，在互联网、电竞、网络视听、沉浸式体验、元宇宙等领域赋予更多省级管理权限，支持广州建立广东省新形态网络游戏协审中心，创建国家级文化金融合作示范区。

在产业/企业层面，依托国家自主创新示范区、国家文化和科技融合示范基地、国家文化产业示范基地等，以总部文化企业、文化产业园区为核心，推进湾区新兴文化产业相关主体跨区域融合发展，完善新兴文化产业链。大力挖掘培育骨干文化科技企业，打造3—5家世界级航母型文化科技企业，在数字创意、互联网文化、文化装备制造及数字文化平台等领域打造一批领军企业，优化粤港澳中小文化企业发展环境，形成总部企业、领军企业、中小企业协同发展的雁阵型梯队。支持华为、中兴、腾讯等重点科技企业和工业企业搭建国际一流的文化科技平台。大力发展文化高新技术企业，培育文化领域"独角兽"企业，鼓励发展国家级和省级文化创意类"专精特新"企业。合力建设文化领域重点实验室、技术创新中心和文化科技公共技术平台，突破一批文化共性关键技术，发展高端文化装备技术，健全新型文化产业及业态的技术标准和服务标准。

在社会组织层面，鼓励粤港澳三地多元社会主体组建新兴文化产业协同创新社会组织，完善大湾区民间文化交流和沟通机制，扩大大湾区新兴文化产业协同创新中的公众参与度。依托广东省重点培育智库，组建粤港澳新兴文化产业协同创新智库联盟，为政府政策和企业决策提供理论依据。举办粤港澳新兴文化产业协同创新会议，邀请粤港澳专业人士为湾区新兴文化产业协同创新提供意见建议。

在高校层面，在粤港澳高校联盟的框架下，建设粤港澳高校新兴文化产业协同创新研究平台。发挥湾区各高校的专业特色和学科优势，建设湾区新兴文化产业协同创新研究中心，探索更为灵活的科研合作方式和成果转化机制。

3. 构建互联互通、活力活跃的要素市场，健全统一有序的新兴文化产业市场体系

一是推动数据有序流动融通。加快培育统一的技术和数据市场，依托粤港澳大湾区大数据中心和珠三角国家大数据综合试验区建设，加快文化大数据在湾区内部的互联共享。推动深圳数据要素市场化配置改革试点，支持深圳建设粤港澳大湾区数据平台和数据交易市场，建立深港数据交易合作机制，为数据跨境交易、离岸交易提供安全、合规、快捷的服务和管理平台，打造深港数据跨境交易中心。发挥深圳开展数据交易的立法、区位和平台优势，探索在深圳放宽数据要素交易和跨境数据业务市场准入。粤港澳三地加快建立统一的文化数据标准，相互开放数据端口，在数据采集、数据应用、数据交易、金融服务、创业创新等领域为文化产业的发展提供共享的公共应用平台。

二是培育集聚优秀数字文化人才。加强大湾区文化人才交流合作，多渠道培育引进文化科技融合领域创新型人才、关键产业技术研发型人才，建立粤港澳大湾区优秀文化产业人才信息库，建立健全高层次急需紧缺文化人才引进服务保障体系。鼓励粤港澳三地合力搭建各类文化科技人才的创新创业平台，鼓励高校成立高水平文化领域研究型机构，推动产学研单位共建人才培育平台。以培养文化企业家群体为重点，优化文化产业人才跨界培养、流动配置、评价激励机制，完善高层次急需紧缺人才引进服务体系，深化文化新业态新职业从业人员职称评价等改革。

三是拓展文化产权合作与跨境交易渠道。完善粤港澳文化产权跨境交易相关体制机制，深化广东自由贸易试验区文化金融创新，推动粤港澳三地金融资本在文化版权贸易和文化投融资领域的深度合作。引导粤港澳三地文化企业、金融企业、文化产业园区等市场主体，通过深圳文化产权交易所等平台，探索文化投融资领域的深度合作。粤港澳三地政府和企业共建重点培育文化项目数据库，为大湾区文化金融领域合作消除信息壁垒。

4. 联合培育孵化大湾区IP，共建共享全球化优质文化品牌和平台

一是以"文化+科技"培育大湾区文化IP集群。粤港澳三地争取共建国家级文化产业创新实验区，以文化科技龙头企业的公共平台（比如网络直播、网络音乐等）为载体，支持湾区传统文艺院团的优秀青年表演人员等入驻，让传统文艺院团、传统文化从业者利用互联网思维深挖湾区特色文化资源，创新作品内容，以网络音乐、网络文学、动漫、影视剧、游戏电竞等形式展示与传播，提升IP作品的经济与社会效益。

二是合力铸造大湾区具有全球性标志意义的文化品牌。强化粤港澳三地文化IP产业对接，撮合粤港澳三地文化IP上下游在授权合作、品牌联名、渠道共建和衍生品的共同开发，延长IP产业链，强化文化IP的协同联动和增值效应。发挥粤港澳三地互补优势，协同提升品牌展会国际影响力。发挥港澳联通全球的平台优势，提升中国进出口商品交易会、中国国际高新技术成果交易会、中国（深圳）国际文化产业博览交易会、广州文化产业交易会等展会的国际影响力和辐射力。借助大湾区的高端平台，与众多海外采购商对接，推动大湾区文化产品和服务走向国际市场，向全球展示大湾区强劲的文化科技创新创意活力。

参考文献

［1］郝挺雷、李有文：《新基建赋能文化产业高质量发展研究：机制、挑战与对策》，《福建论坛》（人文社会科学版）2021年第4期。

［2］王林生：《现代文化市场体系：粤港澳大湾区文化产业高质量发展的路径与方向》，《深圳大学学报》（人文社会科学版）2019年第4期。

［3］杨睿博、刘伟：《粤港澳大湾区文化科技融合发展动因与路径分析》，《科技管理研究》2020年第20期。

［4］张晓欢：《数字文化产业发展的趋势、问题与对策建议》，《重庆理工大学学报》（社会科学）2021年第2期。

［5］周翔、秦晴，《智能化：粤港澳大湾区文化产业发展的基点和方向》，《深圳大学学报》（人文社会科学版）2019年第6期。

［6］朱锦程：《论新常态下新兴文化产业振兴的政策供给与治理体系》，《治理现代化研究》2018年第4期。

第六章

珠三角九市联动打造粤港澳大湾区文化产业高地

珠三角九市在粤港澳大湾区文化产业圈中占据核心地位，与多中心、多圈层的城市网络体系相对应，珠三角的文化产业发展也呈现以广州、深圳等中心城市为核心，辐射带动周边城市发展的圈层特征。珠三角九市的文化产业合作受到文化资源禀赋、专业化分工、文化要素流动以及城市化水平、数字技术发展等多因素的影响。随着珠三角文化产业链加快建设及数字经济不断创新变革，珠三角九市应合力推动广府文化创造性转化与创新性发展，以广深"双核"为引领加速文化特色产业串珠成链，着力培育文化新业态集群，联动打造粤港澳大湾区文化产业高地。

一 珠三角九市文化产业在粤港澳大湾区居核心地位

珠三角是广东的经济中心、政治中心和文化中心。珠三角文化产业发展在全省文化产业发展中处于核心地位，2019年珠三角文化产业增加值占全省比重达到86.0%。珠三角九市文化产业在粤港澳大湾区文化产业圈中同样占据优势地位，文化产业增加值占大湾区的82.1%，占GDP比重达到6.2%，大幅高于香港澳门。①珠三角九市已成为粤港澳大湾区文化产业发展的主阵地。

（一）城市功能、文化禀赋与珠三角文化产业发展

1. 城市功能与珠三角文化产业发展

在珠三角地区，已形成以广州、深圳为核心的多中心、多圈层、网络

_____

① 2019年香港、澳门文化创意产业增加值分别为1293.5亿港元和29.8亿澳门元，分别占各自GDP比重的4.7%和0.7%。但香港、澳门文化产业统计口径与内地存在差异，比如香港的公共文化服务、文化旅游、会展等都未纳入文化产业的统计范围，再加上香港基本没有文化相关制造业，其文化产业规模与占比一定程度上被低估。

化的城市规模等级体系。现有城市之间的经济联系和相互作用关系对区域文化产业发展布局影响深远。珠三角的文化产业发展布局也呈现以广州、深圳等中心城市为核心，辐射带动周边城市发展的"核心—圈层"特征。如表6-1所示，在珠三角九市中，广州、深圳规模以上文化产业营业收入占珠三角的比重远远超过其他城市，分别为24.5%和48.5%，区域文化产业发展双核心的地位超然。而且从文化产业结构来看，只有广州和深圳服务业营业收入占比超过制造业，其余七市都是制造业营业收入占比远超服务业，其中肇庆、佛山、江门、惠州四市占比甚至超过90%。由此也形成了核心城市与周边圈层城市之间文化产业的"服务+制造"分工合作关系。如深圳的文化服务业与东莞、惠州的文化制造业分工合作，广州的文化服务业与佛山、肇庆的文化制造业分工合作。与在区域城市网络体系中所处地位相对应，珠江口西岸圈层文化产业发展缺少核心带动，在区域中处于落后位置。在珠海、中山、江门三市中，缺乏文化产业发展相对比较突出的首位城市，珠海文化产业规模虽最大，服务业占比在三市中也最高，但是相对优势并不明显，难以带动其他两市文化产业发展，三市的文化产业合作也主要以水平分工合作为主。

表6-1　2019年珠三角各市规模以上文化产业营业收入结构

单位：亿元

城市	文化产业营业总收入	占区域比重	文化产业营业收入结构					
			制造	占比	服务	占比	批零	占比
广州	4110.2	24.5%	799.7	19.5%	2567.7	62.5%	742.9	18.1%
深圳	8131.2	48.5%	3165.6	38.9%	3394.5	41.7%	1571.1	19.3%
珠海	358.9	2.1%	189.9	52.9%	147.7	41.1%	21.4	6.0%
肇庆	154.7	0.9%	147.9	95.6%	1.0	0.6%	5.9	3.8%
佛山	1044.6	6.2%	960.0	91.9%	47.4	4.5%	37.2	3.6%

（续上表）

城市	文化产业营业总收入	占区域比重	文化产业营业收入结构					
			制造	占比	服务	占比	批零	占比
东莞	1484.3	8.9%	1304.2	87.9%	75.1	5.1%	105.0	7.1%
中山	341.0	2.0%	264.2	77.5%	23.3	6.8%	53.5	15.7%
江门	228.9	1.4%	213.5	93.3%	10.1	4.4%	5.3	2.3%
惠州	902.3	5.4%	816.7	90.5%	19.0	2.1%	66.5	7.4%
珠三角	16756.2	100.0%	7861.7	46.9%	6285.9	37.5%	2608.7	15.6%

数据来源：《广东文化及相关产业统计概览2020》。

2. 文化禀赋与珠三角文化产业发展

文化资源是文化产业发展的基本要素。区域文化资源的分布特点和差异对文化产业的发展和布局产生重要影响。珠三角的三大圈层在珠江三角洲地区岭南文化的大环境中，因历史渊源、地理区位和经济社会等方面的差异，又孕育形成各具特色的次区域文化，并在此基础上形成特色文化产业。广佛肇圈层历史悠久，是岭南文化中心地，有众多珍贵的文化遗产，历史文化资源丰富，广府文化、红色文化、海丝文化、创新文化是地域文化特色，以此为基础运用传统文化元素和现代时尚符号进行创新性发展和创造性转化发展，相关特色文化产业，如粤剧演艺、传统工艺品等具有明显优势。另外，广州是省会城市，全省政治中心，相关行政资源密集，广州在出版、广电、影视等领域已经形成庞大的国有文化产业资产，也造就了广州在这些传统文化产业领域的省内优势地位。而以深圳经济特区为核心的圈层以现代文化资源为主，改革开放文化、创新文化、现代都市文化是其特色，时尚文化产业、科技与文化融合的数字文化创意产业等优势突出。珠江口西岸圈层以近代文化资源为主，名人文化、华侨文化、改革开放文化是其特色。

（二）珠三角文化产业发展居全国前列

1. 文化产业整体发展水平全国领先

珠三角是广东文化产业发展的核心区。广东文化产业高度集中于珠三角。2019年珠三角规模以上文化及相关产业法人单位数8534个，占全省的87.9%，从业人员数145.7万人，占全省的87.3%，营业收入16756.2亿元，占全省的92.4%（图6-1）。2019年，珠三角实现文化产业增加值5353亿元，占全省文化产业增加值的86.0%，比2013年提高2.1个百分点，比同期珠三角

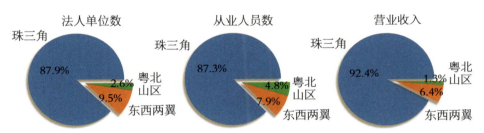

图6-1　2019年珠三角规上文化产业法人单位、从业人员、营业收入占全省比重
数据来源：《广东文化及相关产业统计概览2020》。

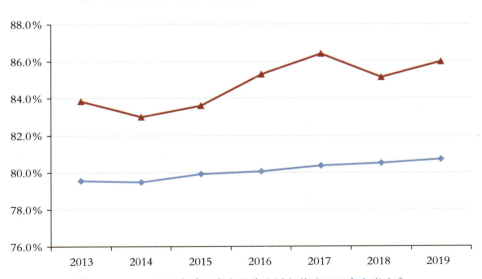

图6-2　2013—2019年珠三角文化产业增加值及GDP占全省比重
数据来源：历年《广东文化及相关产业统计概览》及《广东统计年鉴》。

GDP占全省GDP比重（80.7%）高5.3个百分点（图6-2）。反映广东文化产业在珠三角地区的集聚度高于整体经济集聚度，而且总体上还有不断提升趋势。从文化产业在国民经济中的地位及其变化来看，2014—2019年珠三角文化产业增加值年均名义增速为13.3%，比同期GDP名义增速高4.9个百分点。文化产业增加值占GDP比重快速上升，2019年已达到6.2%（图6-3），比全省和全国分别高0.4个、1.7个百分点，也超过上海的6.1%。文化产业已成为珠三角国民经济支柱产业，并且地位日益巩固。

珠三角是全国最大文化产业基地。广东是经济强省，也是文化大省，文化产业规模、产业法人数、从业人员数长期位居全国首位。2019年，广东文化产业增加值6227亿元，比排名第二的江苏高1393亿元，占全国文化产业增加值的14.0%；文化产业法人单位数达32.5万家，占全国文化产业法人单位数的15.5%；从业人员数量达314.3万人，占全国文化产业从业人员总数的16.3%。由于广东文化产业高度集中在珠三角，很大程度上广东的实力就来自于珠三角的实力，广东的特色和优势就来自于珠三角的特色和优势。事

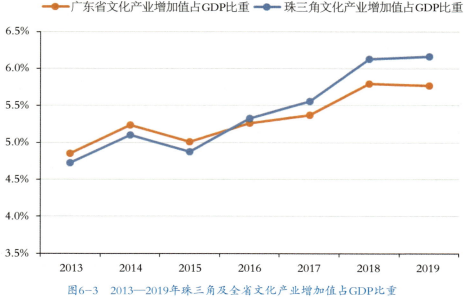

图6-3　2013—2019年珠三角及全省文化产业增加值占GDP比重
数据来源：历年《广东文化及相关产业统计概览》。

实上，从产业规模看，2019年珠三角的文化产业增加值就比江苏省高519亿元，珠三角已是全国名副其实的最大文化产业基地；从产业行业门类看，文化制造业是广东文化产业的突出优势，2019年广东规模以上文化制造业营业收入占全国比重为23.9%，区位商为1.31。进一步看9个大类行业，广东文化装备和文化消费终端生产等7个大类行业的规模以上法人单位数占全国比重、规模以上营业收入占全国比重均超过10%，有4个行业营业收入区位商大于1，全国领先优势明显；其中，新闻信息服务、内容创作生产、文化装备生产、文化消费终端生产规模以上营业收入占全国比重分别为20.6%、21.9%、35.6%和21.3%，区位商分别为1.12、1.20、1.94和1.16（表6–2）。

表6–2　2019年广东规模以上文化产业法人单位、营业收入情况及其占全国比重

		法人单位（个）	占全国比重	营业收入（亿元）	占全国比重	营业收入区位商
文化产业类型	1. 文化制造业	4089	21.2%	9098.0	23.9%	1.31
	2. 文化批发和零售业	1571	15.0%	2695.6	15.4%	0.84
	3. 文化服务业	4049	12.9%	6347.9	14.6%	0.80
文化产业大类	1. 新闻信息服务	248	12.2%	1633.8	20.6%	1.12
	2. 内容创作生产	1611	13.4%	4395.0	21.9%	1.20
	3. 创意设计服务	1815	17.0%	1652.5	11.4%	0.62
	4. 文化传播渠道	1072	13.4%	1719.0	12.0%	0.66
	5. 文化投资运营	46	10.5%	26.6	4.7%	0.26
	6. 文化娱乐休闲服务	190	4.3%	169.2	10.3%	0.56
	7. 文化辅助生产和中介	1755	15.7%	2262.8	15.1%	0.83
	8. 文化装备生产	828	28.5%	2321.4	35.6%	1.94
	9. 文化消费终端生产	2144	22.5%	3961.3	21.3%	1.16
合计		9709	15.9%	18141.4	18.3%	1.00

数据来源：《广东文化及相关产业统计概览2020》《中国文化及相关产业统计年鉴2020》。

深圳、广州是珠三角文化产业发展的"双核心"。分地市来看，珠三角文化产业呈明显梯次发展格局（见表6-3）：深圳、广州为第一梯队，2019年文化产业增加值在1000亿元以上；东莞、佛山、惠州为第二梯队，文化产业增加值在200亿元至1000亿元之间；其余珠海、中山、江门、肇庆为第三梯队，文化产业增加值均在200亿元以下。就GDP占比而言，深圳、广州、东莞及惠州年文化产业增加值占GDP比重超过5%，其余五市均在5%以下。广州、深圳在全省和珠三角文化产业发展中的"双核心"地位突出，文化产业规模及其在经济中的所占比重全省遥遥领先。2019年广州、深圳两市文化产业增加值占全省文化产业增加值的59.4%，占珠三角的69.1%；文化产业增加值占GDP比重分别为6.3%和8.2%；两市规模以上法人单位数达5850家，占全省规模以上法人单位数的60.3%；2020年广东有3家企业入选"全国文化企业30强"，其中2家在深圳，1家在广州。

表6-3　2019年珠三角九市文化产业发展情况

城市	增加值（亿元）	占GDP比重	占全省比重	比2014年年均名义增速
深圳市	2199	8.2%	35.3%	18.0%
广州市	1498	6.3%	24.1%	13.0%
东莞市	564	6.0%	9.1%	15.3%
佛山市	381	3.6%	6.1%	3.8%
惠州市	229	5.5%	3.7%	8.0%
珠海市	145	4.2%	2.3%	10.5%
中山市	131	4.2%	2.1%	3.2%
江门市	105	3.3%	1.7%	8.5%
肇庆市	102	4.5%	1.6%	13.2%
珠三角	5353	6.2%	86.0%	13.3%
广东省	6227	5.8%	100.0%	12.9%

数据来源：历年《广东文化及相关产业统计概览》。

2. 现代文化产业体系初步形成

文化服务业占主导的总体格局初步形成。近年来随着珠三角文化产业快速发展壮大，数字化、网络化进程加快，以内容创作生产为主的文化服务业加速发展，文化产业结构不断优化。2019年，珠三角有规模以上文化产业法人单位数8534个，实现营业收入16756亿元，比2017年分别增长26.3%和16.7%。其中，规模以上文化服务业法人单位数3864个，实现营业收入6286亿元，比2017年分别增长37.1%和43.0%，营业收入占珠三角规模以上文化产业营业总收入比重为37.5%，比2017年大幅提高9.3个百分点（表6-4）。无论是规模以上法人单位数还是营业收入，文化服务业的增长势头强劲，远远快于文化制造业和文化批发零售业，服务业营业收入规模超过制造业指日可待；同时，若按增加值计算，2017年珠三角文化服务业增加值也已超过文化制造业。①以文化服务业为主体、以内容创作生产为核心的现代文化产业体系正在加速形成。

表6-4　2017—2019年珠三角地区规模以上文化产业结构变化

	文化及相关产业		文化制造业		文化服务业		文化批发零售	
	法人单位（个）	营业收入（亿元）	法人单位（个）	营业收入（亿元）	法人单位（个）	营业收入（亿元）	法人单位（个）	营业收入（亿元）
2017年	6757	15569	2803	8191	2818	4396	1136	2982
2019年	8534	16756	3270	7862	3864	6286	1400	2609
增长	26.3%	7.6%	16.7%	−4.0%	37.1%	43.0%	23.2%	−12.5%

数据来源：《广东文化及相关产业统计概览2017》《广东文化及相关产业统计概览2020》。

---

① 2017年广东文化服务业增加值2299.5亿元，文化制造业增加值2164.7亿元；与全省相比，珠三角文化产业结构更加优化，具有更高的服务业比重，更低的制造业比重。

　　产业加速融合催生新业态蓬勃发展。数字技术的广泛普及应用，文化与旅游、科技、创意、金融、体育等跨界融合发展，不断催生文化新兴业态。数字音乐、动漫游戏、视频直播、互联网文化、数字出版、社交媒体等基于数字技术的新业态发展迅猛，已成为区域文化产业发展的新动能和新增长点，有力推动产业向高质量发展转变。2018年以珠三角为主的广东规模以上文化新业态①企业实现营业收入3691.8亿元，同比增长19.1%；占规模以上文化企业营业收入的20.0%，同比提高2.3个百分点。其中，互联网文化娱乐平台，其他智能文化消费设备制造，广播电视集成播控，其他文化数字内容服务等行业规模以上企业营业收入实现1倍以上增长，发展势头强劲。动漫、游戏数字内容服务，互联网搜索服务，互联网广告服务，多媒体、游戏动漫和数字出版软件开发等行业规模以上企业营业收入增长均在30%以上。

　　文化产业市场主体不断发展壮大。随着文化产业的发展和文化体制改革的推进，珠三角文化市场进一步活跃，各类市场主体数量快速增加，重点文化骨干企业的品牌示范和龙头带动效应日益凸显，综合竞争力全国领先。2019年，珠三角规模以上文化产业法人单位数8534个，比2014年增加2863个，增加50.5%，实现营业收入16756亿元，比2014年增长37.0%。单个企业平均营业收入2.0亿元，比全国水平高21.2%，其中深圳单个企业平均营业收入2.7亿元，比全国高65.7%。2018年深圳、广州规模以上文化企业营业收入在全国副省级城市中排名分别位居第1位和第3位。涌现一大批较强科技竞争力的文化科技融合企业和文化产业上市公司。截至2020年，广州

---

　　① 　包括广播电视集成播控，互联网搜索服务，互联网其他信息服务，数字出版，其他文化艺术业，动漫、游戏数字内容服务，互联网游戏服务，多媒体、游戏动漫和数字出版软件开发，增值电信文化服务，其他文化数字内容服务，互联网广告服务，互联网文化娱乐平台，版权和文化软件服务，娱乐用智能无人飞行器制造，可穿戴智能文化设备制造，其他智能文化消费设备制造等16个新业态特征明显的行业小类。转引自广东省统计局第四次全国经济普查文化及相关产业分析报告。

市境内外文化上市企业达到45家，其中"十三五"期间，新增文化上市企业20家，仅2020年就新增了荔枝、九尊数字互娱、浩洋股份、地铁设计、驴迹科技5家文化上市企业。在深圳市文化广电旅游体育局发布的2021年度"深圳文化企业100强"名单中，国家高新技术企业占比超九成，境内外主板上市企业28家。这些骨干企业已成为珠三角文化产业高质量发展的中坚力量。

3. 文化产业园区化、集群化发展走在全国前列

以产业园区为载体，引导文化企业及相关产业链集聚，推进文化产业规模化、集群化融合发展，是实现文化高质量发展的有效途径。到2020年，广东全省已建设羊城创意产业园、289文化艺术园区等各级各类特色园区300多个，入园企业2万多家。[①]这些园区主要集中在珠三角。其中，2020年广州共有国家级文化产业园区（基地）21个，省级文化产业园区（基地）20个，市级文化产业示范园区有33个；2021年深圳经认定公布市级及以上文化产业园区共有71家，园区入驻企业超过1.5万家，就业人数超过20万人，合计营业收入超过2000亿元，实现税收超过200亿元。[②]仅从国家级和省级文化产业示范园区分布来看，2020年，广州北京路文化核心区成功创建国家级文化产业示范园区，成为文化和旅游部认定的首批9家国家级文化产业示范园区之一。同时，龙岗数字创意产业走廊获得第二批国家级文化产业示范园区创建资格。截至2021年底，广东省共认定省级文化产业示范园区45家，38家在珠三角（见表6-5），占全省的84.4%。其中，广州10家，深圳9家，佛山8家，东莞和中山各4家，珠海2家，肇庆1家。

---

① 《建设数字文化新高地！广东文化产业规模总量连续17年全国居首》，《羊城晚报》2020年11月16日。

② 《超1.5万家企业入驻！深圳拥有市级文化产业园区71家》，《深圳特区报》2021年9月23日。

表6-5 截至2021年底珠三角省级文化产业示范园区地市分布

地市	园区名称	地市	园区名称
广州（10家）	羊城创意产业园	珠海（2家）	珠海市金嘉创意谷
	荔湾文化创意产业聚集区		珠海V12文化创意园
	广州星力动漫游戏产业园	佛山（8家）	广东流行音乐产业园区
	盛达电子信息创意园		三水区云东海旅游（文化）经济区
	广东文投创工场		佛山创意产业园
	UTCP大学城创意园集聚区		广东工业设计城
	宏信922创意园		广东香云纱产业园区
	广州国际媒体港		佛山南风古灶国际创意园
	万鹏高新企业孵化器		佛山平洲玉器文化产业园
	工美港·国际数字创新中心		广东新媒体产业园
深圳（9家）	广东丝绸文化创意产业园	东莞（4家）	粤晖园文化产业基地
	田面创意设计产业园		广东三十三小镇文化创意产业园
	深圳怡景动漫画产业基地		东莞运河创意公社产业园
	深圳世纪工艺品文化广场		万科769文化创意园
	2013文化创客园（深圳）	中山（4家）	小榄文化艺术品产业基地
	深圳艺展中心文化产业示范园区		伊泰莲娜首饰文化产业园
	中国（深圳）新媒体广告产业园		中山市游戏游艺文化产业园
	DCC展览展示文化创意园		中国（大涌）红木文化博览城
	蛇口滨海文化创意产业带	肇庆（1家）	肇庆市端砚文化旅游村开发有限公司

数据来源：根据广东省文化和旅游厅公开文件整理。

　　各类文化产业园区通过加强对入园企业的孵化服务，延伸产业链，推动文化及相关业态融合发展，打造特色产业集群，强化产业集聚辐射功能，有效推动区域文化产业进一步聚集化发展。以重点产业园区为依托，珠三角已培育形成创意设计、数字出版、动漫游戏、直播电竞、游戏游艺设备、工艺美术、文化装备、主题公园等多个涵盖传统文化产业和新兴文化产业、在全国具有领先优势的产业集群。珠三角的软件与信息服务、超高清视频显示、数字创意三大文化创意产业集群已列入全省"双十"战略性产业集群。

4. 全国最大的文化消费市场和出口基地

　　珠三角是全国最大的文化消费市场。珠三角人口规模庞大，收入水平高，文化消费市场广阔，需求强劲，是全国重要的文化消费中心。从收入水平来看，2020年珠三角居民家庭人均可支配54810元，为全省的1.34倍，在全国仅次于上海（72232元）和北京（69434元），略高于浙江省（52397元）。从文化娱乐消费支出水平来看，2020年广东居民人均文化娱乐消费支出为780元，占可支配收入比重为1.9%（见表6-6）。虽然广东省居民家庭人均可支配收入低于浙江和江苏，但其文化娱乐消费支出占可支配收入比重却明显高于浙江、江苏及全国。这体现了珠三角地区居民更强的文化娱乐消费偏好。高收入水平，更强的文化消费偏好，再加上7800多万的庞大人口基数，奠定了珠三角全国最大的文化消费市场基础。以电影市场为例，广东长期以来都是全国最大的票仓，约占全国票房的1/8。截至2020年，广东已连续19年蝉联全国电影票房冠军。广东的票房收入绝大部分来自珠三角。2020年深圳、广州票房收入排上海、北京之后，分居全国城市第三、四名，两市合计占全省票房的58.6%；除肇庆外的珠三角其余八市票房收入占全省的95.0%。[1]

---

　　[1]　《广东省2020年票房25.93亿"十九连冠"，全国占比12.7%》，《中国电影报》2021年1月25日。

表6-6　粤苏浙及全国家庭人均收入及人均文化娱乐消费支出比较

单位：元

	全国			广东			江苏			浙江		
	2018	2019	2020	2018	2019	2020	2018	2019	2020	2018	2019	2020
人均可支配收入	28228	30733	32189	35810	39014	41029	38096	41400	43390	45840	49899	52397
人均文化消费支出	827	849	569	1114	1216	780	1100	1120	680	1259	1367	867
文化消费占收入比重	2.9%	2.8%	1.8%	3.1%	3.1%	1.9%	2.9%	2.7%	1.6%	2.7%	2.7%	1.7%

数据来源：国家统计局、广东省统计局、江苏省统计局、浙江省统计局。

珠三角是全国最大的文化产品和服务出口基地。2019年，广东文化产品和服务出口总额达567亿美元，约占全国2/5，高居全国榜首。其中，文化产品出口占全国半壁江山。广东的文化产品出口高度集中在珠三角，仅深圳文化产品和服务出口就约占全省的2/5，全国的1/6；广州文化产品和服务出口约占全省的1/4，广州市天河区、番禺区先后入选国家文化出口基地。其中，天河区出口基地以游戏动漫、互联网服务等数字文化产品出口为主；番禺区以珠宝首饰、演艺设备、游戏游艺设备出口为主。珠三角已形成了较为完备的文化产品出口体系，出口覆盖160多个国家和地区，在出版、动漫游戏、创意设计、工艺品、文化装备等领域培育了一批具有国际竞争力的重点出口企业和品牌。

二　珠三角九市文化产业合作特色与圈层布局

（一）跨市域文化产业合作与布局

在广州、深圳两大核心城市产业发展的辐射带动下，珠三角的文化产业协作联动不断加强，区域文化产业发展集群化、差异化、特色化，布局圈层化、一体化特征明显。

1. 特色化、圈层化文化产业分工合作格局初步形成

近年来，珠三角各市依托产业基础和文化资源禀赋优势，推动文化产业集聚化发展，培育壮大文化产业集群，区域各具特色、优势互补、错位竞争、分工合作的文化产业发展格局初步形成（见表6-7）。广州重点发展传媒出版、动漫游戏、超高清视频、文化装备等多个优势产业集群，着力打造"创意之城"，文化新业态不断涌现。深圳作为"设计之都"，大力推进文化与科技融合，发展创意设计、动漫游戏、数字音乐、文化终端消费制造。珠海着力发展文化旅游、文化演艺。佛山大力发展工业设计、影视文化、工艺美术、印刷等产业。东莞在文化设备制造、游戏游艺和印刷复制等方面优势突出。惠州的4K产业、家用娱乐视听设备制造优势明显。中山的游戏游艺制造、红木文化，江门的印刷、视听设备，肇庆的端砚、玉器等各具特色。

表6-7　珠三角九市文化产业重点发展领域

城市	主要文化产业
广州市	动漫游戏、传媒出版、影视音乐、VR/AR、电竞、超高清视频产业、创意设计服务
深圳市	创意设计、动漫游戏、高端印刷、黄金珠宝、文化旅游、文化会展
珠海市	文化旅游、数字内容、文化演艺、文化装备
佛山市	影视制作、创意设计、珠宝玉器、工艺美术、包装印刷
惠州市	4K产业、家用视听设备制造、文化旅游
东莞市	游戏游艺制造、印刷复制、音响设备制造、动漫衍生品制造
中山市	游戏游艺产业、红木文化
江门市	印刷复制、视听设备、文化旅游
肇庆市	文化旅游、端砚、玉器

2. 广深强强联合优势互补引领区域文化产业分工协作

作为珠三角两大核心城市，广州、深圳各自具有鲜明的比较优势和发展特色。广州是国家中心城市、千年商都、综合交通枢纽、区域科教文化中心，科技、人才资源丰富，公共服务完善，人居环境优越；深圳是国家创新型城市，自主创新能力强，高技术产业发达，制造业基础雄厚。两地的互补优势对企业产生强大的吸引力，吸引两地企业跨市经营、投资、合作、互相持股、互设"总部—分支"等优化业务布局，不断密切两地经济联系网络。特别是一些大型龙头企业的跨地区投资经营合作，有力地推动了广深两地产业分工协作与联动发展。

在文化制造业领域，超高清视频产业成为广深联动引领区域相关产业集群化发展、一体化布局的典型。在产业链层面，广深围绕超高清视频内容制作、核心元器件、显示面板、终端设备制造形成分工合作网络，甚至将珠三角几乎所有的城市纳入超高清视频产业分工协作体系；在企业层面，深圳创维集团的智能产业创新基地以及深圳TCL华星光电的T8/T9生产线项目先后落户广州，为广州超高清视频产业链补上关键一环，有力推动广州千亿级平板显示产业集群和"世界显示之都"建设。

专栏6-1

龙头企业跨地区投资强化广深联动，
共建珠三角超高清视频产业集群

总部位于深圳的创维集团及TCL华星光电技术有限公司作为超高清视频产业的国内外领先企业，先后在广州投资相关项目。2018年，深圳创维集团在广州知识城投资建设智能产业创新基地，重点生产4K智能电视、智能机顶盒、汽车智能系统、虚拟现实智能终端等产品，项目建成投产将实现智能家电年产量3000万台、智能系统和终端产品年产量180万台，合计产值约300亿元。2021年，TCL华星光电总投资约460亿元的显示面板生产线（T8项目）和新型显示器件生产线（T9项目）落户广州。在两大龙头企业投资项目的带动下，广州超高清视频制造业集聚了从新型显示研发、模组、面板、OLED及偏光片、电气硝子，到智能终端等上下游项目，形成全产业链闭环，为广深共建珠三角超高清视频产业集群添上浓墨重彩的一笔。

在文化服务业领域，以腾讯为代表的互联网文化龙头企业主导推动的广深联动协作同样引人瞩目。其中，2011年腾讯公司广州研发中心推出的微信（WeChat）便是广州、深圳两地合作、"文化"与"科技"优势互补结出的丰硕成果。此外，2016年腾讯还将广州的酷狗音乐与QQ音乐、酷我音乐合并为腾讯音乐娱乐集团，国内五大数字音乐平台独占其三；2020年4月，腾讯成为广州虎牙的最大股东。大型文化龙头企业凭借资本、技术和平台优势展开跨地区兼并收购，整合重组产业资源，辐射带动区域内文化产业提质增效，有效推动了区域产业集聚化发展，形成了广深两地在互联网信息服务、互联网游戏服务以及互联网文化娱乐平台领域的国内领先地位。

专栏6-2

微信：广深文化产业"双城记"孕育的硕果[①]

广州和深圳，一个是文化底蕴深厚的千年商都，历史悠久，互联网文化氛围浓厚，一直是互联网企业成长的沃土；一个是活力无限

---

① 《微信为什么出生在广州》，《广州日报》2019年10月15日。

的经济特区，以信息技术为代表的科技创新资源汇聚。而微信正是这两座城市"文化+科技"的产物。2005年，时为国内互联网科技龙头企业的腾讯收购了广州的Foxmail，并在此基础上建立腾讯广州研发中心。2011年，腾讯广州研发中心正式推出微信（WeChat），成为腾讯在移动时代的基石产品。微信从一款诞生之初只是to C的社交产品成长为国内使用量最大的社交软件、移动互联网超级平台，月活跃人数超过11亿的全球领先社交媒体平台，始终离不开广州这片沃土的孕育滋养。如微信的很多业务都在广州率先试点，比如微信城市服务首先在广州试水，乘车码率先在广州上线，等等。广州良好的营商环境、开放包容的创新氛围、高效务实的服务意识、丰富广阔的应用场景与深圳互联网科技企业资源的结合，不仅造就了微信这款国民级应用，也谱写了广深优势互补、共同打造粤港澳大湾区数字文化硅谷的"双城记"。

在政府主导推动的文化合作方面，广深两市文化部门深挖文艺资源和潜力，探索在文艺精品创作、文艺惠民服务等方面的合作，从美术到音乐，从书法到文学，两地文化交流不断出新出彩。依托粤港澳大湾区图书馆联盟、广东省"粤读通"工程，不断推进深圳、广州两地图书馆服务资源融合共享。推进广深文化创意企业合作交流，加强文创园区互动与合作。2020年10月，广州市文化广电旅游局与深圳市文化广电旅游体育局签订战略合作框架协议，联合推出文旅合作"十百千"活动（串联两市的十条精品文化旅游线路、两市百个文化旅游网红打卡点、两市千个旅行团互换），推动两市文化和旅游深度融合发展。

3. 广佛同城化带动广佛肇圈层文化产业协同深化发展

广佛肇圈层是岭南文化发展传承的核心区域，文化底蕴厚重，历史文化资源丰富，地域文化特色鲜明。作为圈层文化产业发展的核心，广州在大部分文化产业门类均具有优势，特别是在文化服务领域优势明显，广州的文化服务业营业收入约占珠三角的2/5，佛山、肇庆文化产业90.0%以上为制造业。长期以来广州与佛山、肇庆已形成"服务+制造"优势互补的文化产业分工协作格局。比如佛山约占珠三角1/5份额的印刷复制业与广州的出版服务及区域包装印刷配套。不过，近年来随着文化产业的发展，广佛肇圈层文化产业的分工协作格局正在发生变化，特别是广佛同城化的快速推进，广佛文化产业合作领域正不断向文化服务业渗透拓展，协作关系不断密切深化，进而带动整个圈层文化产业向高质量发展迈进。

优势互补，广佛联手共建影视产业集群。广州影视产业优势明显，截至2020年底，广州市影视企业突破600家，其中电影院255家。博纳影业、华谊兄弟、香港银都机构、英皇娱乐等行业知名企业先后落户广州。广州的影视产业从投资、拍摄、后期制作，到发行、放映等产业链主要环节已然齐备。佛山是武术之乡，粤剧发源地，影视文化氛围浓厚，有南海影视城、西樵山国艺影视城两个大型影视基地。自2016年南方影视中心落户佛山以后，佛山影视企业数量快速增长，群众演员、道具、影视器材、设备等产业配套日益完善，与广州的影视产业链完美互补，共同组成广佛两地跨界影视产业集群。2021年，由广佛两地影视企业联合出品的首部4K粤剧电影《白蛇传·情》票房超2000万元，刷新戏曲电影票房纪录。

龙头带动，广佛共建数字文化创意产业平台。2020年8月，广州、佛山两市共同编制完成《广佛高质量发展融合试验区建设总体规划》，提出在广佛边界地区，共同建设包括"1个先导区和4个片区"的高质量发展融合试验区，推动广佛全域同城化。在产业方面，两市全面深化产业协同发展，面向智能化共建产业协同生态圈，在现代服务、数字经济等领域共同培育30个特色产业平台。其中，先导区三龙湾高端创新集聚区（见图6-4）就是两市共建的数字文化创意产业平台所在。2021年3月，欢聚集团产业互联总部、虎牙全球研发总部项目签约落户佛山三龙湾科技城南海片区。①来自广州的两大电竞相关互联网龙头企业落户及其产生的示范带动效应，将进一步加速数字文创产业相关要素和产业资源的集聚。再加上三龙湾粤港澳大湾区电竞文创产业园、大疆创新顺德技术研发和生产基地、澳门城文化创意产业园、广佛上城碧+文化产业园等近期建设重点项目，广佛三龙湾数字文化创意产业平台已初具规模。②

专栏6-3

广佛共建粤港澳大湾区电竞文创产业集聚区③

近年来，广佛依托三龙湾等广佛深度融合发展平台，共建以南海电竞产业园为中心的粤港澳大湾区电竞文创产业集聚区并取得丰硕成果。2019年LPL春季总决赛、2019年第七届王者荣耀城市赛（KOC）半决赛、2020年王者荣耀全国大赛总决赛等高规格赛事相继落户南海；全省首个以粤港澳大湾区命名的电竞文创产业中心（三山电竞梦工场）在南海动工；成功引入虎牙直播全球研发总部、欢聚集团产业互联总部、佛山GK俱乐部等头部企业和战队。经过几年来加速发力，南海区已逐步聚集电竞头部企业、赛事、场馆、俱乐部、青训基地、产业园区、电竞娱乐等众多产业要素，正努力培育电竞产业生态，力争打造为粤港澳大湾区乃至全亚洲最具影响力的电竞文创产业

---

① 欢聚集团是广州土生土长的国内互联网龙头企业，深耕互联网泛娱乐社交领域，于2012年在纳斯达克上市，已发展成为综合创新的全球化互联网科技公司，曾孕育出国内知名直播平台虎牙直播和YY直播。脱胎于欢聚集团的虎牙直播是全国领先的游戏电竞直播平台。

② 《佛山三龙湾高端创新集聚区发展总体规划（2020—2035年）》。

③ 《佛山南海电竞产业扶持政策重磅发布：打造粤港澳大湾区电竞产业集聚区》，《南方日报》2020年12月25日。

图6-4　佛山三龙湾高端创新集聚区
资料来源：《佛山三龙湾高端创新集聚区发展总体规划（2020—2035年）》。

集聚区。佛山电竞产业的发展将与广州在电竞产品研发、赛事落地、场馆建设和企业培育等方面产生优势互补及强强联合效应，进一步提升打造粤港澳大湾区电竞产业生态圈。

　　广佛肇公共文化服务共建共享与文旅资源联动开发。广佛两地图书馆在2009年已推出"公共图书馆广佛通"，并逐步实现两地图书馆互借互还。2020年，首家广佛共建图书馆——"阅读家"开业，馆藏图书全部由广州图书馆提供。在文旅资源整合、联动开发方面，广佛肇三地落实"粤菜师傅"工程，发挥"广州国际美食节"、佛山"世界美食之都"以及肇庆"中国厨师之乡"的影响力打造岭南美食旅游名片。在文化旅游领域，早在2009年，广州、佛山、肇庆三市就签署了"广佛肇旅游一体化"合作框架协议，建立广佛肇旅游联盟。十多年来三市以"多彩广佛肇，岭南真味道"为主题，加强资源共享旅游互推，共同开拓省内外旅游市场，取得了积极成果。

专栏6-4

广佛共建广府文化旅游发展带

根据《广州市文化和旅游发展"十四五"规划》，"十四五"期间，将发挥广佛同城、地缘相邻、文化相亲的岭南文化、广府文化优势，广佛联手推动共建中华优秀传统文化传承创新示范区。以广佛地铁、高速公路等交通设施串联广州老城区内具有广府文化特色的西关文化街区、上下九、恩宁路、永庆坊、荔湾涌、沙面、越秀长堤、陈家祠等历史文化景点，以及佛山境内禅城祖庙、南风古灶、西樵山、松塘村等重要文化和旅游景区景点，积极打造由以荔湾区和越秀区为主的岭南文化核心区向西延伸的广佛广府文化和旅游发展带。衔接粤剧、曲艺、龙狮、龙舟等两地非物质文化遗产，在大湾区文化共建的基础上不断强化两城的文化和旅游交流。

---

4. 深莞惠圈层"研发设计+制造"的一体化发展布局

深圳是珠三角文化产业发展当之无愧的核心，文化产业门类齐全，无论是产业规模还是产业质量都远超同侪。基于雄厚的产业基础和高科技优势，深圳已形成了"文化+科技"的产业发展模式。文化科技优势和强大的创新能力使得深圳文化产业始终位于区域产业梯度高端，并通过源源不竭的产业创新外溢带动深莞惠圈层以及珠三角甚至广东省文化产业发展。

深圳研发设计与周边城市加工制造形成上下游产业链分工合作布局。

依托坚实的制造业发展基础，深圳处于产业链上游的创意设计服务业发达，工业设计、专业设计、工程设计国内领先。在家庭娱乐视听设备制造领域，深莞惠圈层已形成深圳以新型数字视听产品与技术研发设计、关键核心部件和设备制造为主，东莞以音响设备制造为主，惠州以新型家用数字视听产品加工制造为主的分工合作格局，成为全球家用视听设备制造基地。

在时尚产业领域，长期以来深圳利用创意设计业优势，引进全球高端创意设计资源，推动深莞惠圈层珠宝首饰、服装、家具、钟表、工艺礼品、家具等优势传统时尚产业转型升级，形成以罗湖、福田、龙华和东莞虎门、厚街等为引领的一批时尚创意集聚区。这种基于产业链上下游分工合作的辐射带动与外溢范围甚至已超出深莞惠圈层扩散至省内其他城市。比如，在珠宝首饰行业的研发设计与广州番禺、汕尾珠宝加工制作形成稳定的上下游分工合作关系；在钟表和智能穿戴行业，深圳的星皇、古尊、雷诺、瑞辉、格雅等5家国内钟表行业龙头企业均已沿深中通道跨过珠江口落户中山市翠亨新区精密装备制造科技园。

专栏6-5

深莞共建跨界文化产业组团

在深莞惠圈层，深莞之间文化产业空间一体化融合发展态势明显。在深莞边界地区已初步形成光明—松山湖和宝安北—滨海湾新区两大跨界文化制造产业组团。作为大湾区综合性国家科学中心的核心区域，光明—松山湖组团创新合作联系密切，围绕新一代信息技术、机器人与智能装备等产业的产学研一体化和科技成果转化优势突出。在文化制造产业领域，已形成以华为为龙头的智能穿戴产业集群，以

图6-5　深莞跨界产业协作组团功能分区示意图
资料来源：中规院深圳分院。

大疆为龙头的机器人产业集群，以及以华星光电、日东光学等为龙头的超高清视频显示产业集群。在宝安北—滨海湾新区组团，电子信息、智能终端等产业集群已经形成，具备配套齐全的全产业链优势。依托滨海湾新区

的oppo、vivo两大智能终端研发及制造中心，欧菲光高端光电影像产业项目，以及深圳宝安区的手机、激光、模具和智能可穿戴4条制造业核心产业链，深莞跨界智能可穿戴、相机摄像等文化制造产业组团初具规模。

5. 珠江口西岸圈层文化旅游资源跨地区整合与联动开发

珠中江三市文化产业发展在区域中相对落后，产业规模较小，层次较低（以制造业为主），同时三市之间产业梯度也小，限制了文化产业分工协作的空间，目前三市合作主要集中在文化旅游领域。

珠海、中山、江门三市山水相连、文化同根同源，文化旅游资源相似性与多样性并存，文化旅游领域的合作由来已久。2008年《珠江三角洲地

区改革发展规划纲要（2008—2020年）》发布后，珠海、中山、江门一体化进程开始加快。2009年5月三市签订《珠（海）中（山）江（门）旅游合作协议书》并成立旅游合作协调委员会。三市依托香山文化，建立珠中江旅游联盟，整合三市旅游资源，充分发挥名人文化、华侨文化品牌效应，深入挖掘侨乡文化、岭南水乡、都市风情、海滨海岛、温泉等丰富的人文和自然旅游资源，积极拓展国内外市场，联手打造区域文化旅游品牌。联盟实施区域旅游协同与差异化发展战略，深化区域旅游交流合作，推动产品互补、客源互送、资源共享，强化宣传互动、信息互通和利益共享，开展区域旅游联合推广，打造三市文旅品牌，每年定期赴目标客源地开展联合旅游推介等，共同打造"最美珠江西岸"整体旅游形象和代表区域文旅特色的一程多站精品旅游线路。

（二）珠三角九市文化产业彰显特色与活力

1. 广州：文化创新，激活名城底蕴

（1）岭南文化中心地，老城市焕发新活力

近年来，广州整体保护历史街区的传统格局和历史风貌，放大永庆坊改造效应，推进北京路、恩宁路、沙河片区、沙湾古镇、黄埔古港古村、长洲岛、沙面等重点历史文化片区品质提升。"十四五"时期，广州将以珠江为主脉，以主城区为岭南文化中心极核，推动形成"一脉三区、一核四带"文旅发展空间总格局。通过整合"一江两岸"资源禀赋，在珠江北岸以西关历史城区为核心，打造岭南文化传统风貌传承展示区；在南岸串联近现代岭南文化资源、工业遗迹，打造岭南文化创新发展区。加强岭南建筑、语言、饮食、中医药等传承保护，繁荣发展粤剧、岭南画派、广东音乐和"三雕一彩一绣"。

专栏6-6

广州打造"一核四带"文旅发展空间布局

　　广州以荔湾区和越秀区为中心,将历史传统老城区和都市文化人文代表的珠江新城CBD等城市中心共同规划,合力打造岭南文化中心极核空间。以中心极核为原点,在东南西北四向延伸规划四条岭南文化和旅游发展带,即东向田园休闲文化和旅游发展带、南向主题游乐文化和旅游发展带、西向广佛广府文化和旅游发展带、北向生态空港文化和旅游发展带(图6-6)。

图6-6　广州市"一核四带"文旅发展空间总格局
资料来源:《广州市文化和旅游发展"十四五"规划》,2021年11月。

专栏6-7

永庆坊：广府文化的产业蝶变

　　永庆坊是凝聚广州历史人文底蕴的西关旧址。近年来，在"微改造"理念的指导下，永庆坊引入了文创、旅游、民宿、非遗项目等现代适合历史文化街区空间的产业，既保留了绵延不绝的"广府"味，又将时尚都市元素融入其中，更成为城市文化的创意策源地，形成了文商旅居互促共融的发展新局面。2018年10月24日，习近平总书记在永庆坊调研时，对永庆坊微改造工程给予了肯定。2022年初，广州永庆坊入选文化和旅游部首批国家级旅游休闲街区名单。

　　（2）海丝文化发祥地，千年商都构筑新格局

　　广州注重保护海上丝绸之路遗产，加强南越文王墓、怀圣寺光塔、粤海关旧址等史迹点保护，推进海事博物馆、外贸博物馆建设，编制莲花塔、琶洲塔、赤岗塔新增史迹点的管理规划方案。围绕"一庙两馆"打造海丝文化旅游示范片区，以南海神庙为龙头联动珠江前航道构建海丝文化遗产游径。完善广州牵头的海丝申遗城市联盟，推动建立南海（含北部湾及珠江流域）区域海丝申遗合作机制，争取香港和东南亚海丝沿线城市加入海丝申遗城市联盟。建立海丝文化交流合作平台。

　　（3）文化新业态孵化地，数字文化产业上扬发展

　　广州近年来在数字音乐、网络视频、网络动漫、网络游戏、数字出版等领域逐步建立起领先优势，并呈现向中高端的上扬发展态势。依托云山珠水城市格局，建设珠江两岸创意文化产业带、环白云山文化生态带，促进东部数字动漫影视、南部会展和文化演艺装备、西部岭南风情与非遗文创、北部生态设计与文旅休闲和中部时尚创意等文化产业集聚区向高端发

图6-7 广州市主要文化产业园区分布
资料来源：课题组绘制。

展。加快建设广州高新区国家级文化和科技融合示范基地，做强北京路国家级文化产业示范园区、中国（广州）超高清视频创新产业示范园、天河区国家文化出口基地、中国（越秀）国家版权贸易基地等文化产业园区和基地，推动广州文化产业交易会建成国家级平台。

专栏6-8

广州游戏动漫产业居全国领先地位

2020年广州游戏产业营收首次突破千亿元，达1066.44亿元，占全国三成以上。广州游戏企业分布高度集中，其中以天河区科韵路的游戏产业圈最为知名。在这条全长11公里的主干道上，诞生了网易、三七互娱、多玩网络、欢聚时代等大大小小二十多家国内知名的游戏公司。

2020年广州动漫产业总产值约300亿元，占全国产值的五分之一，动漫企业数量超过500家，拥有奥飞娱乐、原创动力、漫友文化

图6-8　广州游戏与动漫产业链生态图谱
资料来源：《广州文化和旅游产业数字化发展调研报告》，2021年5月。

等一大批行业领军企业。喜羊羊与灰太狼、猪猪侠、巴啦啦小魔仙、快乐酷宝等四大品牌入选中国动漫十大品牌榜单。另有中国动漫金龙奖（CACC）、中国国际漫画节（CICF）、全国动漫美术作品展览等国内顶级动漫盛事永久落户广州。

（4）近现代革命策源地，红色文化传承创新

广州实施红色革命遗址保护工程，推动中共三大会址纪念馆改扩建、中国近代史博物馆新馆（中国共产党广州历史陈列馆）、团一大纪念馆和广州妇女运动历史展陈等项目建设。连片规划、分片打造一批"红色+"融合发展示范区，推进新河浦等历史文化街区保护利用，打造黄埔军校纪念公园、东江纵队纪念广场等红色文化地标。构建包括越秀核心片区、黄埔军事文化展示片区、花都农民运动文化展示片区、西部工人运动史展示片区、东北部红色镇村建设示范片区、新中轴线改革开放文化展示区和南部新时代发展成就展示片区，东西南北四个发展廊构成的"一

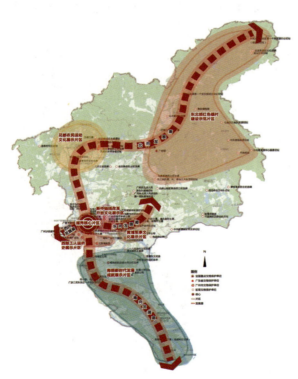

图6-9　广州市红色文化发展布局图
资料来源：《广州市红色文化传承弘扬示范区发展规划（2021—2025年）》，2021年4月。

核六片四廊"红色文化发展布局（图6-9）。

（5）改革开放前沿地，工业遗产成新地标

深厚的工业积淀为广州留下了宝贵的工业遗产。广州市的工业遗产主要沿163公里珠江两岸和35公里废弃铁路线分布，目前已累计将200余处工业遗产建筑和40余片工业历史风貌区列入工业遗产保护名录；保护和活化廊道沿线66个、共9.2平方公里的工业遗存；策划了11公里的"工业拾遗"文化步径，串联15处工业遗产；策划"广州药醉之旅""广州观星康美之旅"2条省级工业旅游精品线路。

专栏6-9

让工业遗产"秀"起来

TIT创意园区位于广州的新中轴线上。2009年广州纺织集团秉持"修旧如旧、尊重历史"的原则，保留了纺织机械厂的生态原貌和纺织工业元素，将其改造为集信息发布、产品展示、商务交流、时尚休闲等多种功能于一体的文化创意产业园区。2013年微信总部入驻园区。2020年，园区年产值超210亿元，创造税收18亿元、就业岗位4000个。那些伫立在空地和草坪上的业已成为雕塑的机械设备，见证着广州工业遗产从"工业锈带"到"生活秀带"的转型升级。

图6-10　广州T.I.T创意园
资料来源：《广州将增加13处历史建筑，全部为工业遗产》，《广州日报》2022年3月23日。

2. 深圳：文化赋能，带动产业升级

（1）文化赋能科技，数字文化产业强势引领

深圳市数字创意企业超过1万家，其中，总部位于深圳市南山区的腾讯作为全球领先的数字文化企业，拥有文学、动漫、影视、音乐、游戏等多种数字产品组成的数字内容矩阵，2020年腾讯营收为4820.64亿元人民币，同比增长28%。深圳市动漫游戏营收规模约占全国一半，数字出版营收进入千亿元量级，数字信息服务、动漫、网络视听、数字文化装备和消费终端制造等行业实力位居全国前列，初步形成覆盖创作生产、传播运营、消费服务、衍生品制造等较为完整的产业链条。目前深圳重点推进南山园区和坪山园区两个核心园区建设，推动"一区两核多园"统筹协同发展；支持龙岗数字创意产业走廊创建国家级文化产业示范园区。规划建设粤港澳大湾区数字创意产业展示中心、孵化中心、深港国际影视后期制作基地、网络文学产业园等重点产业项目；引导科技创新要素合理布局，形成文化科技资源聚集优势。

专栏6-10

深圳规划建设粤港澳大湾区数字创意产业走廊

2020年，深圳在龙岗区规划了35平方公里的粤港澳大湾区数字创意产业走廊。这条贯穿龙岗东西、集聚龙岗区80%数创园区及企业的数创走廊，吸引了来自香港的影视后期制作企业贝特计划、来自澳门的影视出品公司盗梦者文化等数字文化企业入驻。其中，2020年9月开园的深澳国际文化科技园，将成为深澳在数字文化产业领域合作的标杆项目。

图6-11　大湾区数字创意产业走廊
资料来源：《龙岗数字创意产业走廊举办首场招商会签约总金额7.4亿元》，
《南方都市报》2021年9月24日。

（2）完善文化设施，创建国际滨海旅游城市

建设"新时代十大文化设施"，完成"十大特色文化街区"改造提升，建成"十分钟文化服务圈"，深化"图书馆之城"和"一区一书城、一街道一书吧"建设。着力打造西部都市活力海岸带、中部科技动力海岸带、东部生态魅力海岸带，加快创建国家全域旅游示范区。以河湖水系为纽带，串联周边山林资源、城市绿地、文化遗产等自然人文要素，塑造连续贯通、功能复合、开放共享的滨水活动空间。发展邮轮旅游、游艇旅游，打造蛇口邮轮母港消费圈，探索建设大湾区国际游艇旅游自由港。

（3）时尚设计双发力，创意产业持续增长

深圳于2008年获得中国第一座联合国教科文组织创意城市网络"设计

之都"称号（见图6-12），经过十多年的积淀，2021年拥有71家市级以上文化创意产业园区，聚集近1万家文创企业，园区营业收入总额超2000亿元，税收超200亿元。2019年，深圳文化创意产业增加值1849.05亿元，同比增长18.5%。平面设计、工业设计、建筑设计、室内装饰设计、服装设计等行业占全国较大市场份额。

图6-12　深圳"设计之都"Logo
资料来源：《深圳的30个全国第一，你知道几个？》，深圳发布，2018年12月17日。

专栏6-11

深圳时尚产业特色集聚

深圳集聚和发展了一批时尚领域的制造行业，服装、家具、钟表、黄金珠宝、皮革、眼镜等产业规模位居全国前列。目前重点打造福田车公庙湾区时尚总部中心、罗湖水贝黄金珠宝首饰产业集聚地、南山高新区科技时尚集聚区、龙华区大浪时尚小镇、光明区"中国时间谷"、龙岗区横岗眼镜产业集聚区等多个时尚产业聚集基地，以时尚产业发展载体建设为重要抓手，促进时尚产业集群化发展。

（4）特色文化产业集聚效益明显，文化出口居全国前列

深圳已形成动漫游戏、创意设计、文化旅游、印刷、广告、商品油画、文化工艺品等优势产业集群，核心文化产品和服务出口占全国六分之一。文化产业向西发展趋势较为明显，南山、福田、宝安等区占比近八成，其他各区呈现特色化发展格局（图6-13）。罗湖区水贝街区珠宝产业基地出口额占全国的60%以上。笋岗工艺礼品城是国内目前最大的工艺礼品展示、交易和出口基地。大芬油画村是目前全国最大的商品油画生产、交易基地，也是全球重要的油画交易集散地，实现年产值40多亿元，近半产品远销海外。

（5）文化金融业探索发展，文化消费潜力释放

深圳积极探索以福田区等文化金融合作成效好的区作为文化金融合作示范主体区域，以点带面，以示范区创建带动全面提升文化与金融合作水平，探索符合深圳特点的文化金融创新模式。2020年，福田区政府联合福田引导基金、深圳文化产权交易所、腾讯等多方力量，推动成立文创产业投资基金联盟。另外，深圳积极扩大文旅消费市场，加快推进沙头角中英

图6-13　深圳文化产业发展格局

资料来源：《2021年深圳产业结构之四大支柱产业全景图谱》，前瞻经济学人，2021年9月28日。

街、海上田园等旅游消费聚集区建设，积极发展工业旅游、研学旅游、康养旅游等新兴旅游消费业态。2021年，深圳市宣传文化基金联合多家金融机构和文化企业发放2500万元数字人民币红包，可直接用于购书、观影、旅游、赏演、看展五大文化消费场景。

专栏6-12

深圳文化产权交易所

深圳文化产权交易所是深圳广播电影电视集团、深圳报业集团、深圳文博会公司合资建设的一个面向全国及全球的文化产权交易平台、文化产业投融资平台、文化企业孵化平台与文化产权登记托管平台。目前覆盖了文化企业资产处置、资本融通、股权交易、产品流通等文化产权要素交易领域，囊括了登记托管、招标发布、募集发行、挂牌交易、公开拍卖全交易手段，在文化资产和数据资产的交易上进行了初步探索，在文化数据资产交易市场上积累了部分买方、卖方和服务方的资源。2017年12月，深圳文化产权交易所获批"文化金融服务中心"牌照，2020年12月18日，深圳市文化金融公共服务平台正式上线。

3. 珠海：文旅融合，提升休闲品质

（1）依托滨海资源，打造海洋休闲城市

珠海依托独特的滨海资源，加快文体旅融合，推进"一核、两心、三带、四片区、多组团"旅游空间发展格局。推进凤凰谷生态休闲旅游区、宋城演艺度假区、长隆二期等重大项目建设。开发港珠澳大桥蓝海豚岛、前山河、黄杨河特色旅游项目。持续提升情侣路"一带九湾"品质。支持

高水平打造横琴国际休闲旅游岛、国际演艺岛。目前珠海已建成景区（景点）40多处，形成休闲度假、主题公园、温泉养生、海岛运动、商务会展等旅游产品体系。

专栏6-13

珠海长隆国际海洋度假区

　　珠海长隆国际海洋度假区位于广东省珠海市横琴新区，是集主题公园、豪华酒店、商务会展、旅游购物、体育休闲于一体的超级旅游度假区。根据TEA/AECOM联合发布的《2019全球主题公园及景点报告》，珠海长隆海洋王国以1173.6万人次的游客量位列亚太地区第4位。根据《2021中国主题公园竞争力评价报告》，珠海长隆海洋王国竞争力位列第二，仅次于上海迪士尼乐园。

图6-14　珠海长隆海洋王国夜景

资料来源：《全国第三个、湾区唯一一个国际旅游岛，横琴凭什么？》，珠海长隆海洋王国官方网站，2019年9月8日。

（2）会议、展览、赛事"三驾马车"拉动城市内需

珠海会展业已初步形成以会议业为主，展览与赛事快速发展的格局。目前珠海市重点打造十字门国际会展板块、航空航天会展板块、横琴新区大型会展板块、东澳岛玲玎海岸休闲会议板块及海泉湾会议度假板块五大集聚区。引导部分会展在横琴（珠海）设立分会展，逐步培育横琴（珠海）的会展影响力。引进并举办沙滩音乐节、中国国际马戏节、中国国际航空航天博览会、泛珠三角超级赛车节、WTA超级精英赛、国际半程马拉松赛、EDC雏菊电音嘉年华等大型文体活动和赛事，吸引游客深度旅游，促进城市消费。

4. 佛山：文城相融，传承岭南文脉

（1）推进品牌建设，擦亮城市文化名片

佛山围绕"三核六心、两轴一带"的总体空间布局，重点建设佛山古镇文化核心、西樵山文化核心、三龙湾都市文化核心；建设岭南广府文脉轴、顺南三工业文旅发展轴和西北江乡村文旅带（图6-16）。打造"世界功夫之城"，建设粤港澳大湾区武术文化交流中心、均安功夫小镇、粤港澳大湾区龙舟文化中心和功夫角。擦亮"世界美食之都"名片，打造岭南天地、国瑞升平里、创意产业园、千灯湖、西樵山、益田假日天地、华侨城曲水湾、渔人码头、沙寮村美丽乡村河鲜风情街等美食集聚区。创新发展陶瓷文化，打造"南陶之都"，串联南风古灶、广东石湾陶瓷博物馆、新石湾美术陶瓷厂、陶谷、石湾公园、8号艺术码头等景点。

专栏6-14

佛山重点打造九大文化产业聚集区

佛山健全现代文化产业体系，重点打造九大文化产业集聚区，即

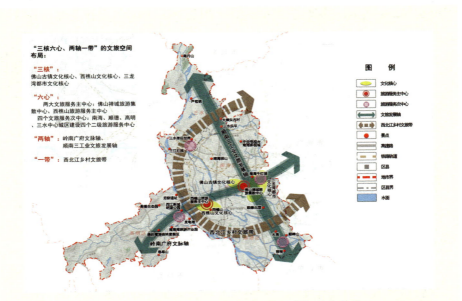

图6-15 佛山市"三核六心、两轴一带"总体布局

资料来源：《佛山市文化广电旅游体育发展"十四五"规划》，2022年3月。

以石湾中国陶谷为中心的陶瓷创意产业集聚区，以张槎新媒体产业园为中心的数字文化产业集聚区，以平洲玉器街为中心的玉器产业集聚区，以西樵国艺影视城为中心的影视旅游产业集聚区，以顺德华侨城为中心的休闲旅游产业集聚区，以北滘广东工业设计城为中心的工业设计产业集聚区，以伦教珠宝产业园为中心的珠宝首饰产业集聚区，以三龙湾高端艺术社区为中心的文旅体休闲娱乐产业集聚区，以南海电竞产业园为中心的粤港澳大湾区电竞文创产业集聚区，并引导文化企业向九大文化产业集聚区集聚。

（2）聚集影视资源，拓展产业版图

佛山有着优厚的影视资源，在功夫电影中，仅以黄飞鸿为题材的影视作品就有约200部。2020年，佛山市影视相关企业1241家，其中核心影视制作企业从2016年的65家增长到613家，增长达843.07%。版权工作走在全省前列，2019年版权产业增加值为709.92亿元人民币，占全市GDP的6.60%。"十四五"时期，佛山将按照"3+5+X+1"布局，建设三大类综合影视基地、5个特色影视产业集聚区、若干个影视特色衍生产业群和1条影视主题全域旅游线路。

专栏6-15

佛山重点打造大型影视基地

佛山南方影视中心通过逐步健全现代影视产业链，为影视创作团队提供强有力的硬件支持。市内拥有中央电视总台南海影视城、西樵山国艺影视城两个大型影视基地，拥有77个特色古村落和众多富有地

图6-16　西樵山国艺影视城

资料来源：《全国人都羡慕佛山，是因为金鸡百花？不，是因为他们！》，新佛山，2018年11月7日。

域特色、年代感的城市景观。建立群演人才库，拥有各类型群众演员和特约演员超1.5万名。设有约1.5万平方米的道具器材仓储，山东影业、横店影业和珠江电影集团等著名道具器材供应商先后进驻。一些商家围绕南方影视中心，推出了功夫客栈、影视民宿等产品。

5. 东莞：文产结合，集聚效益日显

（1）印刷业为支柱，文化产业体系日趋完善

东莞已初步形成以印刷业为支柱，以玩具及动漫衍生品制造业、演艺设备制造业、文化旅游业、出版发行业和艺术教育培训业为主干的文化产业体系。重点按照"三心六片"的城市空间布局和"三极三带"的现代产业体系总体布局，在中心城区打造城市创意产业集聚区；在松山湖科学城建设湾区文化科技产业集聚区；在滨海湾新区大力发展数字文化创意、数字设计服务等新型产业；在塘厦镇建设音乐剧特色小镇，发展音乐剧产业；在大岭山、寮步、清溪等镇做强做大莞香产业集群；支持虎门等镇（街）发展时尚文化产业；支持松山湖、长安、黄江、塘厦、凤岗等9个邻深镇区主动对接深圳产业外溢，推动深莞协同互补合作。

专栏6-16

"潮玩"引领，东莞玩具制造业的转型升级

东莞是全国最大的玩具出口基地，有玩具生产企业超过4000家，上下游配套企业近1500家，从业人员超30万人。近年来，东莞玩具行业纷纷开发自主IP和品牌，进入"潮玩"的机会赛道。"潮玩"是潮

流玩具的简称，因其注入了设计、潮流、IP等元素，具有一定的收藏价值。2022年"一墩难求"的"冰墩墩"就具备潮玩属性（图6-17），而位于东莞市石排镇的广东狼博旺实业有限公司就是"冰墩墩"的特许生产商之一。此

图6-17　东莞产冰墩墩摆件
资料来源：《冰墩墩为何东莞造？这是"潮玩之都"的基本操作》，南方新闻网，2022年2月3日。

外，2021年获得融资的新锐潮玩品牌"ToyCity""LAM TOYS"均来自东莞。截至2021年，广东省是中国潮玩企业数量最多的省份，而广东省70%的潮玩公司位于东莞，且大多是自有制造端的潮玩公司。另外，东莞还制造了国内约85%的潮玩产品。国内潮玩领先品牌泡泡玛特、TOP TOY等均有东莞合作企业。

（2）文产城旅融合，拓展城市文化空间

东莞坚持文产城旅融合理念，构建"一心四区"的全域旅游发展空间布局。在中心城区、滨海湾新区、松山湖科学城和水乡新城等区域，打造新时代四大城市文化艺术核心区。依托城际和城市轨道交通中心站点，建设一批便捷辐射周边多镇街的区域性城市文化艺术设施。以樟木头、长安、桥头、高埗、松山湖、大岭山为试点，组建中国（东莞）文学驻创基地。支持滨海湾新区版权保护中心高质量发展。办好"非遗墟市"，成立"东莞非遗墟市粤港澳城际联盟"。

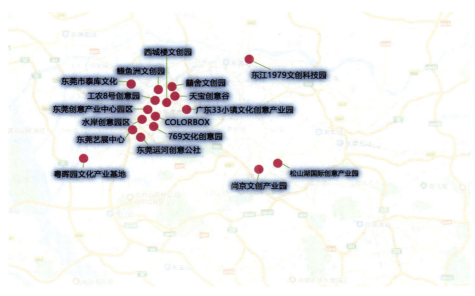

图6-18　东莞市主要文化产业园区分布
资料来源：课题组绘制。

6. 中山：用好孙中山文化资源，打造城市名片

（1）活化孙中山文化资源，增强文化认同

孙中山文化资源是增强粤港澳大湾区各地的情感认同和文化认同，建设人文湾区的重要助推力。中山市积极发挥翠亨新区海峡两岸交流基地作用，充分挖掘孙文西路步行街、沙涌等历史文化街区的时代价值，打造孙中山故里、岐澳古道、环铁城三大文化遗产旅游圈，以及孙中山、岐澳古道、红色文化、华人华侨四大主题精品文化遗产游径。统筹推进南区上塘、恒美、沙涌、竹秀园、南朗左步村、石岐龙母庙街，以及永安里等片区侨房、侨捐项目保护，打造华侨文化保育活化示范区。

（2）"文化+"助力专业镇转型升级

中山拥有古镇灯饰、小榄五金、大涌红木家具、港口游戏游艺设备等18个产业特色鲜明的专业镇。古镇灯饰在国内灯饰市场占有率约70%，游戏游艺设备产值占国内市场份额的50%，占出口份额的70%。近年来，中山

图6-19 中山市"全域旅游智慧导览系统"界面
资料来源：《中山做了这件事，让文化遗产"活起来"了》，中山全域旅游智慧导览系统，2019年12月18日。

以"文化+"的理念推动"一镇一品"专业镇转型升级，推动文化与游戏游艺、红木家具、灯饰、首饰等传统产业向文化产业转型。以岐江新城、翠亨新区为依托，打造文化产业增长极；重点建设广东（中山）游戏游艺文化产业城、中国（大涌）红木文化博览城、华艺灯饰文化产业园等特色文化产业园区。

7. 惠州：信息产业引领，文化相关产业迅速发展

（1）数字化升级，文化制造产业集聚

2020年，惠州规模以上电子信息及相关企业超过700家，完成总产值近3900亿元，规模居广东省第三位。拥有国家（惠州）视听产品产业园、国家火炬计划惠州仲恺激光头特色产业基地等文化产业园区。惠州以仲恺高新区为主体核心区，以大亚湾区城市中心区、惠阳区、惠东县、博罗县为

产业协同发展功能区，着力推进超高清视频产业、5G产业和大数据产业等向全产业链迈进。

专栏6-17

惠州5G产业激活数字文化产业发展

5G是具有高速率、低时延和大连接特点的新一代宽带移动通信技术，将激活超高清视频与VR/AR，支持4K、8K超高清视频直播，极大推动数字文化产业发展。惠州市5G产业发展集聚程度较高，在智能终端制造、关键元器件的设计生产、5G应用场景等方面拥有良好的产业基础。有TCL通力、光弘科技、长城开发、海格科技等一批5G领域相关的优秀终端制造配套企业。落户了信利康5G智慧园、科信技术5G智能产业园等一批5G产业项目，以及中国移动粤港澳大湾区（惠州）数据中心、阿里巴巴龙门云计算中心等7个大型数据中心项目。2020年8月底，惠州成功入围广东省第二批5G产业园区。截至2021年8月底，惠州5G基站建设累计投资约20亿元，累计建成5G基站4908座。

（2）挖掘文化内核，提升文旅品质

惠州是国家历史文化名城、岭南文化的发源地之一，"千年西湖""千年府城""千年东坡"文化在这里共融共生。惠州以环西湖文化内涵提升、千年惠州文脉内核挖掘为重点，构建"环西湖中央文化休闲区"大西湖山水格局；践行"两山"理论，打造"环罗浮山—南昆山生态旅游区"；积极对接深圳、汕尾，融深融湾，合力推进"惠州湾"滨海旅游带规划建设，加快建设粤港澳大湾区重要旅游目的地和健康休闲养生基地。

8. 江门：活用非遗资源，打造侨乡游径

（1）基于侨乡文化，建设交流平台

江门素有"中国第一侨乡"之称。近年来，江门基于侨乡文化资源等优势，创建国家级"侨乡文化（江门）生态保护试验区"，建设"侨梦苑"平台，举办"中国侨都（江门）华人嘉年华""世界江门青年大会"，举办首届粤港澳大湾区华侨华人文化交流合作大会，不断推动江港澳青年合作交流，加快建设华侨华人文化交流合作重要平台。

（2）非遗保护传承，文化活力再现

自2020年开始，江门市倾力打造侨乡文化遗产游径，全面建设优化交通系统，建设慢行道、绿道系统，打造"世遗双绝—纵横六带—精华十四段"的空间结构布局。"世遗双绝"以开平和台山两市为中心，打造世界遗产"碉楼与村落"和台山"海上丝绸之路"核心引擎。"纵横六带"重点构建"三横三纵"总体游径网络系统，串联江门全域范围内的各类文化与自然遗产资源。"精华十四段"着力打造最浓缩、最精华的示范段共十四段（图6-20）。

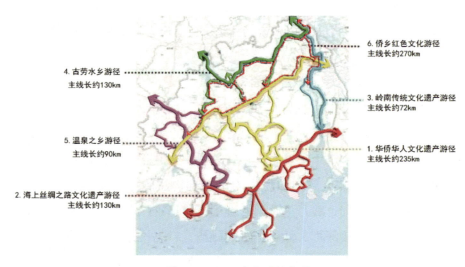

图6-20   江门文旅游径布局

资料来源：《江门市侨乡文化遗产游径总体规划及游径设计》，2020年4月。

9. 肇庆：发展特色资源，壮大端砚文化

（1）端砚文化产业发展壮大

自2004年，肇庆端砚获批成为国家地理标志产品保护后，端砚价值和产值从保护前的3亿多元，发展到现在的近20亿元，端砚企业及作坊从十年前的200多家发展到现在的近3000家，从业人员从原来的3000人发展到现在的1万多人。肇庆市积极推进中国端砚文化村建设，打造端砚文化产业园，建设集旅游观光、文化体验、休闲购物于一体的砚文化旅游胜地。

（2）休闲康养产业显露头角

肇庆是珠三角森林面积最大的城市，全市森林覆盖率达到70.84%，全市空气质量优良率达98%。肇庆市大力推进鼎湖神谷康养度假村、粤港澳大湾区肇庆（德庆）南药健康产业基地、湾西华侨城·双龙健康谷、广宁竹海大观森林康养旅游基地等多个康养产业重点项目的建设。大力发展西江文化休闲旅游、绥江生态休闲旅游，加快发展健康度假、亲子度假、民俗度假、休闲度假、体验度假等业态。

图6-21　端砚工匠

资料来源：《关注！端州区端砚文化产业园正式开园》，澎湃新闻，2021年12月31日。

（三）珠三角九市文化产业合作面临的问题

1. 文化产业合作广度和深度有待进一步拓展

珠三角九市文化产业合作已取得不少成效，但在合作广度及深度上仍需提高。当前珠三角文化产业的跨区域合作主要集中在文化制造领域，文化服务领域的合作相对落后。地区之间的文化服务业联动协同不足，现有的合作多以文化旅游联盟、公共文化资源和服务的共建共享等为主，基于产业链上下游的分工合作较少；合作组织形式比较松散，不紧密，目前部分行业的跨地区一体化组织经营如出版发行、广电网络等也多源于历史和体制因素。

2. 产业集群化水平有待进一步提高

珠三角现有文化产业园区（基地、集聚区）数量众多，但规划布局较为分散，发展水平参差不齐。据不完全统计，2020年仅广州市就有文化产业园区（基地）约900个，5年时间增加了近600个。[①]大量园区发展重点仍不够突出，主导产业优势不明显，带动作用强、有影响力的龙头企业不多，入园企业绝大多数是小微企业，且相互关联度不高，产业链条普遍没有形成，规模集聚效应尚难以体现。城市之间、园区之间分工和协同仍较为欠缺，文化产业发展定位和发展方向不够清晰，差异化不足，个性特色不鲜明，容易导致重复建设和同质化竞争。

3. 产业协同发展体制机制障碍有待进一步突破

当前珠三角文化产业协同发展还存在不少体制机制障碍。首先，文化产业行业管理职能被分散在文化、宣传、新闻出版、广电等众多职能部门，由此容易造成多头管理、审批繁杂、限制较多等一系列问题，对珠三角各市文化资源整合、企业跨行业跨地区投资经营、要素跨地区流动等形成障碍。其次，珠三角区域层面的文化产业合作协调机制仍不健全，缺少

[①] 尹涛、杨代友、李明充：《2020年广州文化产业发展分析及2021年展望》，《广州文化产业发展报告2021》。

从区域层面对文化产业发展进行全局性统筹规划、协调推进的组织机构和工作机制，区域文化产业协同发展的总体规划和纲领性政策较为缺乏，以致各地市间文化产业的分工及布局仍不尽合理，地区之间文化产业协同发展的办法和抓手不多，相关支持政策体系亟须完善，激励约束机制有待健全。

三　珠三角九市文化产业合作机制与模式创新

（一）珠三角九市文化产业合作的影响因素

1. 文化资源禀赋及专业化分工水平

文化资源禀赋是一个地区文化资源要素富集程度的集中体现，是区域文化合作的基础。珠三角文化一脉同源，在语言、习俗等方面有着高度一致性，有助于城市间互动交流。同时，专业化分工水平的提升强化了各地文化产业的比较优势，有助于各地围绕文化产业链开展通力合作。例如，广州和深圳两大核心城市依托产业发展优势，在文化产业发展上初步形成了错位竞争、分工合作格局，其中，广州聚焦文化内容创作生产以及动漫游戏等数字文化产业领域，深圳聚焦创意设计、网络游戏、数字音乐及文化终端消费制造。

2. 文化与创新要素的空间流动

要素的自由流动加速了区域间知识、技术、管理经验等方面的交流合作，是区域间文化产业合作的重要保障。珠三角地区制造业基础雄厚，具有良好的合作基础，城市间产业互动加快了文化与创新要素的空间流动，有助于降低合作壁垒，促进文化产业协同发展。此外，广佛肇圈层、深莞惠圈层、珠中江圈层结构的划分，强化了圈层内一体化发展进程，使同一圈层内企业间建立起更加紧密的合作关系，加速推动人力资本、金融资本、知识产权等核心文化生产要素自由流动和充分融合，优化区域文化资源配置。

3. 城市化水平

城市规模大小、经济能级高低决定着产业的空间布局。城市化水平较高的城市不仅能够吸引文化要素和创新要素集聚，还具备更大的市场需求。广州和深圳的城市化水平远高于周边城市，具备完善的公共设施、教育环境，文化产品极大丰富，人才、技术、资金等创新资源集聚，在画廊、博物馆等文化空间、艺术院校、设计培训机构发展，以及文化创意等高端产业发展上具有更大优势，同时可以加强与港澳文化合作，进一步向东南亚地区拓展市场。

4. 数字技术发展

新一代数字技术为实现智慧城市的全面感知、泛在互联、协同运作、智能处理提供了先进技术与手段，为城市间文化产业合作提供新的动力。同时，数字技术可以降低地理上的互认成本，从而扩大区域间文化合作的范围。以广佛肇圈层为例，数字技术拓宽了广佛产业合作边界，其中，佛山依托无线射频识别产业（佛山）基地等，聚焦发展前端制造业，广州着力探索后端应用环节，培育超高清视频内容制作产业，发展网络文艺，打造国际"网络商都"。

5. 文化政策导向

从发达国家的经验来看，区域间文化产业合作与制度因素密切相关。政府的政策导向对城市功能定位的影响非常明显，开放的经济政策、宽松自由的户籍制度能提高区域专业化水平，促进人力、资本等生产要素流动。广佛同城、深莞同城、都市圈协同发展等政策可有效破除地区间文化产业合作的体制机制障碍，为珠三角城市间文化产业的深度协作提供有力保障。

（二）珠三角九市文化产业协同发展机制

1. 地区间文化资源禀赋差异为产业合作奠定基础

珠三角地区沉淀了丰厚的历史文化资源，民俗文化、非遗文化、饮食文化、粤剧文化高度同源，为区域文化交流奠定基础。各市文化产业发展水平和结构差异，决定着地区之间存在广阔的合作空间。这种建立在各自比较优势基础上的互惠互利合作，不仅有利于优化文化产业空间布局，调节区域文化资源配置结构，推动文化产业整体向产业链高端演进，还有利于拓展各地的发展空间，提升区域文化产业竞争力。

2. 完备的上下游产业链有助于文化产业集聚协同

珠三角各市在文化产业上的比较优势，有助于在文化产业链不同环节形成优势互补，形成资源共享合作关系，促进产业集聚发展。例如，当前珠三角已形成涵盖"时尚设计—研发—生产—展示—营销"的时尚产业链，其中，深圳主要发展珠宝、眼镜及提供时尚设计、研发服务，广州侧重时尚展示、时尚市场建设和时装设计生产，珠海侧重时尚旅游及展示，东莞聚焦时装、毛织、家居家纺、玩具、时尚电子产品制造，惠州、佛山、肇庆、中山侧重面料辅料、内衣、牛仔、休闲服产品制造。

3. 中心城市集聚辐射带动作用为文化产业合作提供了动力

集聚辐射是中心城市以其较高的经济、文化、科技等优势，通过人流、物流、资金流、信息流、技术流的相互作用，实现与腹地共同发展的过程。广州和深圳作为珠三角两个核心引擎，不仅是珠三角文化交流中心，还是文化产业中心，优越的发展条件和基础设施会吸引周边城市优质生产要素汇聚，当广深文化产业发展能级达到一定规模以后，又会对产业链上下游形成强大的市场需求，辐射带动周边城市配套产业联动发展。

4. "文化+"为区域产业跨界融合开拓了空间

文化具有强渗透性，"文化叠加"实现"裂变效应"，催生出一系列文化产业新业态，推动产业链向纵深拓展。"文化+"跨界融合新模式丰富了珠三角城市文化资源挖掘途径，不仅有利于拓展文化交流渠道，促进文化深度融合，还有助于强化产业细分领域的分工协作，推动产业协同发展。以"文化+科技"为例，数字技术的应用丰富了岭南文化传播方式，推动共建岭南文化大数据库，有助于深挖岭南文化资源，焕发岭南文化新魅力。

5. 数字经济发展为文化产业合作提供了更广阔的平台

数字经济与文化产业的融合发展催生出一批新产品、新业态，如直播电商等，拓宽了珠三角文化产业合作领域。同时，数字经济发展改变了企业的生产、销售模式，产业互联网加强了供应链成员间的信息整合、资源共享以及组织互联，拓宽了珠三角文化合作途径。例如，广州直播电商业的发展，带动了珠三角"5G+智慧视听"产业基地（园区）和网络视听产业发展，东莞、中山等地相继由地方政府部门牵头，引导直播与当地产业发展结合，"线上引流+实体消费"的新模式拓展了城市间合作的空间。

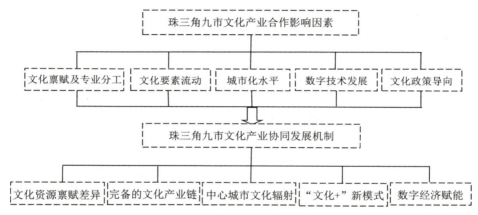

图6-22　珠三角九市文化产业合作机制图

（三）创新珠三角九市文化产业合作模式

随着珠三角地区文化产业链建设及数字经济发展，区域间文化产业合作向纵深推进，合作模式将呈现综合性、一体化、网络化等特点。

1. "文化制造+文化服务"多领域链式合作模式

早期文化产业合作主要是基于市场自发形成的要素间单一化的互补合作，以企业和民间为主体，合作内容比较单一；当要素单一化合作方式不能满足文化产业的发展需要时，区域合作方式逐渐升级整个产业链的合作，包括产品的设计开发、生产制作、宣传营销以及衍生产品的开发等。珠三角各市应厚植特色文化产业竞争优势，进一步拓展"香港文创""深圳设计""广州创意"+"东莞、佛山制造"多领域链式合作模式，扩大产业链细分领域分工协作，在错位发展中构建优势互补的文化产业生态圈。

2. "文化资源+文化科技创新+文化人才+产业载体"一体化合作模式

珠三角各市可结合文化资源禀赋及产业发展基础，发展文化新业态，积极探索新型合作模式，共同推动文化产业向产业链高端攀升。例如，可探索一体化的"伙伴园区"合作模式，通过双向发展飞地经济、共建创新中心、推进产业生态圈合作等形式，建立跨区域合作关系，促进产业梯度转移。在珠三角九市中，中山的红木文化，江门的侨乡及非遗文化资源，肇庆的端砚、玉器等各具特色，可结合广州、深圳在创意转化、科技提升、市场运作以及创新资源富集、人才培育等方面优势，共同探索建立"伙伴园区"的一体化合作模式，促进文化要素、平台等资源互补，联手打造具有鲜明区域特色的文化产品和服务。

3. "文化资源+虚拟网络空间"的合作模式

数字经济发展推动游戏、新媒体、网络文化等新业态呈指数型增长，推动文化产业合作突破行政界限及产业门类分割，实现要素自由流通和择优集聚，形成跨区域线性布局或网状布局。珠三角城市可通过共建数字文化产业平台，让传统文化得到更广泛的传播、弘扬，围绕民风民俗等，探索形成"线上游戏活动+主题内容+城市线下活动+衍生品"新文创矩阵。另外，数字化技术的应用，打通了数据空间链和物理空间链，珠三角城市可通过数字化平台和传播方式加强与港澳文化产业对接，向粤东西北地区扩大辐射半径。

四 合力打造粤港澳大湾区文化产业高地的路径

进一步明确珠三角九市文化产业发展方向，坚持整体统筹与分类推进相结合，联动打造粤港澳大湾区文化产业高地，辐射带动粤港澳大湾区文化产业发展提质增效。

（一）珠三角九市文化产业高质量发展的路向

1. 推动广府文化创造性转化与创新性发展

珠三角九市应遵循文化发展规律，深度挖掘、吸收、转化和创新广府文化新内涵，坚持古为今用、推陈出新，对当今仍有借鉴意义、符合时代精神的部分进行深度挖掘、吸收、转化和创新，将广府文化的精神特质转化成建设人文湾区的动力，打造岭南文化城市品牌。做好历史文化遗产的传承、保护和活化、创新工作，应用数字技术盘活文化资源，培育"非遗+"文化新业态。强化内容产业，打造原创精品，利用数字技术和互联网技术，找准契合时代精神的表达形式，增加优质文化产品和服务供给。

2. 强优势蓄后势，引导特色产业串珠成链

以广深"双核"引领全省文化产业发展，发挥东莞、中山、惠州在动漫产业制造、游戏游艺设备制造、文化电子信息产品制造的产业优势，推动珠海、佛山、江门、肇庆发挥历史人文资源优势，促进传统文化制造与现代科技融合创新发展，全面提升优势文化产业。立足各地资源禀赋、产业基础和比较优势，推动区域文化产业优势互补、联动发展、错位竞争。活用文化资源，将特色产业串珠成链、扩线成面，打造粤港澳大湾区文化产业高地。

3. 推动传统文化业态升级，加快发展新型文化业态

积极应用数字技术，改造升级传统文化产业，积极培育云演艺业态，推动文艺院团、演出经纪机构、演出经营场所数字化转型，加强工艺美术中的数字表达、潮流表达，借助数字化手段赋能文化会展业提质增效。筑牢科技高地，培育壮大数字创意、数字艺术、数字娱乐等数字文化产业，增强新兴产业引领能力，培育文化新业态集群。

专栏6-17

实施文化产业数字化战略

珠三角九市应积极培育具有国际竞争力的文化产业数字化集群，引领粤港澳大湾区数字文化产业发展。其中，广州、深圳重点打造数字创意、数字出版、网络视听、动漫游戏集聚地；推动广州、深圳、惠州超高清影视产业集群化发展；以深圳龙岗为核心加快建设"粤港澳大湾区数字创意产业走廊"；建设珠三角电竞中心和全国领先的直播短视频产业集聚区。

专栏6-18

珠三角九市文化产业发展定位

广州：打造广州动漫游戏之都、全球创意城市和文化装备制造中心。

深圳：打造设计之都、国际文化创新创意先锋城市。

珠海：打造海洋文化和东西方文化融合艺术中心、全国知名演艺城市。

佛山：打造粤港澳大湾区影视产业中心。

东莞：打造高端文化制造业之都。

中山：建设孙中山文化国际交流中心。

惠州：建设大湾区4K/8K产业聚集发展基地，打造人文气息浓郁的文旅名城。

江门：打造具有"侨乡"特色的大湾区海旅新标杆。

肇庆：建设广府文化传承创新城市。

（二）珠三角九市文化产业高质量发展策略

1. 整体把脉：促进珠三角九市文化产业融合发展

（1）加强文化产业合作机制的创新

健全文化产业联动发展机制，赋予广州和深圳在出版、电影、电视、互联网、文化贸易等领域更多的省级管理权限，支持广州建设国家级文化金融合作示范区、深圳建设文化艺术品（非文物）拍卖中心。深入文化"放管服"改革，打通文化合作区域壁垒，放宽文化市场准入试点，加快文化资源和创新资源要素流动，为文化企业发展创造更为宽松的环境。探索多元化融合发展机制，加强珠三角九市在"文化+科技""文化+旅游""文化+金融"等融合型新业态领域的合作。

（2）联动推进广府文化的产业化转化

立足珠三角地区文化同根、优势互补的特点，深化交流合作，推进城市间文化交流和文化共建，联手探索广府文化产业化转化新路径。广佛肇圈层以广府文化凝聚协同发展向心力，共建广府文化传承创新示范区，深入挖掘美食、粤曲、陶艺、功夫、中医药等文化特色。深莞惠圈层发挥动漫产业优势，延伸产业链条，联手制作关于以广府文化为题材的电视剧、电影、动漫、游戏等，加强故事化、情节化设计，提升广府文化影响力。

专栏6-19

加快广府文化产业化的政策着力点

加快文化资源创意转化。强化广府文化资源挖掘，围绕传统文学和历史题材制作游戏、动漫、影视作品，打造具有价值的文化IP。协同打造广府文化游径、广府旅游绿道等。

　　强化数字技术赋能。探索建立广府文化数据库，定期向社会发布推介。应用场景模拟、MR技术、3D技术等沉浸式展陈技术，打造广府文化体验园（区）。推广网络文学、网络游戏、网络直播、短视频等新业态活化广府文化。

　　走出市场运作新路子。加强市场推广、资源共享、产业化等公共服务，积极运用政策辅导、个性化服务等手段，激发市场活力和主体动力，促进"文化+商业""文化+旅游"融合发展。

（3）强化重点领域的合作交流

　　加强广深联动，促进创意设计与制造业、服务业衔接，引导产业集群差别化竞争，延伸产业链条。加强与港澳在设计、影视制作、动漫游戏等强势领域深度协作，开辟"港深莞惠"和"广佛珠澳"创意产业黄金带，以项目合作及投资助推文化产业融合发展。以传承、弘扬、活化广府文化为主线，培育壮大文创产业，加快广佛肇圈层全域旅游建设。发挥深莞惠在创意设计、动漫制造、电子信息制造的比较优势，拓展游戏动漫产业链。融合珠海的海洋文化、东西方文化，中山的孙中山文化资源、江门的华侨华人文化，在珠中江圈层打造文化旅游集聚区。

（4）共同打造文化产业平台及集聚区

　　依托本土资源优势共同打造珠三角地区的文化产业基地和园区，最大程度地发挥其集聚效应、窗口效应、辐射效应，实现集约化发展。通过"政府引导、企业运作、功能完善、集群发展、品牌经营"的方式，携手打造创意街、产业基地、专业园区等各具特色的产业载体，强化文化产业园区（基地）集聚功能，打造国家级、省级文化产业示范区。

表6-8　珠三角九市"十四五"时期重点文化产业平台

城市	重点文化产业平台
广州	北京路国家级文化产业示范园区、中国（广州）超高清视频创新产业示范园区、"1978电影小镇"等文化创意产业园区
深圳	大鹏所城、南头古城、大芬油画村、观澜版画基地、甘坑客家小镇、大浪时尚创意小镇、大万世居、蛇口海上世界、华侨城创意文化街区、华强北科技时尚文化街区
东莞	鳒鱼洲文化产业园、"东江花月夜"沉浸式生态文化旅游综合景区、石龙中山路历史文化街区、道滘水乡特色小镇
惠州	大湾区4K/8K产业聚集发展基地、环西湖城市中央休闲文化区
佛山	广东工业设计城、佛山中德工业服务区、潭洲国际会展中心
肇庆	肇庆万达度假区、湾区西部华侨城、肇福文化创意设计园、中国端砚文化旅游区
珠海	平沙影视文化、万山海洋科创、莲洲水产等省级特色小镇
中山	广东（中山）游戏游艺文化产业城、中国（大涌）红木文化博览城、华艺灯饰文化产业园
江门	江门侨批（银信）展示馆、新会陈皮产业园区、小冈香文化产业示范园区、鹤山市中国印刷产业基地、"中国工艺美术产业基地"

资料来源：根据各市《国民经济和社会发展第十四个五年规划和2035年远景目标纲要》整理。

（5）促进文化要素流动与创新环境营造

借助金融、科技和媒体等载体打破制约区域文化交流的地域壁垒，推动文化要素和创新要素在流动中不断实现碰撞、融合、移植和再生，实现文化创新与繁荣。依托广深港澳科技创新走廊建设，瞄准世界科技和产业发展前沿，加强创新平台建设，大力发展新技术、新业态、新模式，充分发挥珠三角各市科技研发与产业创新优势，破除影响文化要素和创新要素自由流动的瓶颈，进一步激发各类创新主体活力，为地区间文化产业协同创新营造良好环境。

2. 分类推进：以圈层为单元促进文化产业协调发展

根据各区域文化资源禀赋和产业发展基础，突出重点，优势互补，分类推进各圈层文化产业高质量发展。其中，广佛肇圈层应重点依托广府文化，发挥三市文化同源优势，建立文化发展协调机制，联手做好广府文化开发与保护工作。深莞惠圈层应加强在文化制造、印刷、动漫游戏等领域的合作，促进产业资源有序流动，错位发展。珠中江圈层应深度挖掘海洋文化、东西方文化、孙中山文化、华侨华人文化等资源，展示滨海特色。

表6-9　分圈层推进珠三角九市文化产业发展的政策重点

圈层	政策重点
广佛肇圈层	■ 广州：巩固提升新闻出版、影视传播、文化装备、创意设计等传统优势文化产业，联手佛山共建中华优秀传统文化传承创新示范区。联合港澳开展海丝保护和申遗工作 ■ 佛山：在创意产业、文化制造业等领域与广州实现错位发展。以南海电竞产业园为中心，打造粤港澳大湾区电竞文创产业集聚区。建设粤港澳大湾区美食研究院，活化美食文化遗产 ■ 肇庆：积极承接广佛文化产业转移。依托府城保护复兴项目建设。擦亮"中国砚都""中国玉器之乡"等文化品牌，打造砚文化研发、交流、培训、旅游基地
深莞惠圈层	■ 深圳：加快粤港澳大湾区创意设计合作圈建设，探索建立深港澳创意设计联盟。强化科技创新驱动，打造大数据支撑、网格化共享、智能化协作的新型文化产业链体系。建立健全文化产业投融资体系 ■ 东莞：积极参与"珠三角工业设计走廊"建设，推动广深港时尚创意与东莞服饰、玩具等制造优势相融合。推动深莞创意设计、动漫游戏、网络文化、数字文化产业等领域协同互补合作 ■ 惠州：大力发展超高清视频产业、家用视听设备制造业等文化产业相关层系列产业，打造深圳文化产业发展与转移最佳延展地。开发叶挺故里等红色旅游路线
珠中江圈层	■ 珠海：发展4K/8K影视、数字出版、动漫网游和创意设计等新兴文化产业，培育发展网络文学、视听和直播等数字文化新型业态。打造横琴国际休闲旅游岛、横琴国际演艺岛。提升举办国际会展、国际赛事的环境与能力 ■ 中山：挖掘香山文化内涵，探索构建中珠澳香山文化圈。打造孙中山文化遗产、岐澳古道、红色文化、华人华侨四大主题精品文化遗产游径。推动传统文化与红木家具、灯饰、首饰等产业融合发展 ■ 江门：加快华侨华人文化交流合作平台建设，推动侨乡文化遗产游径精华示范段建设。抓好大湾区文化遗产游径、南粤古驿道建设。依托温泉、森林和中医药资源，提升全域旅游示范市创建水平

参考文献

［1］崔璨、徐烜和：《大湾区数创基地建设如何破题？》，南方新闻网，2020年6月18日。

［2］高乐华、张美英：《中国区域性文化产业集群发展模式与趋势》，《企业经济》2018年第37期。

［3］广州市文化广电旅游局：《广州市文化和旅游发展"十四五"规划》，2021年11月。

［4］广州市文化广电旅游局、广州市社会科学院广州文化产业研究中心、广州市文化创意行业协会：《广州文化和旅游产业数字化发展调研报告》，2021年5月。

［5］胡先杰、刘玉栋、姜玲：《"伙伴园区"建设：园区跨区域合作的新模式》，《中国经贸导刊》（中）2020年第10期。

［6］姜照君：《文化创意产业集聚：形成机制与发展绩效》，南京大学博士学位论文，2015年。

［7］《数字赋能深圳文化产业》，《深圳商报》2021年9月23日。

"

第七章

粤港澳大湾区与"一带一区"
文化产业的融合发展

"

　　加快粤港澳大湾区与"一带一区"文化产业融合发展是扎实推进文化强省建设、释放广东文化发展空间新活力的重要举措，是促进广东区域协调发展、实现共同富裕的新要求，推动与"一带一区"文化产业融合发展将为大湾区提供广阔腹地和发展空间。沿海经济带串珠成链，构建滨海文旅走廊，将助力粤港澳大湾区世界级旅游目的地建设。其中，东翼重点打造以汕头为龙头，以潮汕文化为特色，以海洋文化为内容的东翼文化产业圈；西翼打造以湛江为龙头，以雷州文化为特色，以海丝文化为内容的沿海经济带西翼文化产业圈。北部生态发展区建设国家生态文旅产业融合发展示范区，打造环粤港澳大湾区生态旅游休闲文化高地。这就需要从体制机制、政策环境、投融资体系、人才支撑等方面构建大湾区与"一带一区"文化产业融合发展的制度与政策体系。

一　粤港澳大湾区与"一带一区"文化产业融合发展的基础

（一）释放广东文化发展空间新活力

　　在粤港澳大湾区中，珠三角九市是广东实现经济腾飞的策源地，也是引领带动广东文化产业发展的重要引擎，文化产业增加值占全省的八成以上。广东作为全国文化产业大省，自2003年确定建设"文化大省"战略以来，依托丰厚而独特的文化资源和产业优势，实现了加速跑。2021年，广东文化产业产值占全省GDP5.59%，连续7年成为支柱产业；文化产业增加值连续18年位居全国第一，年均增速超过10%；文化产业从业人员、法人单位、营收总额等多项指标也长期在全国名列前茅。但与此同时，广东文化产业空间布局不合理、区域发展不平衡、不协调问题比较突出。作为大湾区核心区的珠三角地区文化产业发展规模及创收能力大大高于粤东西北地区，特别是深圳、广州等中心城市优势突出、充满活力。2019年广州、深圳两市规模以上文化产业法人单位数达5850家，占全省规模以上文化产业法人单位数的60.3%，两市文化产业增加值总量占全省文化产业总量的59.4%。广州、深圳、惠州、东莞四市文化产业增加值占GDP的比重均超过5%，文化产业成为带动当地经济增长的主导产业。而粤东西北地区大多数市县文化产业发展较为迟缓，缺少活力，仍未探索出适合当地文化产业发展的道路。2019年东西两翼地区的文化产业增加值仅占全省文化产业增加值的11.6%，发展相对较慢；粤北山区文化产业增加值仅占全省的2.41%，规模以上文化产业法人单位数仅占全省的2.55%。

表7-1　2019年广东省分地区文化产业相关数据比较

地区	文化产业增加值（亿元）	占全省文化产业增加值比重	规模以上文化产业法人单位数（个）	从业人数期末人数（人）	资产总计（亿元）	营业收入（亿元）
珠三角核心区	5352.78	85.96%	8534	1457361	20682.6	16756.2
粤东粤西地区	724.15	11.63%	927	131983	989.8	1157.1
粤北地区	150.27	2.41%	248	79941	209.4	228.1

数据来源：《广东文化及相关产业统计概览2020》。

习近平总书记2020年视察广东期间，对广东加强历史文化保护、传承与弘扬岭南文化、推动全省文化事业和产业区域协调发展等作出了一系列重要讲话和重要指示。2022年召开的广东省扎实推进文化强省建设大会，特别提出要从满足人民日益增长的美好生活需要中把握文化强省

图7-1　2015—2019年广东省分地区文化产业增加值比较图
数据来源：2016—2020年广东文化及相关产业统计概览。

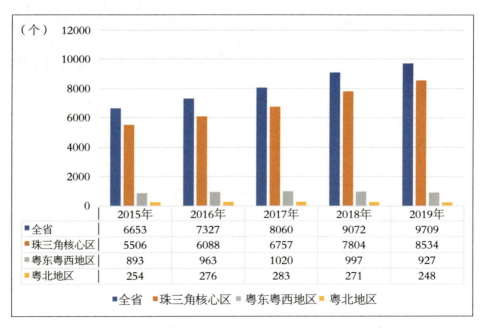

图7-2　2015—2019年广东各地区规模以上文化及相关产业法人单位数比较图
数据来源：2016—2020年广东文化及相关产业统计概览。

建设的新要求，切实解决文化发展不平衡不充分的问题。加快大湾区与"一带一区"文化产业融合发展，统筹区域文化产业空间布局和要素资源配置，加快形成统筹有力、竞争有序、绿色协调、共享共赢的区域文化协调发展新机制，是加快扎实推进文化强省建设、释放广东文化发展空间新活力的重要举措。

（二）推动区域产业均衡发展新布局

习近平总书记2018年到广东考察调研时指出，城乡区域发展不平衡是广东高质量发展的最大短板，要坚持辩证思维，转变观念，努力把短板变成"潜力板"，充分发挥粤东西北地区生态优势，不断拓展发展空间、增强发展后劲。文化融合发展是区域协调发展的重要组成部分，党的十八大以来，文化产业已经成为广东经济发展的支柱产业和战略性新兴产业。2013—2019年，广东文化产业增加值年均增速为12.87%，比地区生产总值年均增速高3.38个百分点，文化产业已经成为广东经济增长的新动能和新引擎。特别是在当前全球经济下行压力增大、国内经济调整不断深化的大背景下，文化产品和服务的生产、传播、消费的数字化、网络化进程不断加快，文化产业通过与科技、金融、旅游等相关产业深度融合来拓展产业边界，数字内容、动漫游戏、视频直播、视听载体、手机出版等基于数字经济的新兴文化业态成为新动能，文化产业越来越成为支柱性、先导性、引领性的产业形态和经济发展的重要增长点。

在文化产业逐步成为广东经济重要增长点的大背景下，文化旅游资源丰裕的粤东西北地区大力发展当地的文化旅游业，加快与珠三角地区的文化融合，不仅能为人们提供优质的文化产品，改善广东的文化产业结构，也能极大促进当地经济的增长，从而推动广东区域经济的均衡发展。因此，加快大湾区与"一带一区"文化产业融合发展，加强区域、城乡统筹协调和文化产业协同联动，缩小区域文化空间发展差距，对于促进广东区域协调发展和实现共同富裕具有重要的意义。

（三）拓展大湾区文化发展新腹地

广东文化产业发展基本形成以珠三角为龙头，东西两翼、北部山区优势互补、错位发展，与港澳深度合作的产业发展新格局。2019年珠三角九市全部进入广东省文化产业增加值排名前十，彰显了珠三角地区在广东省文化产业发展版图上的重要地位。深圳始终保持全省文化产业发展龙头地位，文化产业综合实力不断增强。2019年实现增加值1849.05亿元，同比增长18.5%，形成了"文化+科技""文化+旅游""文化+金融""文化+创意"等"文化+"产业发展的新模式、新业态。广州文化产业从2017年开始成为千亿元级产业，初步形成覆盖创作生产、传播运营、教育培训、衍生品制造、消费服务等各环节的文化和旅游数字化产业链，在数字音乐、数字新闻、数字视频、数字动漫、网络游戏、数字出版等不少细分领域建立起领先优势。东莞、佛山、惠州、中山、江门、珠海、肇庆都形成了各具特色的文化产业集群。香港文创产业发展迅速，在粤港澳大湾区城市群中处于领先地位，为大湾区内地各城市文化产业提供了优势互补机会。澳门大力发展创意设计、文化展演、艺术收藏及数码媒体等产业，致力于打造世界级的艺术交流平台。

粤港澳大湾区建设作为国家重要战略，具有开放的经济文化结构、高效的资源配置能力、强大的集聚外溢功能和发达的国际交往网络。在文化产业的发展方面，粤港澳大湾区在发挥引领创新、聚集发展等核心功能的同时也需要发挥辐射带动周边的作用。因为粤东西北地区是大湾区通往周边省区的"桥头堡"，也是大湾区文化产业发展的重要腹地，大湾区要通过促进粤东西北地区文化产业振兴发展，进一步打通与周边省区的联系，全面深化与周边省区的经济文化分工合作，大幅拓展大湾区文化发展的腹地，这既有利于大湾区文化产业的高质量发展，也有利于粤东西北地区文化产业的快速崛起，形成双赢局面。

（四）助力沿海经济带打造海上丝绸之路重要门户

沿海经济带具有天然的开放属性、多元化的海洋文化特征。鼓励各种不同的文化和谐共存、取长补短，赋予了海洋文化活力、开放和创新等特点。随着海洋文化在沿海经济带发挥着越来越大的作用，它被誉为新的高附加值经济引擎。粤东粤西沿海经济带和海洋文化产业带，包括粤西沿海经济带的南江文化（雷州文化、冼太文化）和粤东沿海经济带的韩江文化（潮汕文化）。南江流域（湛江、茂名、阳江）是岭南文化的发祥地之一，也是海陆丝绸之路的对接通道之一。近年来，以南江文化带为平台，南江文化主题（包括南玉文化、冼太文化、雷州文化等）和相关南海海洋文化产业的研究与开发不断加快。韩江流域汕潮揭三市地缘相近、人缘相亲，区域发展同气连枝，具有华侨资源和侨乡优势，以广济桥、韩愈文化、潮商文化、饶宗颐学为代表的潮汕历史文化、韩江文化不断整合。

粤港澳大湾区是海上丝绸之路的重要中转站，在频繁的对外交往中，其海洋文化的内涵不断丰富，外延不断扩展，有效促进了粤港澳大湾区特色海洋文化的形成。而且，内外双循环为粤港澳大湾区带来了资金、技术、产业和政策规划等优势，有效推动和深化了跨区域文化交流，海洋文化产业成为广东沿海地区社会与经济发展的重要推动力和新的社会经济增长点，打造以粤港澳大湾区为核心的世界级海洋文化中心是推进21世纪海上丝绸之路建设的重要举措，是建设世界一流湾区的重要途径。粤东粤西沿海经济带的海洋文化中开放、多元、包容等特质与粤港澳大湾区的文化内涵高度契合，加快粤东粤西沿海经济带主动全面融入大湾区文化建设，一方面将助力粤港澳大湾区形成世界级海洋文化中心，另一方面将有助于粤东粤西沿海经济带打造成为海上丝绸之路的重要门户。

表7-2　2019年沿海经济带各市文化产业发展情况

城市	文化产业增加值（亿元）	文化产业增加值占当地GDP比重	各市规模以上文化产业法人单位数（个）	主要文化产业
汕头市	261.73	9.74%	470	金平和龙湖的印刷业、潮阳的音像业、澄海的玩具业、潮南的文具业
汕尾市	92.62	8.61%	46	可塘珠宝文化企业、皮影动漫文化企业、红海湾海钓、海上帆船文化、陆丰碣石麦秆画、碣石木雕、东海金属雕、甲子贝雕等传统手工业
阳江市	27.58	2.14%	27	全域旅游，海丝文化、风筝、漆艺、刀剪等阳江特色文化和非物质文化遗产、"南海I号"
潮州市	87.78	8.11%	131	特色文化产业、传统工艺、古城古村落、"中国瓷都"、"中国婚纱礼服名城"、"中国工艺美术之都"、中国食品名城
揭阳市	82.08	3.91%	121	演艺业、出版发行业、音像复制业、文化旅游业、工艺美术业、会展业、文化用品制造业
湛江市	84.25	2.76%	67	演艺艺术、教育培训、湛江特色文化产业、湛江民间艺术产业、文化休闲娱乐产业
茂名市	88.11	2.71%	65	冼夫人好心文化、潘茂名康养文化、荔枝文化
合计	724.15		927	

数据来源：各年度广东文化及相关产业统计概览。

（五）推动粤北生态发展区生态文明建设和乡村振兴

粤北生态发展区的三江文化，包括西江文化、北江文化和东江文化。西江是珠江水系中最长的主干流，是珠江水源头和岭南人的母亲河。云浮、肇庆等区域生态保护和区域文化资源加快开发规划。鼎湖山是地球同纬度线生态植被最美丽的地区之一，正加快打造全省休闲生态养生度假区。北江丹霞地貌特征呈现出奇特的美丽景观。韶关、清远正集中力量打造具有国际文化符号和影响力的中国丹霞地貌文化旅游体验平台。东江流域（梅州、河源、惠州）是中国客家民系的主要聚集地，东江之水孕育了历史悠久的客家文化。拥有梅州世界客都、河源中国客家文化古邑和惠州东江文化名城等区域性文化品牌。

粤北生态发展区文化产业整体发展较慢，2019年产业增加值仅占全省的2.41%，规模以上文化产业法人单位数占全省的2.55%。各城市产业增加值占比基本保持在2.5%左右，其中云浮市文化产业发展滞后，产业增加值处于全省末位。粤北生态发展区应着力推进文化产业发展与生态文明、乡村振兴建设相融合，充分利用客家文化、红色文化、生态文化、传统工艺美术等发展文化产业，大力发展以"丹霞地貌"等自然遗产和红色文化、客家文化等人文遗产为核心资源的文化旅游融合产业，加快推进康养休闲、研学、户外体育旅游，加快与粤港澳大湾区文化产业的融合发展，进一步加强与大湾区城市的互动对接，以绿色生态吸引大湾区产业、人才等文化产业要素集聚，推动文化、旅游与农业、体育、教育、康养以及特色工业等融合发展，形成业态丰富、功能多样、互补共赢的产业发展新格局，推动全省生态文明建设和乡村振兴。

表7-3　2019年粤北生态发展区各市文化产业发展情况

城市	文化产业增加值（亿元）	文化产业增加值占当地GDP比重	各市规模以上文化产业法人单位数（个）	主要文化产业
韶关市	29.85	2.27%	47	以丹霞地貌等自然遗产和红色文化、客家文化等人文遗产为核心的文化旅游融合产业
河源市	31.51	2.92%	56	以岭南文化、客家文化、红色文化、恐龙文化、赵佗文化、阳明文化等为特色的文旅产业

（续上表）

城市	文化产业增加值（亿元）	文化产业增加值占当地GDP比重	各市规模以上文化产业法人单位数（个）	主要文化产业
梅州市	28.7	2.42%	66	梅江韩江绿色健康文化旅游产业带、客家文化
清远市	42.20	2.48%	61	健康养生、森林康养、乡村研学、民俗创意等生态文旅业态
云浮市	18.01	1.91%	18	以"禅宗文化""石艺文化"等为核心的生态文化旅游产业
合计	150.27		248	

数据来源：各年度广东文化及相关产业统计概览。

二　粤港澳大湾区与"一带一区"文化产业融合发展的重点领域

（一）沿海经济带：东西两翼串珠成链，构建滨海文旅走廊

沿海经济带区位优越，是"一带一路"建设的重要战略枢纽和经略南海的前沿，文化资源丰富，以南海I号、开平碉楼等为代表的众多历史文化遗存驰名海内外。沿海经济带需要进一步整合全域滨海文旅资源，连接东西两翼和粤港澳大湾区，构建滨海文旅走廊，联合推进"海洋—海岛—海岸"与跨海岛立体开发，打造滨海文化走廊。

1. 高标准建设两翼滨海旅游公路，延伸大湾区文旅风貌

广东滨海旅游公路东起潮州市饶平县，西至与廉江市相邻的广西合浦县，将东翼地区的汕尾、揭阳、汕头、潮州和西翼地区的湛江、茂名、阳江，以及粤港澳大湾区江门、珠海、中山、广州、东莞、深圳、惠州等14座城市的沿海地带有机串联，具备交通运输、生态保护、旅游休闲等多元复合型功能，被誉为"南海镶边、岭南丝路"。滨海旅游公路建设要立足"交通+文旅"融合发展理念，保护沿线自然生态，鼓励滨海城市充分利用

图7-3 滨海文旅走廊示意图
资料来源：课题组绘制。

水系、防护林、海堤等开放空间边缘，强化与滨海岸线、沿线生态的深度
融合，整合沿海地带的城市海滨段、旅游观光段、美丽乡村段、景观过渡
段等优势资源，打造贴近海岸、连通园区、串接景点、融入景观、服务完
善等旅游休闲廊道，探索发展跨地区滨海旅游产品，推动旅游观光和休闲
游憩功能有效支撑沿海经济带发展，实现东西两翼与大湾区协同发展，形
成广东省滨海文旅发展新格局。

2. 充分衔接东西两翼湾区组团，助力大湾区世界级旅游目的地建设

滨海旅游公路将沿海经济带东翼的汕头海湾、红海湾与环大亚湾区有
效衔接，推动雷州半岛、海陵岛与大广海湾充分对接，联通沿线沿海文旅
资源，加快海岸旅游资源开发，以岛岸联动、岛群协同等方式，大力发展
"跨岛游"，推动形成延伸粤港澳大湾区滨海文旅风貌的"金项链"。着
眼于粤港澳大湾区世界级旅游目的地建设，东翼沿海地区谋划建设汕尾红

图7-4　一带与湾区沿线滨海岛屿组团式发展示意图
资料来源：课题组绘制。

海湾、遮浪半岛等国家级海洋公园，探索在深汕湾、汕尾龟龄岛建设潜水基地，积极发展海上竞技和休闲运动项目，着力推进海洋娱乐发展。沿海经济带的西翼依托雷州半岛和海陵岛区域打造滨海旅游特色景区，深入挖掘海岸及海岛旅游资源，建设开发一批独具魅力的滨海特色风情小镇和特色渔村，构建都市圈滨海文化走廊，推出粤港澳大湾区核心城市间跨海岛旅游、东翼地区沿海海岛观光游、西翼地区沿海海上观光游等海岛旅游产品，打造广东特色滨海黄金旅游带。

3. 推动东翼沿海城市文旅轴线一体化发展，增加大湾区文旅发展魅力

沿海经济带东翼沿海城市文旅资源丰富，要素禀赋优势凸显，促进东翼沿海地区文旅一体化协同发展，宜走差异化和特色化路线。汕头依托南澳生态海岛加快发展高端度假旅游，推动南澳岛创建国家5A级旅游景区，打造生态经济发展新标杆；同步推进潮阳莲花峰风景区和澄海东里镇创建广东省文化和旅游融合发展示范区,发展邮轮游艇产业和海上旅游项目。揭阳加大开发神泉湾文旅项目、石碑山角、领海基点主题公园、客鸟尾石笋区等重点旅游资源,强化海洋旅游产业链的培育,建设以滨海休闲、养生健康、田园生活为主题的复合型滨海旅游度假目的地。潮州沿海岛屿、岛礁众多,要深挖海洋文化内涵,加大滨海旅游资源的整合、规划、开发和建设,打造集文化体验、艺术展览、生态观光、滨海度假、研学教育于一体的文旅综合体。汕尾以"海、山、泉、文"为灵魂,启动妈屿岛海洋风情艺术岛建设,打造滨海休闲旅游蓝色廊道和山区生态旅游绿色廊道,将红海湾建设成为滨海旅游和文化康养示范区,推动汕尾建设成为中国滨海休闲旅游最佳目的地之一。

4. 构建西翼城市滨海旅游发展极,打造湾区休闲文旅目的地

沿海经济带西翼地区包括阳江、茂名和湛江城市,三大城市文旅资源各具特色。阳江作为连接湾区与粤西城市的重要通道,凭借其紧邻粤港澳大湾区的优越地理位置,以国家级5A级景区海陵岛为龙头,加快建设便捷化、功能化、网络化的海岛基础设施体系,通过滨海旅游公路和生态旅游公路有效串联阳江全域主要景点景区,形成山海联动的大旅游格局。茂名拥有水东湾、中国第一滩景区等多个知名滨海旅游项目,积极推动南海旅游岛建设,推动茂名滨海景观资源串珠成链,以滨海旅游、医疗康养为主攻方向,突出绿色智慧发展特色,形成以滨海高端服务业为主体的特色产业体系。湛江重点发展硇洲岛、特呈岛和湛江湾等"两岛一湾"滨海旅游核心区,建设以海岛旅游为主的海洋旅游产业,统筹规划滨海旅游休闲度假区、海洋公园和滨海文旅产业园,丰富滨海旅游产品体系,通过滨海生态旅游、滨海度假旅游、滨海主题文化旅游等系列产品设计,推动滨海旅游全业态、全要素、全产业链发展,打造具有吸引力的雷州半岛滨海旅游文化产业带。

（二）沿海经济带东翼：潮汕文化产业带

1. 发展方向与重点

　　沿海经济带东翼紧邻粤港澳大湾区的深莞惠都市圈，可以充分承接湾区的辐射带动效应，集聚和传递粤港澳大湾区经济能级，深化与湾区文旅合作，完善交流合作平台，建立常态交流机制，培育并打造以汕头为龙头，以潮汕文化为特色，以海洋文化为内容的东翼文化产业圈，推动建设以汕头、潮州、揭阳、汕尾等城市为主线的潮汕文化产业带。东翼地区要充分挖掘潮汕历史文化的深厚内涵，重点发展以海洋、红色、古城、乡村、美食为重点的文化旅游产业；发展以陶瓷、玉石、玩具设计、动漫为重点文创产业，以及以"文物+非遗""文化+旅游""文旅+工业"为重点的文旅新业态。加强对潮汕传统文化资源的挖掘整理和宣传推介，深化海上丝绸之路和南粤古驿道文物史迹的保护与研究，弘扬特区文化、海洋

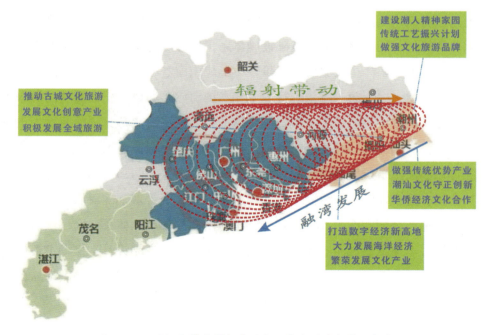

图7-5　沿海经济带东翼与湾区文化产业联动发展示意图
资料来源：课题组绘制。

文化、侨乡文化和红色革命文化，促进文化与经济的深度融合，加快形成潮汕文化产业链。

2. 联动路径

（1）传承非遗，推动潮汕传统文化元素与大湾区科技时尚元素融合发展，打造具有核心竞争力的潮汕文化产业带

传承非遗文化，打造潮汕历史文化展示厅，将潮汕传统文化元素与湾区科技时尚元素相融合，构建具有潮汕特色和品牌效应的文化产业平台，提升潮汕非遗文化产业竞争力。联动湾区城市文旅产业，推动潮汕文化资源优势与湾区相关产业发展相结合，积极推进"文化遗产+科技"发展，将潮州音乐、潮州木雕、潮剧、潮绣等具有丰富地方特色的历史文化技艺融入现代时尚元素，支持新媒体、影视作品、节庆活动等利用文化遗产宣传潮汕传统文化，开展非遗创意设计作品展等活动。依托湾区文旅市场和文博会等平台，拓展传统文化元素与旅游休闲、时装设计、动漫文化等产业融合的维度，加快建设集历史非遗、旅游度假、文化娱乐、休闲观光、养生宜居于一体的综合文旅生态产业区，形成既具有鲜明地方特色、又兼顾时代科技元素的现代潮汕文化产业体系。

（2）美食如潮，打造"国际美食之都"，增强大湾区旅游目的地吸引力

潮菜是传播中华文化的重要载体之一。海外潮人遍布全球，潮菜馆遍及六大洲，推介潮汕美食、传播潮汕文化，做大做强潮菜文化品牌，增加粤港澳大湾区文旅吸引力。加强与湾区文旅合作，推进文化创意与潮菜、潮剧、潮汕工夫茶等元素结合，完善潮菜标准体系，面向全球华人，全力打造"国际美食之都"和"潮菜之乡"品牌。深化与湾区城市之间的联动，将文化、美食与旅游景点景区、创意时尚相结合，潮汕美食、陶瓷设计、时尚设计、民俗艺术与文旅发展深度融合，形成一批文创品牌新业态，建设一批文化创意产业园区，推动形成以"美食+"为主线，"美食+文化""美食+旅游""美食+创意"为特色的文旅产业发展格局，助力粤

港澳大湾区世界级旅游目的地建设。

（3）以侨为媒，连通湾区，共建潮人精神家园

联动粤港澳大湾区华侨资源，深度挖掘开埠文化、海洋文化、侨批文化、民俗文化底蕴，持续推动历史文化街区、历史建筑、历史遗迹保育活化，打造承载城市记忆、延续历史文脉的旅游地标，构筑海内外潮人共同的精神家园。加强与粤港澳大湾区联合推介与招商，积极参与广交会、进博会、高交会等重要展会，提升潮汕文化在海内外的影响力。积极以侨引侨、以侨引外，汇聚全球"潮汕人经济"资源，共建潮侨文化品牌、共享侨商侨资平台。创新办好搭建市场化国际化招商平台，用好"华侨经济文化合作试验区"等平台，推进实施潮汕乡贤回归工程，联动大湾区潮汕商会和海外华商组织、侨商组织等力量，构筑世界华侨平台，助力发展潮汕经济，推动东翼地区与湾区经济相互促进、相得益彰。

（4）融合发展，促进制造业与大湾区文化创意及数字经济深度融合

加快促进制造业和数字经济深度融合，推动融入粤港澳大湾区国际数字经济创新中心建设。强化与湾区数字产业、文旅产业合作，实施数字文化遗产工程，发展动漫视频渲染、人工智能计算等大数据服务业，推动潮汕地区制造业企业加快开展数字化转型，着力培育融合应用创新产业。加强与湾区创意产业交流，深化创意设计、开发、生产和影响之间的合作，打造数字创意、文旅融合、智能演出、动漫游戏聚集地，推进创意设计、工艺美术、出版印刷业、文化旅游业的融合发展，探索建立潮汕文化产业数字化集群，探索开展文化旅游装备制造业示范基地建设，打造具有国际竞争力的先进文化制造业中心。

3. 城市维度

（1）汕头：建设区域文化高地，共享侨商侨资平台

推动汕头优势文化产业与新兴文化产业共同发展，融入大湾区文化圈。加快打造高端服务与新兴产业集聚的汕头沿海发展带，坚持高端技术化路线，发展以智能玩具、文创设计、数字创意等为核心的动漫玩具产业

集群，大力发展影视传媒、动漫网游、视听直播等新业态新模式，重点发展健康医疗、教育培训、文化创意、体育服务、休闲旅游等生活性服务业。推进非遗创新发展，繁荣精品创作，依托汕头潮剧节、"澄海灯谜"、"潮阳英歌舞"等地方文化资源，传承与创新民间文化艺术，不断优化文化服务供给，弘扬传统文化精髓和潮汕地域文化，推动新型民间文化艺术大放异彩，全力推进形成现代文化产业与传统文化艺术相结合的多元化综合性发展格局。

推动历史文化街区与现代文旅景区相得益彰，充分激活大湾区文脉。深化历史文化保护利用，持续推进小公园开埠区保育活化，布局休闲旅游、文化经营、美食体验等特色业态，积极申报国家级、省级历史文化街区，推动潮汕历史文化博览中心建设。打造南澳岛、内海湾、南山湾、莲

图7-6　南澳岛
资料来源：《南澳岛：海上明珠　粤闽咽喉》，《汕头日报》2022年5月7日。

花峰、前美村、樟林古港等文旅产业集聚区，推动"潮风侨韵·魅力乡村休闲游""莲花山温泉康养游""寻根祭祖·妈祖文化体验游"等乡村旅游精品线路发展，促进文旅深度融合，形成历史文化街区与现代文旅景区协同发展格局。

协同湾区华侨资源，构建全球潮人文化家园，共享世界侨商侨资平台。汕头因侨而立，因侨而兴，在新时代更要打好"侨"牌，凝聚侨心侨智，用好侨资侨力，构筑侨商侨资平台。联动湾区华侨资源，深入挖掘海洋文化、开埠文化和华侨文化等资源，打造展现汕头老埠风貌、延续历史文脉的城市地标，构筑海内外潮人寻根怀旧的精神家园。加强与大湾区城市招商协作，发挥"华侨经济文化合作试验区"国家级平台作用，用好粤东侨博会等重大平台，加强世界华侨交流与沟通，推动经济发展共享共赢，提升潮汕文化的全球影响力。

> **专栏7-1**
>
> ## 华侨经济文化合作试验区[①]
>
> 华侨经济文化合作试验区于2014年经国务院批复成立，规划面积达480平方公里，被赋予"进一步深化改革开放和建设21世纪海上丝绸之路重要门户"的重任。该试验区是目前全国唯一以"侨"和"文化"为特色的国家级发展平台，也是全国首个具有华侨特色的区域股权交易市场"华侨板"。
>
> 2017年，国务院侨务办公室（简称国侨办）批复同意在汕头华侨试验区设立"侨梦苑"。"侨梦苑"是国侨办配合国家创新驱动发展

---

① 《以"侨"为桥　汕头华侨文化的历史轨迹与崭新篇章》，《汕头日报》2021年7月20日。

战略建立的侨商产业聚集区，是一个为高层次人才回国创业发展提供项目对接、签约落地、创业培训、政策支持、人才支援、市场开拓、融资保障的全链条服务的高端创业创新平台。近年来，汕头不断加大体制机制创新，支持在华侨试验区发展邮轮、游艇旅游和配套产业链，与广州南沙、深圳蛇口、福建厦门等邮轮母港合作开发面向港澳台、南太平洋岛国等地邮轮航线。

（2）汕尾：发挥"红蓝"特色，推进文化强市，高水平建设深汕特别合作区

依托"红蓝"特色资源，积极融入大湾区文旅发展。汕尾紧邻粤港澳大湾区，是大湾区东进门户和互联互通的交通枢纽节点。要充分对接湾区市场，全面加强与湾区城市在文化、旅游和体育等方面的合作，依托"蓝"色资源禀赋，打造"山海之旅·度假胜地"，建设宜居宜业宜游宜憩的滨海名城。同时，传承红色基因、保护红色资源、发扬红色传统，深入挖掘海陆丰"红色文化"内涵，推进红宫红场、陆丰市周恩来活动居址修缮，加强"传承红色基因主题教育线路"建设，与大湾区联合开展红色教育培训，举办革命传统教育、红色文化系列活动，为大湾区干部群众提供红色文化教育培训和实践基地。加大"四戏一歌"（正字戏、西秦戏、白字戏、皮影戏、汕尾渔歌）非遗保护力度，推动进入粤港澳大湾区文化舞台。积极参与粤港澳大湾区文化活动，深化文化艺术、非物质文化遗产项目的交流。

充分发挥湾区战略支点作用，推动深汕特别合作区文旅高质量发展。深汕特别合作区自然环境优越，山水环绕，辖区内有长达50.9公里的滨海岸线、13公里的优质沙滩以及广阔的海滨浴场，海域总体面积约1152平方公里。区域内人文历史悠久，有客家、潮汕、疍家、畲族等众多原籍族群，

文化多彩斑斓。支持深圳企业充分利用汕尾资源，开发能为旅游者提供康体疗养、观光休闲服务的乡村旅游、温泉旅游度假区和度假酒店等旅游资源；引进大湾区大型文旅集团，推动社会资本参与红海湾滨海旅游示范区建设，布局以山河资源、历史人文为核心，沿红海大道空间轴构建的"滨海特色旅游带"。

专栏7-2

高水平推进深汕特别合作区规划建设和管理运营

2011年5月21日，深汕特别合作区正式成立，标志着我国第一个特别合作区正式成立。深汕特别合作区位于汕尾市海丰县内，地处珠三角经济圈和海峡西岸经济圈接合部，南临南海红海湾、马宫港，是深港向东拓展辐射的重要战略支点。

加强深汕特别合作区与深莞惠大都市区的轨道交通衔接，推动湾区中心城市轨道交通向深汕特别合作区延伸，密切对接大湾区，进一步打通汕尾与大湾区之间的水路通道，打造海上客运通道与湾区对接。探索发展"总部+基地""研发+生产"等产业共建模式，深化"前店后厂"等产业协同共建模式，推动同一产业、同一企业在深圳和汕尾整体布局。要以产业共建对接融入深圳先行示范区建设，推动深圳现代产业生产环节、生产基地布局汕尾，努力把汕尾建设成为深圳城市产业转移的主承接区。

（3）揭阳：古城新城交相辉映，擦亮"中国玉都"品牌

对接湾区文旅市场，建设宜居宜业宜游的活力古城、滨海新城。粤东千年古邑揭阳，依托"三山二水一古城"的山水古城空间形态，加强传统

图7-7 揭阳：阳美翡翠玉雕
资料来源：揭阳市政府官网。

街区和重点文物保护单位的保护修缮，推动揭阳古城4A景区和特色街区建设，打造"揭阳古城文化游"品牌，争创国家级历史文化名城。建设集约高效、绿色智慧、活力创新、特色优美的滨海新城，开发滨海度假、森林康养、乡村休闲和潮汕文化体验等特色产品，形成多条联通粤港澳大湾区的古城、新城精品文旅线路，推动新旧城区相得益彰，实现古城蝶变，新城崛起。

"中国玉都"源于广州，兴于湾区，走向世界。揭阳的百年琢玉史源于其祖辈往返广州学习技艺，传帮带动，吸收了潮汕地区木雕、石雕、潮绣、陶瓷等传统工艺的精华，形象逼真，技艺精湛，逐渐打开玉器市场。深化与粤港澳大湾区工业设计合作，挖掘玉产业文化内涵，加快工业设计成果产业化，打造以揭东区磐东街道阳美村为核心的揭阳玉器产业集聚区，促进阳美玉文化创意产业园提质发展。加强与粤港澳大湾区联合推介，举办国际玉文化节等大型特色节事主题活动，打造玉文化主题旅游体验地，提升"玉都"文化发展水平，极力打造全国乃至亚洲的翡翠生产、加工基地和贸易集散中心，提升"亚洲玉都""中国玉都"的美誉度。

（4）潮州：统筹非遗文化资源，融入人文湾区建设

推动古城资源保育活化与传承创新，打造优秀传统文化集结地和世界潮文化旅游体验地。"潮州湘桥好风流，十八梭船廿四洲"，牌坊街、

广济桥等传统建筑沉淀着古城的深厚历史,承载着城市技艺,经过修缮维护和活化利用后,又被赋予新功能,如潮绣、潮雕、潮塑、潮剧、潮瓷、麦秆剪贴画等非遗技艺互动式展演在广济桥轮番上演,推动潮州建设成国内外重要影响力的历史文化名城、世界潮人精神家园、中华文化展示的窗口。加快潮州古城整体申报世界文化遗产,创建国家级文化生态保护实验区、国家文物保护利用示范区、国家5A级景区、世界美食之都"三区一都";谋划打造汛洲岛、中国工艺美术之都、世界潮人文旅城等文旅项目。

传承非遗文化,融入湾区发展,推动"世界美食之都"建设。"非遗"和"美食"承载着传统技艺,绵延着城市文脉,潮州菜烹饪技艺是第五批国家级非遗项目。加强与湾区文旅合作,通过"潮州文化寻根之旅""潮州非遗精品展""潮州工艺美术精品拍卖会"等系列活动,扩大潮州文化在大湾区的影响力。加强潮州非物质文化遗产保护与传承,充分挖掘潮州古村落、侨史、方言、饮食、民间艺术等特色资源,弘扬潮州木

图7-8 潮州:梦里湘桥——广济桥
资料来源:潮州市人民政府官网。

雕、潮绣、工夫茶、潮州菜等潮
汕文化元素魅力；统筹非遗文
化资源，挖掘传统烹饪技艺、
加强老字号保护，培育美食传
承人，建设一批美食街、美食
城、美食集聚区，促进文化创
意与潮菜、潮汕工夫茶等元素结
合，做好联合国教科文组织创意城
市网络"世界美食之都"申报工作，提高
"中国潮州菜之乡"的国际影响力。

图7-9 潮州菜——"五谷丰登"
资料来源：《一场视觉和味蕾上的盛
宴》，《潮州日报》2021年12月10日。

发挥瓷都效应，深化与湾区工艺合作，打造世界级的陶瓷产业集群。
以"中国瓷都"品牌为引领，持续推进陶瓷产业高质量发展，从陶瓷产业
研发、制造、营销、会展及物流等方面优化升级，建设陶瓷产业总部经
济，打造世界级陶瓷产业集群。同时，深化与粤港澳大湾区工业设计合
作，实施内容精品和文化品牌战略，运用人工智能等技术，提高陶瓷等传
统工艺产品的工业化、规模化水平，加快工艺美术、婚纱礼服、文化会
展、民间艺术等领域的设计成果产业化，加快潮汕文化系列产品开发，培
育具有区域竞争力的文化创意企业，促进潮州打造先进文化产业带。

专栏7-3

推进"文化潮州"建设工程，建设潮人精神家园

习近平总书记在潮州市考察时强调，潮州是一座有着悠久历史的
文化名城。潮州有很多宝，潮绣、木雕、潮剧、工夫茶、潮州菜等，
都很有特色，要系统推进"文化潮州"建设工程，传承与创新潮州文

化，推动文旅融合发展，共建潮人精神家园。

传承优秀潮州文化特质，建立潮州文化研究智库，系统研究梳理潮州方言、工艺美术、建筑文化、节庆文化、饮食文化、潮剧文化、民俗文化等主体文化元素；以文学、影视、舞台、美术、群众网络六类文艺体裁为重点，聚焦重大题材，打造具有潮州文化特色的文创产品，以设计带动文化产业可持续发展；以"绣花"功夫推动古城微更新、微改造，强化文旅融合，统筹潮州历史文化资源，加快潮州古城整体申报世界文化遗产，推动"千年府城"再焕光彩。

（三）沿海经济带西翼：雷州文化产业带

1. 发展方向与重点

沿着粤港澳大湾区向西延伸，便是沿海经济带西翼，以阳江、茂名、湛江等城市为主线构成的南海海洋文化带。阳江紧靠粤港澳大湾区珠中江都市圈，要充分发挥交通枢纽节点作用，承接湾区文化产业外溢带动效应，传递辐射能级，不断向东辐射，带动东翼沿海经济带崛起。推动西翼打造以湛江为龙头，以雷州文化为特色，以海丝文化为内容的沿海经济带西翼文化产业圈。加快海洋文化创意设计、滨海特色文化旅游、海洋文化传媒等产业的开发，建设集影视创作、创意设计及其相关产业衍生产品一体化的海洋文化创意产业走廊和精品旅游路线，携手湾区城市，共同打造"一程多站"滨海旅游线路，推动旅游资源共享、旅游线路共建，打造大湾区旅游休闲目的地。

2. 联动路径

（1）对接湾区资本，打造湾区产业拓展地，实现产业集群式发展

抓住粤港澳大湾区发展机遇，加强与湾区文旅合作，推动资源共享

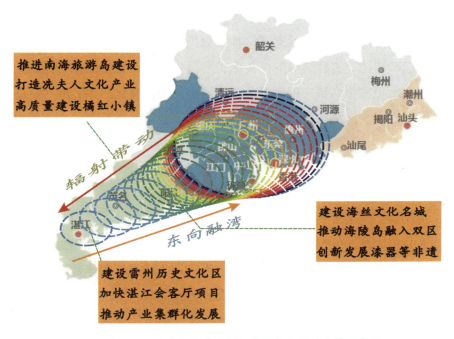

推进南海旅游岛建设
打造冼夫人文化产业
高质量建设橘红小镇

辐射带动

东向融湾

建设海丝文化名城
推动海陵岛融入双区
创新发展漆器等非遗

建设雷州历史文化区
加快湛江会客厅项目
推动产业集群化发展

图7-10　沿海经济带西翼与湾区文化联动发展示意图
资料来源：课题组绘制。

与产业融合，打造成为湾区产业拓展的供应地，推出"一程多站"式精品线路，与湾区共建无障碍旅游区；连接湾区资本，加强与湾区大型文旅企业合作，推动湛江华侨城欢乐海湾文化旅游综合体项目和鼎龙湾国际海洋度假区等项目高质量发展；发挥"双区"城市在大数据、云计算、电子商务、创意设计等领域的优势，探索推进科研院所、文旅企业和跨境电子商务之间的合作，深化技术、人才和项目交流，促进产业链和生态链紧密结合，推动产业集群化发展，与粤港澳大湾区沿海城市"串珠成链"，打造世界级沿海经济带。

（2）衔接湾区海丝文化，打造海丝文化产业带

加强与湾区海丝城市合作，围绕"海丝"文化，加强对"南海Ⅰ号"、广州南海神庙等海上丝绸之路文化遗产的开发与研究，加快推进广东省水

下文化遗产保护中心建设，协同推动世界文化遗产申报工作；强化与广州文旅交流，发掘南海丝路沿线遗迹，加强对历史文化街区、历史遗址风貌区、文化遗产游径、古驿道等的修复保护和活化利用，谋划建设一批历史文化街区和历史文化名镇，挖掘对外贸易历史与海丝文化内涵，联合打造以"南海Ⅰ号"、南海神庙为核心的海丝文化产业带，提升海丝文化的世界影响力。

（3）链接湾区资源，传承与弘扬雷州半岛文化

西翼地区的"雷州半岛文化"是广东省最负盛名的传统文化之一，雷剧、雷州歌、遂溪醒狮、雷州石狗、吴川飘色、蒲织技艺等非遗闻名中外，要充分借力湾区发展机遇，强化与湾区文旅资源合作，加强对雷州历史文化街区、历史遗址风貌区、文化遗产游径、古驿道等的修复保护，活化利用雷州石狗雕刻技艺、雷州木雕和雷州傩舞面具，传承与推广醒狮彩扎技艺与表演，推动雷州风筝与蒲织手作创意、研发、销售与交流。鼓励雷州地区与湾区文旅企业合作，打造全国首条骑楼主题的沉浸式、融美食网红、文创和时尚于一体的雷州文化夜游光影街区，传承与弘扬雷州半岛文化。

3. 城市维度

（1）阳江：建设海丝文化名城，打造世界滨海文化旅游目的地

强化与湾区文旅合作，推动"融湾强带"，打造粤港澳大湾区世界级旅游目的地延伸拓展区。作为粤港澳大湾区西拓的门户城市，阳江要发挥沿海经济带重要战略作用，增强阳江衔接沿海经济带西翼与湾区沿海地区的支点功能，把对接融入"双区"作为对外布局的战略重点，加强与粤港澳大湾区在文化、旅游方面的交往合作，主动接受"双区"辐射带动，不断向西传递湾区文化能级。依托海、湖、港、城、岛、村、山等特色自然生态禀赋和空间组合，大力发展全域旅游，发挥"南海Ⅰ号"、海上丝绸之路等旅游文化品牌效应，大力推动海陵试验区创建国家全域旅游示范区，努力成为粤港澳大湾区世界级旅游目的地的重要补充和对标世界一流

图7-11　阳江市海陵岛：银滩十里听涛声
资料来源：阳江市海陵岛经济开发试验区政务网。

滨海旅游度假胜地。

　　联动湾区海丝城市，打造海丝文化名城。强化与大湾区海丝城市的协同联动，保护传承弘扬海丝文化，依托南海Ⅰ号博物馆和阳江漆器博物馆，加强非物质文化遗产的传承保护和研究利用。遵循地域性、文化性与时代性的发展思路，传承漠阳优秀传统手工艺，加强民俗、传统技艺等历史文化资源和阳江漆器、漆艺、根雕、风筝、豆豉、小刀等非物质文化遗产的保护与开发，擦亮以南海Ⅰ号为核心的"海丝文化"、漠阳风筝文化节、南海（阳江）开渔节等城市名片，提升"海丝名城"的文化影响力和知名度。

专栏7-4

"南海Ⅰ号"——"一带一路"的文化使者①

  2021年10月18日，"第三届中国考古学大会"在河南省三门峡市开幕，现场公布了"百年百大考古发现"。"南海Ⅰ号"沉船入选，这是目前全世界最大、最集中的海丝文化载体。

  "南海Ⅰ号"沉船1987年发现于广东省台山、阳江交界海域，是迄今为止我国所发现的保存最好的宋代远洋贸易商船，沉船出水文物总数超18万件，包括各类金、银、铜、铅、锡等金属器，竹木漆器，玻璃器以及人类骨骼、动植物遗存等，对研究中国乃至整个东亚、东南亚的古代造船史、陶瓷史、航运史、贸易史等有着重要意义。作为"一带一路"的文化使者，"南海Ⅰ号"出水文物沿丝路国家和地区，曾在沙特阿拉伯、德国汉堡、中国澳门等地展出，促进了海丝文化与世界各国文明互鉴。

  （2）茂名：打造中国南方文旅康养度假基地

  强化与湾区平台对接，打造中国南方文旅康养度假基地。加强与湾区联动发展，联合广东广播电视台，挖掘"好心茂名"文化，推动冼太故里景区创建全国研学旅行示范基地；依托冼太文化园和冼夫人文化小镇，打造冼夫人影视文化城，开发冼夫人系列文创产品，形成"冼夫人+"产业链；主动对接湾区发展平台，积极融入"双区"建设，强化与湾区文旅企业合作，加强在乡村旅游、海滨旅游、康养旅游、健康运动、养老服务、健康管理等相关产业的合作，以建设南海博贺滨海旅游度假区为重点，构

---

  ①　《"南海Ⅰ号"入选"百年百大考古发现"》，《阳江日报》2021年10月20日。

图7-12 高州冼太庙   图7-13 高州冼夫人雕像

资料来源：《电视剧〈冼夫人传奇〉11月11日在京开机》，广州日报大洋网，2020年11月9日。

建山海联动的旅游发展格局，依托南药基地和温泉医疗资源，发挥气候资源和潘茂名中医药文化优势，全力打造中国南方文旅康养度假基地。

对接湾区客源市场，推进文旅业开放协同发展。加快建设广东滨海旅游公路茂名段，提高旅游支线公路等级，依托高铁线路、高速公路、港口、机场对接粤港澳大湾区客源市场，积极引客入茂，拓展旅游开放协同发展空间。办好南海（茂名）博贺开渔节、化州橘红文化节、荔枝文化节等节庆活动，发展创意经济，着力打造高凉文化，通过"文化+"推动印刷出版业、动漫游戏业、创意设计业、文化旅游业等文化产业合理开发和资源整合，拓展旅游开放协同发展空间，推动产业链、供应链、价值链"三链"深度融合，构筑文旅一体化发展格局。

（3）湛江：打造国际滨海旅游目的地、全国全域旅游示范市、中国南方冬休基地

构建"一心——一带—两廊—三极"的旅游空间布局，打造湾区休闲旅游目的地。"一心"是城市旅游发展核心区，"一带"是雷州半岛滨海旅游文化体育产业带，"两廊"是湛徐高速公路和广湛—渝湛高速公路两大高速旅游走廊，"三极"即吴川、雷州、徐闻三大文化和滨海旅游发展区域。通过"一心——一带—两廊—三极"的旅游空间布局，依托硇洲岛全域

旅游开发、湛江华侨城欢乐海湾文化旅游综合体项目和鼎龙湾国际海洋度假区项目等重大海滨旅游项目，借鉴长隆广州及珠海项目发展经验，加快在湛江建设主题公园、主题乐园等大型旅游综合体项目。扩大湛江文旅项目招商引资，借助湾区发展资本，壮大文化和旅游市场主体，重点扶持文化旅游、广播影视、演艺、出版发行、民俗工艺品开发等产业项目。联动湾区文旅发展市场，共同打造两地间"一程多站"式特色旅游线路，以邮轮线路强化两地旅游市场对接，全力打造湾区休闲旅游目的地。

　　加强与湾区文旅产业深度对接，积极向大湾区拓展市场。强化湛江与湾区文旅市场对接，支持湛江盘活文化资源，加强非遗、文创、老店等文旅新业态交流合作，支持两地企业开展战略合作，共同发展滨海旅游产业，支持湛江创建广东省全域旅游示范区；鼓励湾区社会资本参与湛江港湾游资源开发，深挖海洋海丝文化、雷州民俗文化、海鲜美食特色，以滨海休闲旅游、医疗康养等滨海高端服务业为重点，延伸两市间"一程多站、综合运营、联动拓展"的滨海旅游产业链；依托湛江海岛、沙滩等滨海旅游资源和文化资源，推动湾区文旅龙头企业在湛江开发文旅综合体项目，携手推动文旅开发，优化双方文旅产业结构，面向粤港澳大湾区拓展旅游市场。

　　强化与湾区文旅合作，联动文旅营销。鼓励与湾区城市联合主办大

图7-14　国家级非遗——东海岛人龙舞　　　　　图7-15　雷州石狗
资料来源：湛江市人民政府网站。

型文旅宣介活动，整合文化艺术、文物和非遗元素，深入挖掘雷州古城文化、遂溪孔子文化和吴阳状元文化等雷州半岛系列文化，加大文化、创意与科技融合力度，为文旅开展交流合作搭建平台。联合湾区城市共同举办海上丝绸之路文化节、海上丝绸之路博览会等，扩大湛江文旅资源在海丝城市的推介。充分利用广播电视等媒体互相投放宣传资料及相关文化旅游公益广告，依托广州文化产业交易会、广州国际旅游展览会、广州国际文物博物馆版权博览会、广州国际艺术博览会等平台，推出"一路向南，湛蓝海岸"口号，扩大宣传效应，提升区域旅游品牌认知度和影响力。

专栏7-5

强化广州湛江深度协作，实现产业组团式承接和集群式发展

习近平总书记赋予湛江"打造现代化沿海经济带重要发展极"的时代使命，省委、省政府明确提出形成"双核+双副中心"动力机制，支持广州与湛江建立深度协作机制，"广湛深度协作"是新时期广东区域协调发展重大战略新探索。

广州与湛江资源互补性较强，推动两地农业企业、农产品市场建立产销对接机制，建设服务大湾区的"米袋子""菜篮子""果盘子"基地；积极推动霞山区块、东海岛区块、徐闻区块纳入广东自贸区扩区的片区，探索建立各县（市、区）及产业（园区）"一对一"共建合作机制，共同构建完整的产业链、供应链；发挥广州南沙片区辐射带动作用，针对海洋生物、海洋装备产业发展需求，深化科研项目对接，探索与湛江共建、共享、共赢的协同发展新模式、新途径，推动实现产业承接与集群化发展。

（四）北部生态发展区：建设国家生态文旅产业融合发展示范区

北部生态发展区位于广东省北部地区，主要包括韶关、河源、梅州、清远和云浮等地市。主要的发展方向是践行"绿水青山就是金山银山"的发展理念，以保护生态环境为主，依托国家级、省级非物质文化遗产项目，发展特色文化旅游业。

1. 发展方向与重点

北部生态发展区要以粤港澳大湾区建设和国家城乡融合发展试验区建设为契机，谋划与粤港澳大湾区城市间的文旅产业错位发展、协同联动，把文化产业发展与生态文明、乡村振兴建设深度融合，培育富有地方魅力的文化品牌，突出红色文化、生态文化，大力发展工艺美术、红色旅游、康养生态旅游，促进特色文旅产业联动。大力推进康养休闲、户外体育旅游，努力打造环粤港澳大湾区生态旅游休闲文化高地。

图7-16　北部生态区与湾区文化产业联动发展示意图
资料来源：课题组绘制。

结合广佛清云韶等城市间一体化发展实际，深入挖掘城市间的文化渊源，梳理人文脉络，有侧重地突出谋划文旅产业融合发展的"一程多站"项目，加快与粤港澳大湾区的文化产业融合。韶关发展以丹霞地貌等自然遗产和红色文化、客家文化等为核心资源的文旅融合产业。梅州依托历史人文资源，大力发展工艺美术、红色旅游、康养生态游。清远依托"中国最具特色旅游城市"，加快发展地貌、民俗、温泉、度假休闲等特色文旅业。河源积极塑造河源"客家文化""红色文化""恐龙文化""生态休闲"品牌。云浮着力培育发展禅宗六祖文化、石艺文化、南江文化三大文化产业体系。各市优化布局平台载体资源，推动基础设施、旅游开发、产业布局、公共服务和生态环境一体化发展，形成产业融合创新、优势互补、特色鲜明的生态旅游经济发展格局，与粤港澳大湾区共同打造生态文旅产业融合发展示范区，打造辐射带动北部生态区经济发展和乡村振兴的核心引擎。

2. 联动路径

（1）立足绿色资源禀赋，共同打造湾区生态旅游涵养地

以环丹霞山、环罗浮山—南昆山、环鼎湖山、环天露山、环云雾山—云开山、环凤凰—莲花山脉等"六圈"为重点，打造环丹霞山、环南岭、环罗浮山—南昆山、环云雾山—云开山等旅游经济带，打造湾区生态旅游涵养地。培育以温泉疗养、自驾骑行、山地越野、传统武术、运动健康、户外露营、中医药等为主题的旅游产品链。统筹开发建设西江、东江、北江、梅江—韩江四大绿色生态旅游画廊，合理布局南岭国家公园辐射范围内的文化和旅游项目，推动建设生态旅游目的地和打造生态旅游精品线路。加快环南岭旅游公路建设，进一步完善生态旅游基础设施和公共服务配套体系，系统布局生态风景道、游步道、营地驿站、停车场、旅游厕所等旅游基础设施，推动生态旅游环境进一步优化。

整合广州北和清远南生态文化旅游资源，立足于山、林、水、泉生态资源禀赋，坚持生态绿色优先、可持续发展理念，高水平建设粤港澳大湾区北部生态文化旅游合作区。通过大力发展生态文化旅游，探索生态产品

价值实现的机制，构建绿色产业生态链，推动合作区内生产、生活、生态"三生"融合发展。以"生态+农业+文化+旅游"为核心，重点开发自驾游、绿道骑行、山地观光及农耕文化、古村韵味等乡村生态旅游产品，大力发展健康养生、房车营地、乡村研学、民俗创意等乡村旅游新业态，创建一批中医药文化养生旅游示范基地、港澳青少年内地游学基地，建设城乡产业协同发展先行区。

做强丹霞地貌文化产业带。集中力量打造具有国际文化符号影响力的喀斯特—中国丹霞文化基地，形成喀斯特以及中国瑶族少数民族特色文化旅游带。围绕着喀斯特地貌，规划建设集世界喀斯特地貌文化特色于一体的国家级博物馆，提升粤北地区的文化影响力。发展以丹霞山为代表的科普旅游产业、体育旅游产业、喀斯特溶洞文化、"三连"（连州、连南、连山）为代表的瑶族少数民族特色文化、清远北江为代表的休闲度假文化等，将广东北大门——北江建设成一条独具特色的"文化之江"和中国丹霞地貌文化产业带。

专栏7-6

粤港澳大湾区北部生态文化旅游合作区五大特色旅游线路①

都市娱乐旅游线路。白云国际机场/广州北站—花都会展中心—融创文旅城—中国皮具文化园—德盈新银盏温泉度假村—长隆国际森林度假区—碧桂园假日半岛故乡里旅游度假区—御盛国际马术度假区—绿沃川广州总部基地—广州民俗博物馆—白云国际机场/广州北站。

北回归线森林运动旅游线路。白云国际机场/广州北站—叶海生

---

① 《粤港澳大湾区北部生态文化旅游合作区建设方案》。

态园—芙蓉嶂—王子山森林公园—颐杰鸿泰狮子湖景区—玄真古洞生态旅游区—古龙峡原生态旅游区—黄腾峡生态旅游区—飞来峡水利枢纽风景区—聚龙湾天然温泉度假村—碧水湾温泉度假村—流溪河国家森林公园—白水寨风景名胜区—白江湖森林公园—二龙山花园景区。

温泉度假旅游线路。白云国际机场—芙蓉度假区—七溪地芳香小镇—聚龙湾天然温泉度假村—森波拉度假森林—碧水湾温泉度假村—良口生态设计小镇—流溪河国家森林公园—石门国家森林公园—森林海旅游度假区—白水寨风景名胜区—增城派潭生命健康小镇。

乡村亲子旅游线路。白云国际机场—炭步岭南古村落小镇—叶海生态园—梯面红山村景区—上岳古村落—大丘园农村景区—溪头村旅游景区—蒙花布村—莲塘村—瓜岭村—大埔围美丽乡村景区。

特色文化旅游线路。白云国际机场—广州民俗博物馆—圆玄道观—石头记矿物园—华严寺—融创文旅城—花山小镇—香草世界—七彩澳游世界文化生态旅游区—莲塘印象园—增城文化公园—1978电影小镇—何仙姑景区—湖心岛旅游风景区—小楼人家景区。

（2）立足特色文化资源，构筑湾区北部文旅合作区

支持粤北五市将文化资源优势转变为文化旅游优势，做大做强特色文化旅游产业，共同构筑湾区北部文旅合作区。加强红色文化、民族文化、客家文化、乡村民俗、南粤古驿道等特色文化和旅游资源开发，推动文化旅游深度融合，坚持以文塑旅、以旅彰文，建立省级文化旅游发展综合平台。创新发展富有岭南风韵的红色文化游、文化遗产游、粤美乡村游、工业商业游、度假休闲游、研学游、康养游等文旅项目，开发有地方文化特色的旅游文创产品、旅游衍生品等，争创国家级文化产业和旅游产业融合发展示范区，创建"最广东"的国家全域旅游示范区，擦亮广东文化旅游

品牌，打造具有国际影响力的粤北文化休闲旅游高地。

提升客家文化产业竞争力的区域平台，着力打造梅州世界客都、河源中国客家文化古邑的区域性品牌。规划和设计整体提升客家文化产业竞争力的"中国客家经济文化区（含自由贸易区建设）"：以中国七大地方文化之一、革命老区、资源型地区、世界客都、东江文化名城、客家文化古邑、海外客家人的精神家园等为载体，建设以客家精神为内涵的文化产业带，推动东江客家地区区域竞争力的提升。

专栏7-7

世界客都——梅州①

梅州是粤东北区域性中心城市，全球最具代表性的客家人聚居地，世界客家人的精神家园，被誉为"世界客都"，素有"文化之乡、华侨之乡、足球之乡"的美誉。梅州既是客家人南迁的最后落脚地，也是明清以来客家人衍播四海的主要出发地，有着客家千年的深厚人文积淀，是中国客家文化生态保护实验区。客家围龙屋被称为"中国五大特色民居"之一。广东汉乐、梅州客家山歌被列为全国首批非物质文化遗产。梅州人才辈出，涌现出开国元帅叶剑英、晚清杰出的外交家黄遵宪、爱国保台志士丘逢甲、洋务活动家丁日昌、张裕葡萄酒创始人张弼士等一大批光耀中华的名人贤士。这里是新加坡前总理李光耀、现任总理李显龙，泰国前总理他信、英拉的祖籍地，近代以来梅州"出产"了25位中国"两院"（中国科学院、中国工程院）院士，270多位大学书记、校长，470多位将军。梅州籍港澳台同胞及海外侨胞达360多万人，遍布70多个国家和地区。

---

① 梅州市人民政府网站。

（3）依托产业发展基础，共同打造湾区文商旅融合发展试验区

充分发挥粤港澳大湾区自由贸易试验区、CEPA、综合保税区、服务贸易创新发展试点、绿色金融改革创新等政策优势，立足北部生态区产业基础，以重大文化旅游项目为重要节点，积极探索"文化+消费"融合创新模式，打造集数字创意、时尚设计、文化消费体验等功能于一体的文化消费融合创新区，推动传统商业向体验消费转型，形成文商旅"创、研、产、销"一体化产业链，共同打造文商旅融合发展试验区。加快形成产业共推、品牌共建、环境共治、交通互联、设施共享的区域文商旅产业协调发展合作机制，重点发展以休闲旅游、生态旅游、文化旅游、服务贸易、数字贸易、跨境电商等为代表的新业态，通过塑造文商旅品牌、培育文商旅消费，加快文商旅产业大融合、大发展、大提升，有力支撑粤港澳大湾区高标准建设宜居宜业宜游的优质生活圈。

3. 城市维度

（1）韶关：以自然遗产和人文遗产为特色融入大湾区文化发展圈

韶关地处粤港澳大湾区辐射湘赣地区发展的枢纽位置，区位优越、交通便利，同时生态环境优越，独特的山地和人文环境为文旅产业发展提供了得天独厚的条件和资源。

韶关作为粤港澳大湾区发展腹地和重要屏障，要以生态和文化为特色优势融入大湾区，发展以"丹霞地貌"等自然遗产和红色文化、客家文化等人文遗产为核心资源的文化旅游融合产业。以观光休闲、文化体验、休闲度假为主要功能定位，打造以丹霞山景区及环丹霞山产业园区为核心的丹霞山发展极。以生态旅游、文化休闲、康养体验为主要功能定位，打造以南岭国家公园为核心的南岭国家公园发展极，辐射联动丹霞山、云门山、东华山、华南教育历史研学基地、大峡谷、蓝山源温泉旅游度假区等旅游资源，形成种类丰富的旅游产品体系，打造特色旅游产业集群。同时，不断深化与粤港澳大湾区产业共建共融，打造与大湾区接轨的营商环境，推进文旅体融合，结合红色文化和乡村旅游资源，主动对接大湾区大

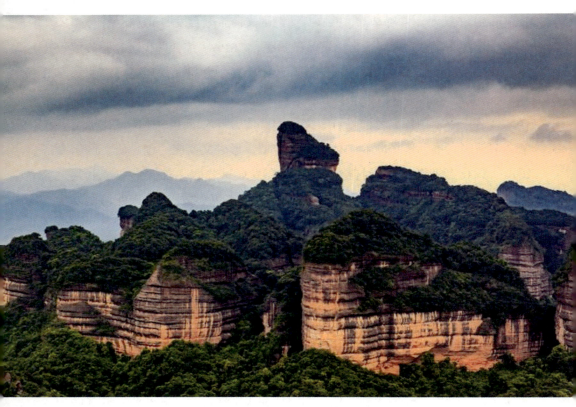

图7-17　韶关丹霞山国家级自然保护区
资料来源：韶关市人民政府网站。

市场，把韶关打造成为粤港澳大湾区"后花园""康养地""体验场"。

（2）清远：与广州共建大湾区北部生态文化旅游合作区

清远山清水秀，生态优势突出，历史悠久，人文荟萃，是岭南文化与中原文化相聚交汇之地。同时，清远距粤港澳大湾区核心城市近，地处粤港澳大湾区与北区生态区交接之处。

清远要以粤港澳大湾区建设和国家城乡融合发展试验区建设为契机，依托粤港澳大湾区北部生态文化旅游合作区，以清远长隆、美林湖、古龙峡原生态旅游区、黄腾峡生态旅游区、倾国清城·文旅综合体等景区为重点，整合飞霞山、飞来寺、鳌头塔、政江塔、伦洲岛等北江沿线自然生态和历史文化资源，推动形成集峡谷漂流、休闲娱乐、宗教文化、南粤文化、特色风情等多种功能于一体的滨水生态发展轴；以南粤古驿道、融创文旅城、芙蓉嶂、王子山、二龙山以及从化温泉旅游度假区、流溪河温泉旅游度假区、白水寨风景名胜区等为载体，以健康养生、房车营地、森林康养、乡村研学、民俗创意等生态文旅业态为支撑，与广州北部共同打造北回归线生态旅游经济带，形成产业融合创新、优势互补、特色鲜明的生态旅游经济发展格局，共同建设立足粤港澳大湾区、辐射全球的世界级休闲旅游目的地和粤港澳大湾区北部经济发展核心引擎之一。

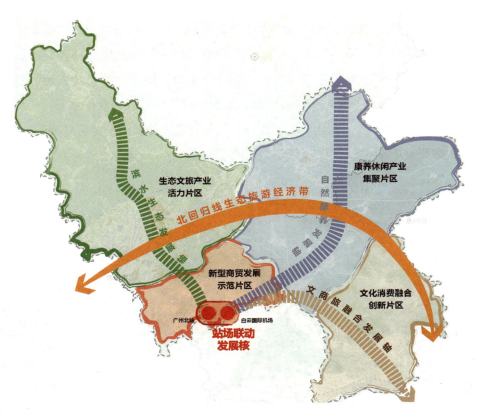

图7-18 粤港澳大湾区北部生态文化旅游合作区空间格局
资料来源：《粤港澳大湾区北部生态文化旅游合作区建设方案》。

（3）河源：努力打造大湾区文化休闲旅游重要承载区

作为岭南文化发祥地之一，河源历史文化底蕴深厚，独具特色。随着赣深高铁的正式开通运营，河源成为消费者"周边游"的新兴目的地。

河源要加强与大湾区以及周边省市的文化旅游合作，整合优化精品文化旅游线路。深入挖掘河源岭南文化、客家文化、红色文化、恐龙文化、赵佗文化、阳明文化等优秀特色文化的精神内涵和文化特质，传承弘扬客家艺术、客家民俗、客家工艺、客家美食，进一步擦亮"客家古邑"文化品牌。实施广东红色革命遗址保护利用"九大行动"和红色革命遗址保护规划建设提质工程，积极开发以苏区文化、东江纵队文化等为特色的红色研学旅行线路。积极利用中国（深圳）国际文化产业博览会等文旅展会节庆品牌，创新宣传推介模式，探索建立文旅融合发展共同体，共同设计推广"一程多站"式精品线路，促进旅游产业共推、品牌共建、环境共治、交通互联，构建以旅游为主导的跨区域合作平台。提升与粤港澳大湾区、客家千里文化旅游长廊、中央苏区红色旅游联盟的旅游联合营销水平。

（4）梅州：以"文化名城、旅游名城"打造大湾区"最美后花园"

梅州是中国中原文化和岭南文化的重要交汇点，以其独树一帜的客家

图7-19　客家土围楼——花萼楼
资料来源：梅州市人民政府网站。

文化被国务院命名为国家历史文化名城。作为广东生态发展区和重要水源保护地，生态是梅州最大的优势所在。

梅州要积极对接粤港澳大湾区世界级旅游目的地建设，强化梅江、韩江、汀江沿江发展轴线，整合流域内生态、人文、红色、长寿等特色旅游资源，推动产业带沿江区域的文化旅游项目差异化和特色化。以全球客家迁徙史影响力、全域属原中央苏区县为核心建成打造具有感召力的"世界客家文化名城"和具有深厚研学底蕴的"国家红色文旅名城"。推动红色文化、生态文化、客家文化等与旅游业深度融合。加强旅游资源整合和区域旅游合作，启动潮梅合作背景下的山海协作计划、梅州—珠三角合作背景下的梅珠协作计划、闽粤赣边区合作背景下的苏区协作计划等，加强与粤港澳大湾区的文化旅游合作和联动发展，加快形成一批精品景区和精品线路，以"文化名城、旅游名城"打造粤港澳大湾区"最美后花园"。

（5）云浮：以多元文化打造大湾区文化休闲"优选目的地"

云浮毗邻粤港澳大湾区、生态环境优良、人文底蕴深厚、旅游资源丰富。云浮拥有"禅宗文化""石艺文化"等多元文化，旅游名景众多，享有"最具魅力的文化乡镇""最美的乡村休闲观光地"等荣誉。

云浮要深化与粤港澳大湾区文化和旅游合作，共建人文湾区、休闲湾区。推动云城区整体构建"一核、一带、三组团"的新发展格局，打造成为粤港澳大湾区商务休闲康养旅游目的地；云安区整体构建"双带、两核、三组团"的新发展格局，打造成为粤港澳大湾区生态休闲旅游新高地；罗定市整体构建"一核、一带、两区"的新发展格局，打造成为岭南古城文化游创新旅游示范高地；新兴县整体构建"一核、一城、一带、三区"的新发展格局，打造成为世界级禅文化康养旅居目的地；郁南县整体构建"双核、双带、一区"的新发展格局，打造成为南江文化旅游体验目的地。强化与周边肇庆、阳江、茂名等市的文旅发展联动，围绕建设"资源共享、市场共拓、信息共通、产品共推、合作共赢"的文旅体大格局，联合推动环大湾区全域文化旅游协同发展。

三 粤港澳大湾区与"一带一区"文化产业融合发展的政策设计

以规则衔接、机制对接为重点，加强沿海经济带、北部生态发展区与粤港澳大湾区文化产业交流合作，共建大湾区文化产业圈，推动区域协同并进，与大湾区文化产业形成互补融合发展格局，是下一步的方向。

图7-20 文化产业融合发展的制度与政策设计框架图

（一）加快构建区域文化产业融合发展的体制机制

推动沿海经济带、北部生态发展区与大湾区政府文化主管部门建立常态化交流合作机制，形成定期互访制度，就文化产业等领域发展规划、支持政策、监督管理等方面开展交流合作，统筹协调文化产业融合发展的重点工作。推动建立各级党委统一领导、宣传部门组织协调、行政主管部门具体实施、有关部门各负其责、社会力量和人民群众积极参与的文化建设领导体制和工作机制，着力形成齐抓共管、多方参与的文化发展新格局。对接大湾区先进的文化管理制度，深化文化管理体制机制改革，进一步简化创办文化企业、举办文化活动、开展文化对外合作交流等方面的文化行政审批事项。健全文化市场监督管理体系，建立文化企业信用档案和文化市场信用制度，完善"红名单""黑名单"和警示名单制度。完善文化市场综合执法机制，构筑完善的知识产权保护体系，严厉打击侵权、盗版等非法行为。鼓励文化单位建立现代企业制度，规范法人治理结构，成为自主经营、自负盈亏、自我发展的合格文化市场主体。鼓励社会力量积极参与公益性文化建设，扶持活力强、影响大的优秀社会文化组织，鼓励民间文艺团体和个人创作文艺精品。鼓励和支持粤港澳大湾区文化、旅游企业及高端服务总部企业，通过资源整合和资本运作等多种方式，与北部生态区内的政府及企业合作组建混合所有制的文化旅游投资集团，重点投资旅游景区开发、酒店运营、健康养老、会展、文体产业等领域，打造统一经营管理、服务一体化的区域文化旅游龙头企业。

（二）优化区域文化产业融合发展的政策环境

推动沿海经济带、北部生态发展区与大湾区规划与政策衔接，构建市场化、法治化、国际化政策环境，促进重大文化产业项目、重大文化基础设施、重大区域合作平台的合理布局，推动区域文化产业协同发展。做好区域规划、专项规划等各类规划与总体规划的协调衔接，市（区）县规划与上级规划衔接，确保总体规划的战略意图和战略任务得以贯彻落实。对接大湾区扶持文化产业发展的优惠政策体系，对从大湾区引进的文化企业，继续贯彻落实国家及省对文化产业发展的税收优惠政策。文化建设用地要纳入各地土地利用总体规划和城乡总体规划编制之中，确保文化建设用地规模，对重大基础设施和标志性文化工程、高新技术文化产业、重点文化创意产业园等项目用地要优先予以安排。深化用海保障，完善沿海经济带海岸线保护、海域和无居民海岛有偿使用政策，优化海域资源配置，保障重大涉海文化旅游项目建设。

（三）构建多元化的文化产业融合发展投融资体系

　　争取省级文化产业财政预算内资金、地方政府专项债券、专项建设资金等适度向沿海经济带、北部生态发展区倾斜，支持文化和旅游重点领域、重大项目发展。放大文化基金作用，鼓励各级政府、机构或企业成立文化发展基金，资助各类文化保护发展项目。鼓励各级政府、机构和企业申报国家各类文艺基金，政府按比例给予资金配套资助。建立公共文化服务投入长效机制，保障各级公共文化设施建设、后续运营和活动经费。完善投融资服务，鼓励有条件的地区建设文化和旅游金融服务中心。引导金融机构开发适应文化和旅游产业发展需要的个性化、差异化、定制化金融产品与服务。引导保险机构开发符合文化旅游行业和企业特点的新型保险产品，推动文化和旅游业金融服务机制创新。依托广州绿色金融改革创新试验区，利用港交所的资源促进文旅项目、旅游资源和文旅资产交易的数字化、证券化，搭建文旅资源与产权交易服务平台。积极组织文旅企业参与广东文化和旅游产业投融资对接会，积极邀请大湾区知名文旅企业、投资集团、产业基金、风险投资公司、银行、券商、保险等文化旅游企业及金融机构参会，搭建专业、高效投融资平台，鼓励和引导金融资本、社会资本与文化和旅游资源相结合，健全多层次、多渠道、多元化的文化和旅游产业投融资体系。

（四）构建促进文化产业发展的人才支撑体系

　　支持沿海经济带、北部生态发展区大力培养和引进文化领军人物和专业人才，建设一支高素质专业化的人才队伍，打造文化产业人才聚集地。健全人才选拔培养工作机制，探索与大湾区地市建立党政人才、文化经营管理人才、文化专业技术人才交流和挂职锻炼制度，推进人才合理流动。加强后备文化人才培养，鼓励各类职业院校和培训机构与大湾区高等学校联合开设文化创意、影视制作、数字动漫、工业设计、传统工艺美术、新媒体等专业，鼓励政府、企业、产业园区与高等院校、科研机构以"政府引导、校企合作"模式，共建文旅人才培养基地、艺术创作工作室，大力发展文化职业教育、新型智库，培养各类文艺人才和广播影视专业人才。编制文化人才引进需求名录、文化产业人才数据库等，面向大湾区积极引进文化创意和文化产业领军人物。创新人才引进合作机制，鼓励文化行业以调动、岗位聘用、项目聘任、客座邀请、兼职、定期服务、项目合作等多种形式引进或使用高端人才及其团队。建立健全人才激励机制，健全以政府奖励为导向、用人单位和社会力量奖励为主体的人才奖励体系。完善文化专业技术人才评价体系，允许文化人才通过技术、专利、品牌入股，探索高层次文化人才协议工资制和项目工资制等多种分配形式。

（五）搭建促进文化产业融合发展的服务体系

支持沿海经济带、北部生态发展区继续完善文化设施旅游服务功能，推动图书馆、博物馆、美术馆、演艺场馆等公共文化设施改造升级，增强观赏、体验和参与等旅游功能，重点建好美术馆、非物质文化遗产展示中心、文学馆"三馆合一"项目等。提升旅游产品文化内涵，推动A级景区、星级饭店、旅游集散中心等提升文化内涵，鼓励引入博物馆、影院剧场、文创商店等文化设施，打造一批文化主题的旅游风情小镇。深化文旅智慧服务，加快建立文化旅游公共服务智能化云平台，为公众提供门票在线预订、智能导游、电子讲解、承载量监测预警等数字化应用。鼓励发展智慧图书馆、智慧博物馆、数字文化馆、数字美术馆、云剧场等，探索发展数字文化大众化实体体验空间，加大数字阅读、微视频、艺术慕课等数字资源建设力度，加强数字艺术、沉浸式体验等新型文化业态在公共文化场馆的应用，实现资源共享、协同服务。推动公共文化服务社会化发展，鼓励企业、社会组织、民间文艺团体等社会力量参与公共文化设施建设、运营管理、项目打造、资源配送等，提升基层公共文化发展活力。完善"政府购买、社会配送"公共文化产品和服务供给机制，搭建社会力量参与公共文化和旅游产品供给平台，积极参与粤港澳大湾区公共文化和旅游产品采购会。加强优秀文化类社会组织和民间文艺团体扶持和培育，鼓励文化类社会组织、民间文艺团体和个人进行文艺创作和公共文化服务。

（六）提升文化交流与文化传播水平

鼓励沿海经济带、北部生态发展区成立由政府、行业、媒体等共同参与的推广联盟，赴大湾区重点客源市场开展文化和旅游产品推广，运用主流媒体、新兴媒体、创意策划和大数据，不断完善文化品牌宣传推广体系。统一制作突出当地文旅品牌特色的形象标识、宣传口号、宣传片、图书等系列作品。充分利用境外推广中心、国际重点展会、文艺展演等平台，实施精准营销和国际传播。以"一带一路"沿线国家和地区为重点，深化国际文化和旅游交流，推动非遗、戏曲、音乐、美术等具有岭南特色的项目走出去。组织文化企业积极参与中国国际影视动漫版权保护和贸易博览会、中国（广东）国际传播论坛、广东文化周、广东文化丝路行、国际马戏节、国际音乐季等对外交流品牌活动，深度参与打造中国（深圳）国际文化产业博览交易会、粤港澳大湾区文化艺术节、广东国际旅游产业博览会、广东旅游文化节、广州文化产业交易会、广州国际艺术博览会等具有广东特色和国际影响力的文化和旅游展会平台建设和推广活动。

参考文献

［1］广东省各地市国民经济与社会发展第十四个五年规划和2035年远景目标纲要。

［2］广东省各地市全域旅游发展规划、文化广电体育事业及文旅产业发展"十四五"规划。

［3］《文化产业振兴规划》《广东省建设文化强省规划纲要（2011-

2020年）》《关于加快珠江三角洲地区文化创意产业发展的指导意见》等政策文件。

　　［4］张勇：《推动全省统筹协调的区域文化发展思路》，《南方日报》2022年2月28日。

　　［5］张勇：《推动粤东西北振兴发展的文化新思路》，《新经济》2013年11月。

　　［6］庄伟光：《传承历史文化基因视角的特色文化旅游创新发展——以粤东西北地区为例》，《广东社会科学》2017年第4期。

第八章

粤港澳文化产业合作及
"走出去"

粤港澳三地文化同源同根，具有良好的合作基础。强化粤港澳之间的文化产业合作，共建人文湾区，可以进一步提升粤港澳大湾区的文化软实力，向世界讲好中国故事、湾区故事、港澳故事。

一　粤港澳文化产业合作基础

经济发展，文化同行。粤港澳大湾区在人文地理、历史渊源、精神传承、风俗习惯上同气连枝，有着紧密相连的人文价值链。改革开放以来，随着粤港澳三地人文交往的日益频繁，文化产业合作也向更广领域、更深层次发展。

（一）港澳文化资源与产业开发

香港和澳门是东西方文化交汇的重要窗口，拥有极为丰富多元的文化资源（见表8-1），在我国文明和文化史上具有独特地位，其文化资源的产业化开发也领先全国。

表8-1　香港和澳门重点文化资源列表

文化资源/城市	香港	澳门
非物质文化遗产	长洲太平清醮、"三栋屋"古建筑（香港最悠久的围村）、大澳端午龙舟游涌、古琴艺术、香港潮人盂兰胜会、全真道堂科仪音乐、大坑舞火龙、西贡坑口客家舞麒麟和黄大仙信俗	土生葡人美食烹饪技艺、土生土语话剧和土地信俗
重要民俗文化和民俗节日	潮人盂兰胜会（农历七月十五）、祭拜习俗、婚庆习俗（结合中式和英式文化习俗）、天后诞庆典（每年4月或5月祭拜妈祖）、年初二车公诞（每年农历初二）	土地诞（二月初二）、农历新年、清明"拜山"活动等

（续上表）

文化资源/城市	香港	澳门
重要历史文化名人	电影界名人（李小龙、成龙等）；文学界名人（蔡澜、金庸等）；音乐界名人（黄霑等）；学术界名人（夏衍、梁漱溟等），战争革命时期名人（柳亚子、邹韬奋、何香凝等）	战争革命时期人物（叶挺）；商界（赌商高可宁、澳门中华总商会副主席何贤）；推动中外交流的知名人士（英国人金登干，葡萄牙人庇山耶）
文化展览项目与重要基础设施	2003年开启的"香港文化产业博览"；西九区	澳门历史城区

资料来源：课题组整理。

1. 香港文化产业

香港是闻名世界的"东方文化之都"。由于其独特的历史、地理因素，香港成为东西方文化交流的重要窗口，吸收融合了中外文化精髓，构筑起兼容并包、开放自信的文化底蕴。同时，香港也是国际金融、贸易、航运中心，拥有世界一流的营商环境，文化产业发展具备良好的物质和市场基础。20世纪70年代以来，香港的音乐、影视等流行文化产业日趋发达，一度成为东亚和东南亚地区的文化娱乐中心，其影视制作、工业设计、广告创意、时尚购物等文化产业极具国际竞争力。《中华人民共和国国民经济和社会发展第十四个五年规划和2035年远景目标纲要》明确提出，支持香港发展成为中外文化艺术交流中心，进一步提升了香港文化产业发展的底气。

2019年，香港文化及创意产业增加值为1293亿港元，就业人数为23.72万人。2008年至2019年期间，香港文化及创意产业名义增加值年平均增速为6.1%，快于5.2%的同期香港名义生产总值增速。同期，文化及创意产业就业人数增长了24.0%。经过多年发展，香港形成了包括"软件、计算机游戏及互动媒体""艺术品、古董及工艺品""出版"等在内的11个文化产业门类体系和一系列富有代表性和影响力的文化企业（见表8-2）。值得一提的是，香港作为亚洲艺术品交易中心的地位正不断提升。2020年，香港占全球艺术品拍卖市场的份额达到23.2%，首次超越伦敦，仅次于纽约。根据香港特区政府统计处的数据，2020年香港的艺术品、收藏品及古董的进出口总值高达336亿港元，三年来增长接近一倍。

表8-2　2019年香港文化及创意产业发展情况

界别	增加值比重（%）	从业人数（人）	代表企业
艺术品、古董及工艺品	14.4	31940	周大福、周生生、老凤祥、六福
文化教育及图书馆、档案保存和博物馆服务	1.2	12660	—
表演艺术	1.0	5460	—
电影及录像和音乐	2.3	15410	邵氏、嘉禾、寰宇、美亚
电视及电台	4.4	6120	TVB、凤凰卫视
出版	11.1	36460	联合出版集团
软件、计算机游戏及互动媒体	43.6	64310	—
设计	3.7	18590	—
建筑	8.9	16480	香港贝铭建筑设计事务所
广告	7.7	19500	华商广告、国泰广告
娱乐服务	1.7	10240	香港迪士尼

数据来源：《香港统计月刊》2020年6月。

从文化品牌上看，香港拥有香港国际电影节、香港电影金像奖、香港艺术节、香港书展、香港设计营商周、香港动漫节和香港巴塞尔艺术展等众多文化品牌活动。始创于1977年的香港国际电影节是亚洲一流的非竞赛

《黄飞鸿》电影三部曲中的黄飞鸿从佛山打到广州，再打到京城。该系列影视作品让振奋自强的中华民族主义情怀得到了生动的演绎。图为李连杰主演的《黄飞鸿》电影剧照。

图8-1　《黄飞鸿—狮王争霸》电影剧照

资料来源：《〈黄飞鸿〉三部曲：黄飞鸿从佛山打到京城 拍摄地从香港搬到北京》，电影新世界，https://baijiahao.baidu.com/s?id=1724426647833093439&wfr=spider&for=pc，2022年2月11日。

类国际影展，被誉为"电影节的电影节"。创立于1982年的香港电影金像奖是香港及大中华电影界最重要的电影奖项之一。香港艺术节和香港巴塞尔艺术展是国际艺坛的重要文化盛事。香港动漫节已经成为香港的一张城市名片。

从区域分布看，香港文化产业形成了多个集聚区。港岛的中西部主要集聚IT、动画、广告等文化产业；湾仔、中环主要集聚了设计产业；香港东部主要集聚了印刷、影视等文化产业；铜锣湾和北角主要集中了出版、广告和媒体等文化产业；尖沙咀、荃湾区主要集聚了影视、会展等文化产业；新界沙田主要集聚了体育、娱乐等文化产业。新界大屿山和港岛南区黄竹坑分别建有颇具国际盛名的香港迪士尼乐园和海洋公园等文化旅游场所。港岛南区的香港数码港则集聚了微软、惠普等上百家文化创意和科技创新公司（见表8-3）。其中，香港西九龙文化区正在加快建设中。戏曲中心和故宫文化博物馆将相继落成，再加上已经运营成熟的香港艺术馆、香港历史博物馆与文化博物馆，西九龙文化区将成为香港展示中华优秀传统文化的标杆地区。

图8-2　香港西九文化区——全球规模最大的文化艺术项目之一
资料来源：香港西九文化区官方网站（https://www.westkowloon.hk/sc/our-story）。

表8-3　香港和澳门文化产业及其分布表

城市	香港	澳门
文化定位	中外文化艺术交流中心	以中华文化为主流、多元文化共存的交流合作基地
文化基建	西九龙文化区（全球大型文化区之一，其中包括M+博物馆和香港故宫文化博物馆）、创意地标（元创方、大馆、星光大道、动漫海滨乐园等）、文化公园（香港迪士尼乐园、海洋公园等）	澳门文化中心、文化遗产古建筑（妈阁庙、港务局大楼、郑家大屋、大三巴牌坊等）、公共文化设施（澳门中央图书馆、博物馆等）
文化活动	香港文化节（1973年）、香港书展（1990年）、香港国际电影节、香港影视娱乐博览、香港设计营商周、各类国际性文化艺术展览拍卖（如国际性文化艺术展览拍卖）、世界三大艺术拍卖市场之一	中国与葡语国家文化论坛、中国与葡语国家文化论坛、世界美食之都
文化形式	电影、流行音乐、文学	电影、展会
主要产业	软件、计算机游戏及互动媒体，艺术品、古董及工艺品，出版、建筑、广告、电视及电台等	创意设计、文化汇演、艺术收藏、数码媒体

（续上表）

城市	香港	澳门
资助基金	政府推动"融资扶持计划""设计智优计划"，设立专项基金"艺术及体育发展基金""粤剧发展基金"等提供额外资源	澳门文化发展基金
教育机构	香港演艺学院（2021年QS世界大学学科排名位列亚洲第一、全球第十）	澳门演艺学院

资料来源：课题组整理。

2. 澳门文化产业

由于独特的历史背景，澳门文化呈现出深厚传统内涵的中华文化和以葡萄牙文化为特质的西方文化共存并行的文化特征，是一种以中华文化为主、兼容葡萄牙文化的多元文化。澳门在传播东西方文化的过程中，留下了一些西方著名传教士——利玛窦、汤若望、南怀仁、郎世宁等以及与他们合作的中国学者徐光启、李之藻、梅文鼎等人的历史足迹。今天，澳门以东方赌城闻名，澳门同时也是一座拥有妈祖阁、妈阁庙前地、港务局大楼、亚婆井前地、郑家大屋、圣老楞佐教堂、圣若瑟修院及圣堂、三街会馆（关帝庙）等众多文物古迹的历史文化名城。其中，澳门历史城区保存了澳门四百多年中西文化交流的历史精髓，是中西文化交流互补、多元共存的结晶。2005年，澳门历史城区成为世界文化遗产。

澳门文化产业主要包含创意设计、文化展演、艺术收藏和数字媒体等四个大类，包括设计、会展、表演艺术、视觉艺术、出版及动漫、电影录像、流行音乐等细分领域，其中设计、会展与视觉艺术是澳门特区政府重点规划发展的行业。截至2019年底，澳门拥有文化企业2454家，从业人数13691人，文化产业增加值29.8亿澳门元（见表8-4）。

澳门把文化产业作为推动澳门经济适度多元化的重要抓手，不断加强文化产业的组织管理工作，社会文化司成立"文化产业委员会"、文化局设立"文化创意产业促进厅"、非营利民间组织成立"创意产业协会"，

图8-3　澳门文化遗产代表——大三巴牌坊
资料来源：澳门特区政府文化局官网。

协同推动以数字媒体、创意设计为主的文化产业高质量发展。澳门出台了
《澳门文化产业发展政策框架（2020—2024）》，进一步明确了澳门文化产
业发展的方向、目标、布局和任务，致力于建设有特色的文化产业生态链
条，进一步做强文化产业。

表8-4　2019年澳门文化产业发展情况

界别	增加值比重（%）	从业人数（人）	主要活动
创意设计	29.4	4625	品牌设计、文化创意产品设计、展览设计、时装设计、广告、工业、建筑设计等，澳门创意馆

（续上表）

界别	增加值比重（％）	从业人数（人）	主要活动
文化展演	8.5	3043	表演艺术制作、文化展演经纪等，澳门国际音乐节、澳门艺术节
艺术收藏	1.2	532	艺术品、摄影等
数字媒体	60.9	5491	资讯、电视、电台、电影等制作与发行

数据来源：澳门统计暨普查局官网。

（二）粤港澳文化产业合作现状

粤港澳三地同属岭南文化圈，在过往历史长河中融合在相同的文化体系之内，并共同历经了与外来文化的交汇、融合和沉淀过程，表现为多元且相似的文化特质，为文化产业合作奠定了基石。随着改革开放的不断推进，粤港澳文化产业合作规模不断扩大。粤港澳大湾区文化产业集群已经成为全球文化产业链中不可或缺的重要组成部分。

1. 文化产业合作机制

粤港大湾区各市文化产业发展各具优势（见图8-4）。为发挥各自优势，提升区域文化产业整体竞争力，粤港澳三地不断优化文化产业合作机制。2002年，粤港澳三地政府确定每年轮流召开粤港澳文化合作会议。在《关于建立更紧密经贸关系安排》（CEPA）中明确内地向香港承诺开放26个服务业领域，其中包括开放广告、视听、文化娱乐等文化产业；向澳门开放文化和旅游产业。2005年和2006年，文化和旅游部分别与香港、澳门特区政府签署《更紧密文化关系安排协议书》，规划了内地与香港、澳门加强文化合作的领域和渠道，从机制上保证了内地与香港、澳门地区在文化艺术、文化遗产、文化产业、国际文化交流等领域的全面交流合作。2019年2月出台的《粤港澳大湾区发展规划纲要》进一步强调构建粤港澳大湾区文化合作新机制，促进大湾区文化事业与文化产业协同发展。广东为此

图8-4 粤港澳大湾区文化产业发展方向
资料来源：根据《粤港澳大湾区文化和旅游发展规划》文本绘制。

制定推进"粤港澳大湾区文化圈"建设三年行动计划，提出共建人文湾区目标，并从塑造和丰富湾区人文精神、全方位开展文化交流合作、建设具有国际竞争力的文化产业圈等方面制定了翔实的措施。2020年底《粤港澳大湾区文化和旅游发展规划》提出建设大湾区重点文化产业园区、文化展会和文化创意发展项目，促进文化产业高质量供给，打造现代文化产业体系。这些政策安排和规划文件有利于进一步推动内地与香港、澳门文化产业合作，共建具有国际竞争力的大湾区现代文化产业体系。

2. 文化产业合作平台

为推进文化交流和文化产业合作，粤港澳三地搭建了众多合作平台。官方层面，粤港澳三地政府成立了粤港澳大湾区文化艺术节领导机构，并成功举办首届粤港澳大湾区文化艺术节、"粤港澳大湾区戏剧展演周""粤港澳大湾区艺术精品巡演"等一系列文化交流品牌活动。广东省

图8-5 首届粤港澳大湾区文化艺术节开幕
资料来源：文化和旅游部官网。

政府与文化和旅游部共同主办粤港澳大湾区文化合作论坛，为内地与港澳文化企业和机构搭建深化文化产业合作平台。文化和旅游部与香港贸易发展局合作利用"香港国际授权展"平台，帮助内地企业文化产业发展升级转型。民间层面，2020年9月，粤港澳大湾区（广东）文创联盟在珠海成立，搭建了粤港澳三地在文创领域的交流合作与资源共享平台。大学在推动文化交流和文化产业合作中起到十分重要的桥梁和平台作用。目前，香港、澳门的主要大学都已经在内地选址建设分校（见表8-5）。随着这些大学内地分校的先后落成，粤港澳三地的文化交流将更加通畅，文化产业合作也将迸发更强活力。

表8-5 香港和澳门大学在内地建分校或合作办学情况

港澳高校	内地分校名	成立时间
香港浸会大学	北师大—香港浸会大学联合国际学院	2005年设立
香港中文大学	香港中文大学（深圳）	2014年3月21日批准设立

（续上表）

港澳高校	内地分校名	成立时间
香港城市大学	香港城市大学（东莞）	2021年4月举行奠基仪式
香港科技大学	香港科技大学（广州）	2021年8月，香港科技大学（广州）项目一期工程
香港理工大学	香港理工大学（佛山）	计划建设
香港都会大学	香港都会大学（肇庆）	签订合办协议
香港大学	香港大学（深圳）	计划建设
澳门科技大学	香山大学	计划建设
澳门科技大学	澳门科技大学珠海校区	计划建设
澳门城市大学	澳门城市大学珠海校区	计划建设

资料来源：课题组整理。

3. 文化交流合作活动

粤港澳三地不断通过举办各种文化活动以推进文化产业协作发展。如在中国（深圳）国际文化产业博览交易会设立大湾区文化产业馆，组织大湾区优秀文化企业和创意产品参展，展示三地文化产业合作成效。粤港澳三地联合举办"粤港澳大湾区文化创意设计大赛"，挖掘和培育创意设计人才。在广东国际旅游产业博览会设置港澳旅游目的地官方机构、景区景点、旅游企业展区，提供独特且新鲜的旅游资讯、旅游风貌和旅游服务。举办"深港设计双城展""深澳创意周"、深港城市建筑双城双年展、深港设计双年展、文博会澳门精品展等大湾区文化产业展会，打通内地与港澳文化产业沟通渠道。粤港澳三地文艺界也开展密切合作，共同开展文化交流活动。广东歌舞剧院与香港舞蹈团共同排演的舞蹈诗《清明上河图》参与"欢乐春节"活动赴美国、加拿大演出。粤港澳三地组派优秀演出团赴巴林举办"海上丝绸之路"中国文化节活动。

4. 非物质文化遗产合作

非遗合作是粤港澳三地文化合作的重要内容。由粤港澳三地联合申报非遗的粤剧，被联合国教科文组织列入人类非物质文化遗产代表作名录，联合申报的"凉茶"成功入选国家级首批非物质文化遗产项目。2018年港澳非遗项目的加盟让"广东非遗周"扩容为湾区非遗展示的大平台。以粤港澳三地丰富的历史文化遗产为依托，包括孙中山文化遗产游径、华侨华人文化遗产游径和海上丝绸之路文化遗产游径在内的5个大湾区文化遗产游径建设项目加快推进。2020年广东非遗保护中心联合港澳文化部门联合编著了《粤港澳大湾区非遗地图》，挖掘和汇集粤港澳大湾区内非遗项目，引导读者探索非遗魅力（见表8-6）。

表8-6　粤港澳大湾区非物质文化遗产分布表

城市	国家级非遗项目
香港	粤剧、大澳端午龙舟游涌、西贡坑口客家舞麒麟、长洲太平清醮、古琴艺术、凉茶、全真道堂科仪音乐、大坑舞火龙、香港潮人盂兰胜会和黄大仙信俗等
澳门	粤剧、凉茶配制、南音说唱、鱼行醉龙节等
广州	七夕节（天河乞巧习俗）、灰塑、粤曲、粤剧、民间信俗(波罗诞)、传统中医药文化（潘高寿传统中药文化）、传统中医药文化（陈李济传统中药文化）、家具制作技艺（广式硬木家具制作技艺）、广彩瓷烧制技艺、玉雕（广州玉雕）、核雕（广州榄雕）、象牙雕刻、粤绣、广东木偶戏、广东醒狮、古琴艺术、广东音乐
深圳	下沙祭祖习俗、贾氏点穴疗法、平乐郭氏正骨法、松岗七星狮舞、坂田永胜堂舞麒麟、大船坑舞麒麟、沙头角鱼灯舞
珠海	外伶仃岛北帝诞、岭南苏裱技艺、唐家三庙神诞系列、斗门龙舟赛、莲洲赛农艇、小林咸水歌、三灶蚝油制作技艺、湾仔官酿梅子酒酿造技艺、三灶剪纸、造贝林九棍
佛山	粤剧、剪纸（广东剪纸）、佛山木版年画、石湾陶塑技艺、狮舞（广东醒狮）、龙舟说唱、彩扎（佛山狮头）、香云纱染整技艺、庙会（佛山祖庙庙会）、十番音乐（佛山十番）、龙舞（人龙舞）、灯彩（佛山彩灯）、中秋节（佛山秋色）、锣鼓艺术（八音锣鼓）、咏春拳（佛山咏春拳）
东莞	莞香制作技艺、龙舟制作技艺、彩扎（麒麟制作）、灯彩（千角灯）、赛龙舟、木鱼歌、樟木头麒麟舞、寮步香市、桥头镇莫家拳
惠州	中山咸水歌、惠东渔歌、罗浮山百草油制作技艺

（续上表）

城市	国家级非遗项目
中山	中山咸水歌、小榄菊花会、凉茶、醉龙舞、崖口飘色、六坊云龙舞
江门	中药炮制技艺（新会陈皮炮制技艺）、抬阁（芯子、铁枝、飘色）（台山浮石飘色）、灯会（泮村灯会）、白沙茅龙笔制作技艺、新会葵艺、蔡李佛拳、龙舞（荷塘纱龙）、广东音乐
肇庆	端砚制作技艺、悦城龙母诞、高要春社

资料来源：课题组整理。

5. 文艺精品创作与展示

随着内地与港澳文化市场的不断融合，粤港澳三地在电影、粤剧、美术等文化产业领域的合作不断深化，涌现出大量文艺精品。2019年4月，国家电影局出台措施，全面放宽港澳电影产业进军内地市场的限制，促进港澳电影产业在内地发展壮大。内地与港澳合拍了《我和我的祖国》《救

图8-6　粤港澳大湾区文化遗产游径（首批）
资料来源："创新南山"搜狐号，https://www.sohu.com/a/402341437_487436。

火英雄》《拆弹专家》《中国机长》等一大批优秀电影作品。粤港澳三地互办电影展映、粤港澳电影交流考察、粤港澳电影创作投资交流会、中国（佛山）大湾区功夫电影周等活动进一步深化了内地与港澳的影视合作。粤港澳三地粤剧团体联合打造了"粤港澳粤剧群星荟""粤港澳粤剧新星汇"等戏剧平台，共同排演粤剧大戏《胡不归》并开展三地巡演，展示粤剧申遗以来三地共同保护传承的成果。广东美术馆举办《臆象——粤港澳当代水墨艺术谱系（2000—2020）》展览，展出港澳水墨艺术作品30余件，社会反响良好。

二　粤港澳共建大湾区文化产业圈

粤港澳大湾区处于近现代中外文化交汇地、当代流行文化发源地，且内部各市文化产业各具特色，具有良好的合作基础与条件。[①]粤港澳三地应以文化产业链为纽带，强化分工合作和补链强链，创新文化产业发展模式，构建错位发展、优势互补、信息互通、资源共享、协作配套的世界级文化产业集群，共建粤港澳大湾区文化产业圈。

（一）共建具有全球影响力的世界文化产业中心

粤港澳大湾区建设的总体定位是"国际一流湾区，世界级城市群"。国际一流湾区需要国际一流的文化软实力作为支撑，世界级城市群需要世界级的文化影响力进行体现。因此，粤港澳三地要推动文化产业的深度合作，把大湾区建设成为世界级文化要素集散地和文化产业集群。

1. 全球文化资源的重要配置枢纽

能否成为全球文化资源要素的配置中心，是衡量一个地区能否是世界

---

① 闻瑞东、钟世川：《加强粤港澳大湾区文化整合的对策》，《改革与开放》2018年第20期。

级文化中心的重要标志。文化中心本质上就是文化资源要素的配置中心。无论是纽约大湾区、旧金山大湾区还是东京大湾区，都是全球重要的文化资源要素配置中心。粤港澳大湾区拥有世界级影响力的"世界工厂+世界市场"的经济实力，文化产业也具有相当规模。香港和澳门具有独特的文化元素和全球影响力的文化软实力。粤港澳三地合作，充分挖掘大湾区文化资源，共同推动文化产业链的开发与组建，不断集聚优秀文化企业和文化人才，协同营造大湾区文化产业生态体系，把粤港澳大湾区打造成为全球文化资源配置枢纽。

2. 中外文化交流互鉴的重要窗口

历史的源流和文化地理路线决定了粤港澳大湾区在中华文化对外传播及东西方文化交流互鉴中必然担当重要的特殊使命。在侨民的迁徙、语言的传播、境外旅游者的来访、日常媒体的报道、文化产品的出口、各种国际活动的举行以及对留学生的吸引等方面，粤港澳大湾区优势明显且独特。目前祖籍为广东的海外华侨华人约有2200万，占全球华侨华人总数的一半。粤方言使用人口遍布全球，具有一定的国际化色彩。为此，需要建设大湾区国际文化交流合作网络，强化大湾区中外文化交流合作协同机制，鼓励发展各具特色的对外文化交流品牌。

3. 中国故事的讲述者和传播前沿地

在百年变局加速演进，国际关系错综复杂的背景下，国际话语权日益成为国家博弈的重点。话语权越大，意味着设置议题、引导议程、控制舆论走向的能力越强。面对西方国家在舆论上对我国的歪曲污蔑，迫切需要从理念、内容、形式、方法、手段、业态、体制、机制等方面全面加强国际传播能力建设，提升讲好中国故事的能力与水平。粤港澳大湾区作为我国最先发展起来的地区之一，肩负"两个重要窗口"的重任，要坚守国家安全南大门，并积极"走出去"，以现代风格、科技手段、全媒体形式等各种手段，构建对外话语传播体系，引导国际社会更加全面客观立体地认识当代中国、理解中国特色。

4. 新兴文化产业的引领地和策源地

在高新技术推动下，新兴文化产业层出不穷。以数字技术、互联网技术、通信技术为主要特征的现代科技，与文化产业相融合，不断产生新的文化产业的形态和种类，如电脑特技、电脑动画、电脑游戏、数字电视、网络电视等等，囊括了媒体产业、信息产业和计算机产业三个基本板块，横跨通讯、网络、娱乐、媒体及传统文化艺术多个行业，形成了全新的、综合性的文化产业形态。粤港澳大湾区是世界级科技和产业创新中心，尤其是IT电子信息产业发达，如与文化产业融合发展，则有利于推动文化产业加快数字化转型，不断涌现文化产业新技术、新模式、新业态，成为全国乃至全球新兴文化产业的重要策源地。

（二）推动文化产业从要素型合作到制度型合作

粤港澳三地文化产业合作，需探索推动大湾区文化产业合作发展的新体制机制，从优势互补转向优势整合、从各展所长到协同共进、从各有精彩到繁荣共造，不断消弭文化隔阂、凝聚文化共识、增进文化认同、促进文化交流，最终在合作中促进文化产业高质量发展。

1. 充分发挥"一国两制"的制度优势

粤港澳大湾区对内要充分利用"一国"之利，充分发挥粤港澳三地文化产业优势互补的潜力，降低"两制"差异所产生的综合运行成本，进而建设以中华文化为主流、多元文化共存的湾区文化共同体；对外要充分发挥"两制"下大湾区与国际对接的优势，为有意愿到大湾区进行文化产业投资和文化交往的国家、企业和个人提供制度高度协调的营商便利，打造中国与世界经济、文化交流的合作平台。因此，在"一国两制"下文化产业合作实践上，需要充分发挥香港、澳门在法治环境、政务环境、市场环境、社会环境上的优势，树立文化价值共同体目标，联合打造有大湾区特色的文化产业政策体系，促进港澳地区的文化资源流向内地城市，牵引推动各个城市当地的特色文化产业提档升级，强化区域联系合作、资源信息共享、特色文化产业衔接，全局考量、整体布局，形成大湾区特色文化产业集群。

2. 建立常态化多层次的协调互动机制

在政府层面，在粤港澳大湾区建设领导小组框架下，完善粤港澳文化产业协同创新沟通机制。发挥粤港澳文化合作会议的积极作用，推动更多粤港澳三地文化交流合作的措施和项目落地。建立常态化的沟通联络机制，加强内地与港澳特区政府文化管理部门、文化产业界的沟通联系，通过各个层面的交流互访、资源整合、信息共享，促进内地与港澳文化产业深度交流合作。拓展并深化内地与港澳文化产业交流合作的理念创新、模式创新、项目创新，打破常规的地域、领域或界别壁垒，进一步促进内地与港澳政府文化部门之间、文化部门与社会团体、大专院校、研究机构、民间人士之间的合作。在社会组织层面，鼓励多元社会主体，建立粤港澳大湾区文化产业合作创新组织，完善湾区民间文化交流和沟通机制，扩大湾区文化产业协同创新中的公众参与，形成共同推动文化产业繁荣发展的合力。

3. 构建大湾区文化产业大市场

通过健全现代文化市场体系，深入推进跨区域文化治理，是促进大湾区文化产业高质量发展的重要条件。充分利用大湾区大数据中心和珠三角国家大数据综合试验区建设机遇，将大数据、人工智能等新一代信息技术运用到文化市场体系建设之中，不断提升跨区域文化治理现代化水平。加强大湾区文化产业市场主体培育，培育文化产业链上的核心龙头企业，带动产业上下游协同发展，形成对大湾区现代文化市场体系的坚实支撑。发挥大湾区"9+2"城市群的文化特色资源优势，整合大湾区文化品牌，推动粤港澳联合创作更多彰显湾区风貌特色的文艺精品，扩大优秀优质文化产品供给，提升大湾区文化艺术创作能力与展演水平。

4. 加快推动文化产业项目合作

粤港澳三地要积极搭建文化产业展会、论坛、研讨会等多种形式的交流平台，扶持各类机构和文化企业开展文化产业理论研究、文化项目合作、文化人才培育等活动；继续办好深圳文博会、广州文交会、东莞国际漫博会、中山游戏游艺博览会等粤港澳大湾区文化产业品牌会展，积极吸纳更多港澳文旅企业和团队参与；发挥文化产业集聚作用和效能，在资金安排、专家指导等方面给予更大支持，在金融服务、人才培养引进等方面推动出台内地与港澳文化产业融合发展的相关政策举措，培育文化产业方面的头部企业，树立行业标杆。围绕粤港澳大湾区建设，共同推动落地一批实质性的文化产业合作项目。积极研究制定便利港澳文化企业、居民参与内地文化产业发展的政策措施。联合港澳有关部门和机构共同保护活化利用文物古迹、世界文化遗产和非物质文化遗产，加快建设一批文化遗产保护项目，合作举办各类文化遗产展示活动，探索将粤港澳大湾区打造成为全国文物活化利用先行示范区。

（三）深化重大战略性平台的文化产业合作

横琴、前海、南沙三个重大战略性平台是粤港澳大湾区建设的重中之重。文化产业合作也是三大战略性平台建设的重要内容。通过推动三大战略性平台的文化产业建设，带动广深港澳文化产业走廊建设，为构建大湾区文化产业圈打下重要桩基。

1. 前海深合区：深港文化产业合作示范区

扩容后的前海深合区，大力推动文化产业创新先行先试。通过建立文化产业发展实体平台，在影视产业、音乐产业、出版和版权产业等重点领域加强合作，如联合举办粤港澳互办电影展映、共建大湾区影视产业合作试验区和国家音乐产业基地、共同探索创新版权贸易发展途径等，以点带面，在大湾区打造具有国际领先水平的文化产业集群。发挥前海作为深港合作与对外开放的桥头堡作用，利用其便捷的交通区位，税收优惠政策以及独特的法定机构治理模式等，推进前海与香港现代服务业、金融创新平台、要素交易市场以及文化产业基地等一批重大项目的紧密合作，建设国际文化总部企业，吸引国际重大文化项目落地前海，促进文化产业要素发展和文化产业链建设，把前海打造成为具有世界影响力的现代文化产业高地，探索出一种具有先行示范意义的改革模式。

2. 横琴深合区：共建国际文化休闲基地

澳门建设"世界旅游休闲中心"和横琴创建"国际休闲旅游岛"是国家赋予的重要使命任务，需要支持配合横琴与澳门深度旅游合作，以澳门面向国际、横琴接轨内地，错位发展、优势互补，支持建设琴澳文化合作领域创新平台建设，支持文化领域企业等合作共建高水平研发平台，合力把大湾区打造为世界级文化旅游目的地，将横琴合作区提升为共建国际文化休闲基地。因此，横琴合作区需要充分利用澳门旅游业发展优势，承接澳门文化影响力外溢，加强琴澳文化合作创新，推动形成独具创意特色的湾区文化，为建设富有竞争力的文化创意集聚区提供关键支撑。

3. 南沙深合区：粤港澳大湾区文旅目的地建设

充分发挥南沙在岭南文化、水乡文化和海洋文化聚合和展示窗口的特色优势，把握文化发展的开放性、国际化、智慧化趋势，提炼和挖掘南沙城市文化元素，引进港澳优质的文化资源，承接港澳文化产业的转移，做大做强粤港澳文化服务贸易，成为文化"引进来"和"走出去"的重要枢纽，打造大湾区文化和科技结合的未来之城，成为人文湾区建设集中体现地，进而成为粤港澳大湾区国际文旅目的地。具体而言，南沙应大力实施文化强区战略，充分把握文化旅游内涵关系，重点发展游轮旅游产业和文旅融合产业平台，打造与科技岛、金融岛三足鼎立的文旅岛；从顶层设计到活动策划、项目实施的全过程，做好时尚艺术周、大湾区生活艺术节、南沙妈祖文化旅游节、南沙区首届创文大赛活动，扩大文化旅游产业规模，提升文化旅游融合成效和市场竞争力，促进文旅产业蓬勃发展，增强南沙城市文化对外交流能力，成为粤港澳全面合作示范区的文旅典范。

三 携手港澳推动文化产业"走出去"

文化"走出去"是站在世界历史的坐标上理解中国文化体系，以国际化语言讲述中国故事，让中国文化的支流汇入人类灿烂文明大海的必由之路。粤港澳大湾区作为我国开放程度最高的地区，在中国文化"走出去"的进程中扮演着极为重要的角色。

（一）粤港澳大湾区文化产业的开放属性

粤港澳大湾区自古以来就是中国文化与西方文化交汇之地，东西方的商业文化、科技文化、宗教文化、政治文明等从这里引入和输出，在世界文明史中占有重要地位。改革开放以来，粤港澳大湾区文化产业逐渐兴起，文化产品制造和文化贸易额占全球前列，是世界重要的文化产业板块。

1. 粤港澳大湾区与"一带一路"文化纽带

在构建以"一带一路"为重点的全面开放新格局中，粤港澳大湾区的区位优势明显。《粤港澳大湾区发展规划纲要》明确指出，粤港澳大湾区要成为"一带一路"建设的重要支撑，通过推进投资便利化和贸易自

图8-7 南海Ⅰ号博物馆（广东海上丝绸之路博物馆）
资料来源：南海Ⅰ号博物馆官网http://www.mafengwo.cn/sales/371232.html?mdd=11479。

由化，促进大湾区与"一带一路"建设密切相关的各项生产要素的便捷流动。

粤港澳大湾区自古以来就是海上丝绸之路的重点区域。中国丝绸之路分为陆路和海路两条线路。陆上丝绸之路于唐中后期衰落后，海上丝绸之路承担了大部分古代中国与世界各地的经贸往来。而广州从西汉初年就形成了对外贸易的港市，是我国历史上唯一从未中断过对外贸易活动的港口。在绵延不绝的对外贸易进程中，岭南文化伴随着海上丝绸之路传到世界各个角落。在全球人类文明交流互鉴不断深入的新时代里，拥有香港、澳门、广州、深圳等高度国际化大都市的粤港澳大湾区，同时集聚了广府文化、创新文化和海洋文化等多种文化体系，是我国文化"走出去"的重要发起地和产业基地。

粤港澳三地可以充分利用侨乡、英语、葡语三大文化纽带，强化与世界各国，特别是"一带一路"沿线国家和地区的交流合作，联合打造一批国际性、区域性文化演艺活动、体育品牌赛事、学术交流平台，推动中华优秀文化"走出去"，面向世界讲好湾区故事、中国故事。粤港澳大湾区作为国际化程度最高、最先进行改革开放实践的重要区域，是实现"一带一路"高水平"双向开放"的重要前沿阵地。随着新的国际分工和产业竞争日趋白热化，大国博弈愈发激烈，更需要粤港澳大湾区充分发挥文化纽带功能。

2. 粤港澳大湾区与我国文化"走出去"

积极推动文化"走出去"是我国在文化领域采取的重大战略措施。海关总署统计数据显示，2022年1月—2月，全国文化产品出口总额为1125万美元，累计比2021年同期增长了12.7%。[①]广东是我国文化出口的第一大省，深圳是全国文化出口重镇，香港和澳门是世界级的文化贸易中心，因此，粤港澳大湾区在推动我国文化"走出去"中具有十分重要的地位。2021

---

① 《2022年2月出口主要商品量值表（美元值）》，海关总署，2022年3月18日。

年，广东文化产品和服务出口612亿美元，约占全国五分之二，出口覆盖160多个国家和地区。在我国《文化出口重点企业目录（2021年）》中，广东有40多家企业入围，占比达12%。以中国（深圳）国际文化产业博览交易会为例。中国（深圳）国际文化产业博览交易会每年5月在深圳举行，是我国国家级、国际化、综合性的文化产业博览交易会。其以博览和交易为核心，全力打造中国文化产品与项目交易平台，促进和拉动中国文化产业发展，积极推动我国文化产品走向世界，被誉为"中国文化产业第一展"。2021年第十七届中国（深圳）国际文化产业博览交易会共有10万多件文化产品参与展出，总参会人次超过200万，文化产品出口交易额达270亿元。

（二）粤港澳大湾区文化"走出去"的优势

粤港澳大湾区文化产业外向型、开放型特点明显。目前，粤港澳大湾区文化产业已经成为世界文化产业体系中不可或缺的重要组成部分。

1. 大湾区文化"走出去"的传统优势

粤港澳大湾区作为我国国际化程度最高和对外文化交流最活跃的地区之一，长期以来依托其丰富的历史文化资源以及与国际接轨的文化交流渠道优势，取得显著成效。

文化名人效应。粤港澳大湾区通过具有较高国际声望的历史文化名人搭建文化沟通的桥梁。在历史上对传播粤港澳大湾区文化产生过广泛而深远影响力的人物众多，其中孙中山是最知名的一位。为了在全球华人华侨群体中募集到革命经费，孙中山的足迹遍布亚洲、美洲和欧洲。[1]2015年，孙中山曾孙孙国雄在美国洛杉矶中国城创办了孙中山中心基金会，弘扬孙中山热爱祖国、振兴中华的伟大精神，在海外传播孙中山与华侨之间的感

---

① 马建标：《华侨为革命之母：孙中山北美宣传的坎坷之路》，载马建标：《权力与媒介：近代中国的政治与传播》，北京：北京师范大学出版社，2018年，第1—10页。

人革命故事，进一步促进了粤港澳大湾区的文化输出。

传统产品优势。粤港澳大湾区通过生产并向世界各国销售文化产品，在海外创建各种文化品牌和文化企业，或开展各种海外文化展示项目，不断延伸文化"走出去"的实物承载能力。深圳的油画、广州的广绣、佛山的香云纱、肇庆的端砚以及香港的手信、澳门的神像雕刻等传统文化产品都广受国际市场欢迎，是粤港澳大湾区重要的文化载体。（见表8-7）

表8-7　粤港澳大湾区部分具有出口优势的传统文化产品一览

城市	特色产品	简要介绍
深圳	油画	深圳油画产业主要集中于大芬油画村。大芬村被誉为"中国油画第一村"，是全国最大的油画生产、交易基地，也是全球重要的油画交易集散地。村内共有大小画廊及门店1200余家，知名企业60多家，村内聚集油画从业人员约8000人，加上周边社区从业人员约2万人。他们主要以油画及相关产品的生产、交易为主，也从事国画、书法、篆刻、刺绣等中国传统文化产品以及工艺品、抽象艺术等其他艺术品的生产和交易
广州	广绣	广绣是历史悠久、流传甚广的一种著名造型艺术，与苏绣、湘绣、蜀绣并称为中国的四大名绣。广绣具有构图饱满，形象传神，纹理清晰，色泽富丽，针法多样，善于变化的艺术特色。18世纪时期，广绣曾风靡英国皇家及上流社会
佛山	香云纱	香云纱是一种采用植物染料薯莨染色的丝绸面料，是世界纺织品中唯一用纯植物染料染色的丝绸面料，具有易洗易干、色深耐脏、轻薄不皱、经久耐穿等特点，曾远销欧美、印度、南洋等地，成为中国丝绸的著名产品。佛山市顺德区的养蚕缫丝业有着悠久的历史，完整保存了香云纱的染整技艺
肇庆	端砚	端砚为"中国四大名砚"之首，以致密坚实幼嫩、细腻、温润如玉的石质，独特而丰富多彩的石品花纹以及巧夺天工的雕刻艺术而闻名于世，并具有质柔而刚，按之如小儿肌肤，摩之寂寂无声响，贮水不涸，呵气研墨、不损毫，发墨快等特点，广受日本、韩国等国家和地区以及海外华人华侨的喜爱
香港	香港手信	香港作为购物之都，依托传统工艺和美食加工而成的手信（伴手礼）享誉海内外。主要产品有传统的味道的恒香老婆饼、情意之选的德成号手工鸡蛋卷、香港凉果传奇的么凤话梅、可遇不可求的手工曲奇王以及天山核桃王、玫瑰草莓果酱、甘草柠檬等

（续上表）

城市	特色产品	简要介绍
澳门	神像雕刻	神像雕刻是澳门百年来优秀的民间美术，有较长且从未间断的历史，与本地民俗有紧密的关联。澳门神像雕刻在保存本地雕刻工艺优良传统的同时，吸收了外地的造像设计和接合方法，让产品发展到具有国际水平的贴金木雕佛像、佛具和重逾十吨的妙法寺木雕大佛

资料来源：课题组整理。

传统媒体传播。通过有关媒体对大湾区形象、各个城市形象乃至中国的整体国际形象的传播与塑造，可以有效带动粤港澳大湾区的文化"走出去"。2021年12月底，粤港澳大湾区总体形象宣传片《未来无限可能》发布，总长时间为30秒，从大湾区独有的、与人们的生活和未来息息相关的角度切入，从乐享、穿越、创造、成长和沟通等五个角度去展现大湾区的现实和未来。[①]该宣传片包括了很多年轻化、国际化和社交化的创意内容，结合当前最新社交媒体的传播模式和特点，鼓励每个湾区人在大湾区找到自己、改变自己、实现梦想。再如江门开展了"中国侨都（江门）首届小鸟天堂观鸟生态"系列活动，通过"小鸟天堂升天展示慢直播"、朗诵会、摄影比赛和征文活动等，向国内外观众展示了江门所代表的侨乡生态美，向海外观众传播了人与自然和谐共生的中国智慧。[②]

2. 大湾区文化"走出去"的产业优势

粤港澳大湾区文化产业具有较强的国际竞争力，其主要原因在于大湾区文化产业体系健全、链条完整。目前，粤港澳大湾区文化产业9大类146个行业门类齐全，在游戏产业、动漫产业、数字创意产业和文化贸易等领域具有较强优势，涌现出腾讯、网易、华侨城、酷狗音乐、咏声动漫等一批文化产业"领头羊"企业，引领文化产业"走出去"。

---

① 《粤港澳大湾区总体形象宣传片发布》，《广州日报》2021年12月21日。

② 《江门深入推进"侨都赋能"工程，用好用活小鸟天堂等侨乡文旅名片》，人民资讯，2022年4月10日。

　　游戏产业。粤港澳大湾区游戏产业在全球具有一定影响力。广东省游戏产业协会发布的《2021广东游戏产业报告》显示，广东地区作为中国游戏营收的主力军，2021年游戏收入为2322.7亿元，占全国营收的78.7%，占全球网络游戏营收规模的25.9%。2021年广东省网络游戏出口营收规模达到389.2亿元，同比增长22.6%。广州的三七互娱是A股最大的网络游戏公司，致力于做出有内涵又好玩的精品产品并将它带向世界。互联网没有地域界限，通过与网络游戏的融会贯通，广东文化、湾区文化都插上了互联网的翅膀。

　　动漫产业。动漫产业是广东优势文化产业之一。2021年，广东动漫产值超过600亿元，约占全国1/3的份额，位列全国第一。广东动漫相关企业注册数量为16.7万家，全国占比16%。2021年10月，中国国际漫画节动漫游戏展（CICF）与亚洲游戏博览会（AGF）在广州双展联办，展示动漫游戏相关衍生品达500多种，广东原创动漫IP备受国内外商家青睐。熊出没、喜羊羊与灰太狼、超级飞侠等大热IP持久输出，《雄狮少年》《小虎墩大英雄》等动画电影也展现广东动漫的实力。深圳动漫出版创意营收市场规模约占到全国一半，动漫市场销售总收入占全球的10%以上。

　　数字创意产业。进入数字经济时代，大湾区的文化创意产业正加速与大数据、人工智能、视听产业深度结合，打造数字文化产业的"大湾区样本"。拥有酷狗/腾讯音乐、YY直播、虎牙直播、网易游戏等文化龙头企业的广州，2021年上半年实现文化产业营业收入2209.58亿元。其中，数字内容、动漫游戏、视频直播等新兴文化业态发展强劲。深圳数字文化出版创意产业营收规模已经达到千亿元量级。这有助于粤港澳大湾区进一步汇聚数字创意上下游产业资源，通过投资、孵化基地等方式，助力IP孵化、IP出海。

　　文化贸易。广东文化产品和服务出口长期位居全国第一，文化产品出口占据全国半壁江山。为推动粤港澳大湾区文化产品更好地"走出去"，广东培育打造了一大批品牌展会：文博会、中国（广州）国际纪录片节、广州文化产业交易会、中国（东莞）国际影视动漫版权贸易博览会、广东国际旅游产业博览会、南国书香节等影响力持续增强，成为广东文化产业、文化创新走向世界的"助推器"。2021年国家认定了29家文化出口基地，其中，广东占有两席，分别在广州市天河区和番禺区。

3. 大湾区文化"走出去"的港澳优势

推动文化"走出去"，真正走进国际主流文化圈，实现高效的文化交流传播，就必须有自己的有效渠道和平台。香港、澳门在该方面具有无可替代的优势。通过香港、澳门，可以有效实现全球文化品牌、内容、渠道、人力与资本的集约配置，形成"全球联动、中英共版、国际发行"的文化合作模式。

香港在20世纪后半期成为东亚和东南亚地区著名的流行文化中心和"东方好莱坞"，香港功夫片、粤语歌曲等蜚声国际，尤其在华人社会具有很大影响力。香港西九文化区正在打造为世界级文化枢纽，带动香港成为全国首选的国家级文物及艺术品展出地和表演艺术文化旅游中心。香港正以此为契机，通过驻内地或海外的办事机构，在宣传香港电影、音乐、文学、表演艺术等文化艺术的同时，也带动内地文化产业走向国际。

在400多年的历史进程中，澳门逐渐形成了"中西交融、多元共存"的独特文化魅力。澳门与葡语系国家有着广泛联系，同时与海外华侨华人联系密切。这种独特的文化渊源可以转化为文化资源，并进行产业开发。通过把澳门建成文化创意中心，可以把中华文化广泛介绍到葡语系国家乃至世界各地，打造大湾区文化"走出去"的重要通道。在"一带一路"倡议中，澳门正着力建设中华传统文化海上丝绸之路展示中心、中葡文化产品国际交易中心、亚洲文化创新中心、国际文化体验中心，以发展文化产业助推经济适度多元化。

（三）携手共推文化产业"走出去"

携手港澳，面向世界，加快推动文化产业"走出去"，是粤港澳大湾区建设"国际一流湾区、世界级城市群"的必然要求，是提升文化产业国际竞争力和粤港澳大湾区文化软实力的有效路径。

1. 深度合作提升大湾区文化产业综合实力

基于岭南文化的本体，更加重视岭南文化传承、保护和开发中的世界面向与异域文明要素，在开放的心态与实践中推进粤港澳大湾区的文化产业建设。鼓励粤港澳三地文化机构联合举办凸显大湾区融合的国际性文化活动，以增进对其他国家和地区的文化了解。设立粤港澳大湾区文化产业发展基金，共同打造大湾区艺术节、美食节、动漫节、音乐节、联合书展等一批具有国际影响力的品牌文化活动。强化粤港澳三地文化市场的主体合作，在新闻出版广播影视产业、音乐产业、时尚产业、体育产业、文化旅游等相关领域推动资源和产业链对接，组建剧院联盟、演艺联盟、文旅联盟、文博联盟等系列文化联盟，共同推进湾区文化产业发展。推动内地文化传媒娱乐行业进一步向港澳开放，鼓励和支持更多香港电影、舞台剧、出版业、新媒体等来内地发展。与香港演艺人协会合作，努力推动香港金像奖扩展为面向"一带一路"沿线国家和地区的国际电影奖项，扩大其国际影响力。

2. 粤港澳合作共同打造大湾区文化品牌

推动文化产业"走出去"，需要创造出更多富有中国特色和全球传播性的原创文化精品，打造更多具有国际影响力的文化品牌和文化"IP"。为此，需要着力推出"湾区原创"文化精品，紧扣重大题材、聚焦重大工程、瞄准重大节点，推出精品力作和拳头产品，形成规模优势和标志性品牌。着力提升"湾区主场"文化平台能级，打造一批立足粤港澳、辐射全中国、影响全世界的国际知名文化活动品牌，吸引全球优秀文化作品在湾区首发、首演、首映、首展。着力做大做强湾区文创产业，聚焦新兴产业主战场，推动文创产业加快转型升级，全力培育龙头企业，主动引领新兴业态，推动湾区加快建成具有国际影响力的文化创意产业中心。

着力打造岭南特色的精神标识和文化地标，将湾区精神转化为湾区市民的生活方式、精神气质和文明素质，全面提供高品质文化服务，更好发挥文化引领风尚、教育人民、服务社会、推动发展的作用。

3. 加快文化产业升级扩大文化出口

抓住数字经济发展机遇，加快推动粤港澳湾区文物古迹、世界文化遗产和非物质文化遗产等优秀传统文化内容的数字化创新。鼓励支持广电影视装备、移动互联装备、印刷装备、舞台演艺装备、影院装备、游戏（艺）娱乐装备、文化教育装备等文化装备的研发和生产。引导粤港澳三地文化企业、金融企业、文化产业园区等市场主体，通过深圳文化产权交易所，探索文化投融资领域的深度合作机制。在继续加强与欧美日传统市场合作的同时，强化与"一带一路"沿线国家和地区文化市场的合作，为文化贸易提供新的增量市场。积极推动与"一带一路"沿线国家和地区间的文化交流，为文化产品出口创造良好的外部环境。充分利用"中国制造"的优势，将创新思维和思想、创意设计与元素融入文化产品中，不断提升文化产品的创意品质和附加值。进一步扩大文化产品出口的竞争优势，让更多的"中国制造"转化为"中国创造"和"中国创意"。继续拓展文化贸易渠道，适度开放文化服务业贸易市场，鼓励文化服务业对外直接投资，进一步提高我国文化服务贸易的国际竞争力。

4. 加快推动RCEP文化产业合作

2022年1月1日，《区域全面经济伙伴关系协定》（RCEP）正式生效，文莱、柬埔寨、老挝、新加坡、泰国、越南等6个东盟成员国和中国、日本、新西兰、澳大利亚等4个非东盟成员国正式开始实施协定。RCEP的生效实施，标志着全球人口最多、经贸规模最大、最具发展潜力的自由贸易区正式落地，将为区域乃至全球贸易投资增长、经济复苏和繁荣发展作出重要贡献，也为我国文化贸易打开了新的市场窗口。粤港澳大湾区可依托RCEP合作，通过重点发展与RCEP国家的文化贸易与投资，快速打开大湾区文化贸易的近边市场。通过加强与RCEP国家的交流与合作，打造横跨整个环太平洋西岸地区的区域文化产业链体系，将有效地提升粤港澳大湾区的文化产业对外开放水平，从而进一步增强在世界文化贸易中的份额，提升影响力。

参考文献

［1］《粤港澳大湾区发展规划纲要》，中共中央、国务院2019年2月印发。

［2］习近平：《坚定文化自信，建设社会主义文化强国》，《求是》2019年第12期。

［3］曹嘉琪：《粤港澳大湾区文化产业竞争力评价研究》，《今日财富》2021年第10期。

［4］单靖：《粤港澳大湾区文化产业协同发展策略研究》，《广东经济》2021年第1期。

［5］马艳菲：《粤港澳大湾区文化产业融合发展研究——基于产业制度性开放合作的视角》，《经济管理文摘》2020年第6期。

［6］邢惠雅：《粤港澳大湾区文化产业发展策略与路径初探》，《产业创新研究》2020年第4期。

［7］司长强、黄奕：《粤港澳大湾区文化产业发展的环境、策略及价值》，《特区经济》2019年第8期。

［8］王林生：《现代文化市场体系：粤港澳大湾区文化产业高质量发展的路径与方向》，《深圳大学学报》（人文社会科学版）2019年第7期。

［9］胡晓、李雅婷、王霁：《粤港澳大湾区文化产业创新发展研究——以广东省为例》，《深圳社会科学》2019年第1期。

第九章

"

粤港澳大湾区文化产业圈
发展趋势与政策支撑

"

　　高质量建设粤港澳大湾区文化产业圈是共建"人文湾区"，提升区域文化影响力和产业竞争力的关键所在。当前，粤港澳大湾区文化产业圈初具雏形，随着文化经济、文化科技以及文化旅游的不断融合、进步、发展，大湾区文化产业圈将逐步从经济整合到文化融合打造岭南文化共识圈，从产业高地到文化高地构建文化经济动力圈，从科创中心到文创中心建设国际文化创意圈，从传统文化到数字文化打造数字文化智慧圈，从休闲湾区到文旅胜地创建文旅融合示范圈。为进一步推进粤港澳大湾区文化产业圈高质量发展，需要政府在遵循市场规律的前提下，构建系统性与针对性相结合的政策体系，围绕深化区域合作、培育市场主体、引导集聚发展、推动融合发展、完善市场体系、强化要素支撑等多个方面，多管齐下，力争通过一系列政策组合拳提升粤港澳大湾区文化产业圈建设水平。

一　粤港澳大湾区文化产业圈发展趋势

　　《粤港澳大湾区发展规划纲要》明确提出共建"人文湾区"，并从"塑造湾区人文精神""共同推动文化繁荣发展""加强粤港澳青少年交流""推动中外文化交流互鉴"几方面，对推动共建融合发展的"人文湾区"作出规划安排。建设粤港澳大湾区文化产业圈作为共建"人文湾区"的重要举措，必须充分发挥粤港澳三地的文化产业基础和"一国两制"的优势，强化粤港澳三地文脉相通、人文相近、同根同源的历史纽带，携手打造以文化为引领、科技为引擎、经济为引力的国际文化经济高地、文化科技重地和文化旅游胜地，共同谱写粤港澳大湾区文化产业高质量发展新篇章。

（一）从经济整合到文化融合：岭南文化共识圈

大湾区是港口城市基于海洋湾区独特地理形态聚变而成的都市圈，也是海洋经济、创新经济和网络经济高度融合而成的一种独特经济形态。纵观世界著名湾区，都是在全球化背景下，以某一超级城市为核心，联动周边若干城市群基于产业分工和经济整合而形成的一种高度协同的经济圈。这种建立在产业链关联和经济纽带基础上的湾区城市群，也得益于共同的文化价值观和地域文化传承，构建起日益牢固的精神纽带，形成湾区经济可持续发展的精神内核与文化动力。如旧金山湾区以硅谷创新文化为纽带；伦敦湾区则致力于建设以创意文化为特色、展示欧洲悠久历史和多元文化的"伦敦文化区"。

粤港澳大湾区是世界上唯一具有"一个国家、两种制度、三个独立关税区、四个核心城市"的大湾区。改革开放以来，港澳首先与广东形成一种"前店后厂"的产业分工关系，经过数十年的经济协作与整合，珠江口城市群发挥区位相近、海域相连、产业互补优势，逐步形成了今天日益紧密的"9+2"经济圈。同时，粤港澳大湾区也是岭南文化的聚集地，三地地域相近、文脉相通、商缘相亲，经济圈叠加文化圈共同作用。随着港澳与内地更紧密经贸关系的日益深化，粤港澳三地将超越社会制度差异，在文化传承、价值观念、社会风俗、经济理念等方面逐步达成越来越多的共识，这就为构建一个具有共同发展基因的岭南文化共识圈打下良好基础。从全球区域经济一体化发展历程来看，基于地缘和比较优势的区域产业链分工与合作是区域经济一体化的原始动力，但这种地缘经济合作往往会随着区域内产业结构的调整以及比较优势的变化而演变成区域竞争，从而导致区域一体化进程受阻甚至倒退。而地缘文化则是一种超越地缘经济、更具生命力和凝聚力的区域一体化发展动力。因此，深度挖掘区域文化共识，努力推动区域文化与经济融合，充分发挥文化引力和经济张力的双重作用，推动粤港澳大湾区实现从经济圈到文化圈升级，打造岭南文化共识圈，是大湾区融合发展的必由之路。

图9-1 粤港澳大湾区岭南文化共识圈
资料来源：根据新京报记者王远征所作图片改绘。

（二）从产业高地到文化高地：文化经济动力圈

2021年粤港澳大湾区经济总量约12.6万亿元人民币，相当于加拿大全国的GDP。25家企业进入世界500强，高新技术企业超过6万家。战略性新兴产业、现代服务业发展也居全国乃至世界先进水平，粤港澳大湾区已成为名副其实的全球产业高地。而随着数字经济的发展，文化与经济之间的互动互促作用越来越明显。文化产业突破传统文学艺术、影视创作、新闻出版的"小文化"边界，迈向涵盖教育、科学、历史、人文、经济、社会的"大文化"，向经济社会全领域植入、渗透和融合，为高质量发展和供给侧结构性改革提供了动力和路径。"文化+"作为一种创新途径，推动文化与旅游、制造、建筑、农业、体育、健康等相关产业融合，为经济转型升级和高质量发展注入活力。由此可见，经济活动中的文化资源和文化因素已成为创新发展的核心要素，文化资源具有地域性、民族性、稀缺性与独创性等特征，继科技之后，文化成为经济发展的又一重要推动力量，即所谓"创新驱动、文化引领"，并且创新本质上也是一种文化。随着生产力的不断发展以及人类物质文化生活品位的不断提升，文化资源要素与经济资源要素高度融合、文化生产力与物质生产力双力驱动、文化软实力与经济硬实力相互支撑，经济文化化和文化经济化趋势将越来越彰显数字经济时代的特征。

　　粤港澳大湾区要从产业高地走向文化高地，实现物质文明和精神文明的"双发达"，一是要构建大文化大经济观，让文化成为经济发展的创造力源泉和主导力量。要深度挖掘岭南文化和中华文化的内核，树立文化自信，增强民族自豪感和国家自信心，坚定以中国式现代化建设世界一流湾区，打造大湾区文化软实力。二是将文化与经济"虚实结合"。通过将人文元素、文化要素引入产业中，使文化成为产业创新的源泉和产业升级的动力。珠三角作为全球制造中心，要通过工业设计、包装设计以及产品艺术创意，给制造产品注入灵魂和灵气，提升产品的文化附加值，彻底改变广东以"来料加工"、"贴牌生产"、注重商品使用价值而忽视商品艺术价值的低端产品制造者形象。尤其是深圳、广州、珠海、香港等城市要在数字文化、创意设计等"高精尖"产业领域充分发挥比较优势，加快文化与科技、商务、旅游、制造等领域融合发展，促进产业升级和消费升级，推动广东从"世界工厂"到"文化梦工场"的转型升级，打造湾区文化经济动力圈。三是大力发展文化创意产业，推动文化经济化。将文化元素打造成文创产品、文化资源转化为文化资本，使文化产业成为大湾区重要的新兴支柱产业。充分发挥大湾区文化创意人才集聚、国际化文创理念先进的优势，深度挖掘以岭南建筑、岭南画派、粤剧、龙舟、粤系美食等为代表的岭南文化，将散布于岭南大地各城市间的文化资源串珠成链，推进融合互动与创新，打造粤港澳大湾区文化品牌体系，系统性地规划、管理和运营；同时，把握"一带一路"建设契机，积极推动湾区文化贸易，以文化产品和服务为载体，讲好中国故事、传播中华文化，打造世界文化高地。

（三）从科创中心到文创中心：国际文化创意圈

当前，我国经济正从高速增长阶段转向高质量发展阶段，正处在转方式、优结构、换动力的关键期，而科技创新和文化创意则是经济高质量发展的"双引擎"。如今"互联网+"和"文化+"已成为经济增长的风口。科创与文创有机融合将会爆发出巨大威力，日益成为改变甚至颠覆我们生产和生活方式的重要力量。

《粤港澳大湾区发展规划纲要》明确提出"建设具有全球影响力的国际科技创新中心"，是从科创层面对大湾区的发展定位。同时，提出了"共建人文湾区""塑造湾区人文精神""共同推动文化繁荣发展""推动中外文化交流互鉴"等发展目标，实际上蕴含着发挥科技与文化"双引擎"作用，推动大湾区创新发展的要义。因此，推动大湾区建设具有全球影响力的国际科创中心和国际文创中心，是打造大湾区发展新动能的关键。事实上，大湾区文化产业规模总量、文化及相关产业增加值多年来位居全国首位。"文化+科技"引领文化产业向数字化、智能化和价值链高端化不断延伸，带动产业持续转型升级，涌现出腾讯、网易、华侨城、酷狗音乐、咏声动漫等一批文化产业"领头羊"，粤港澳大湾区正逐步从文化制造走向更高质量的文化创造，逐步发展成为全球领先的国际文化创意中心。

（四）从传统文化到数字文化：数字文化智慧圈

在复杂的内外部环境以及新冠肺炎疫情影响下，我国经济发展面临着诸多困难。数字经济作为一种新兴经济力量，已然成为国家经济稳定增长的新动力，成为推动产业创新、技术进步的重要力量。数字文化产业则是数字技术与文化产业相融合的新型文化业态。随着5G、AI、AR/VR、数字孪生等新兴技术全面赋能文化产业，将不断提升文化产业科技含量，引导文化消费新趋势，壮大文化产业体量。

粤港澳大湾区作为我国数字科技和文化产业发展的"先行区"，数字文化产业呈现产业链条完善、集聚化发展的良好态势，尤其在动漫产业、数字音乐、游戏产业等领域领跑全国。在此基础上，大湾区将进一步发挥科技领先和创意发达的双重优势，大力发展以NFT、元宇宙等为代表的新一代技术，进一步培育壮大动漫游戏、电竞等文化战略性新兴产业，加快研发数字印刷、新型影院系统、数字多媒体娱乐设备、智能家庭娱乐、流动演出系统、沉浸式体验平台等高端数字文化装备，推动4K/8K超高清频道在大湾区全面落地，打造领跑全国的数字文化新业态。同时，珠三角正探索与港澳共建数字经济创新发展试验区、粤港澳大湾区国家级文化产业创新实验区，进一步推动文化体制机制和文化产业创新。通过充分发掘广府文化、客家文化、潮汕文化、海洋文化等特色文化资源，将大湾区的传统历史及特色人文资源通过数字化手段实现创新"活化"和产业化应用，建设有全球影响力的数字文化产业集群，推动粤港澳大湾区世界级数字文化中心建设。

（五）从休闲湾区到文旅胜地：文旅融合示范圈

自20世纪70年代美国学者麦金托什（McIntosh）和格波特（Gebert）首次提出"旅游文化"概念，引发人们对文化和旅游关系的思考和讨论。世界旅游业发展的实践表明，旅游目的地之间的竞争本质上还是文化竞争，独特的历史文化是提升旅游产品吸引力的关键因素。同时，随着科技创新与发展，文化旅游也逐步摆脱主要基于文化遗产和自然景观的单一性观光模式，逐渐通过文化与创意、科技及其他传统产业的结合，形成新旅游要素带动文化旅游产品创新和升级的发展态势。

2020年出台的《粤港澳大湾区文化和旅游发展规划》，围绕人文湾区和休闲湾区建设，明确了优化旅游市场供给、创新旅游推广体系、完善旅

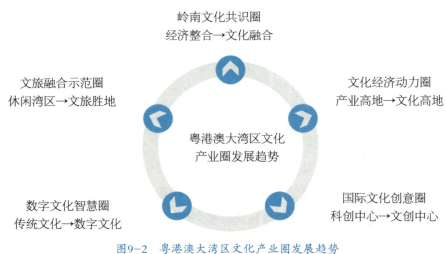

图9-2 粤港澳大湾区文化产业圈发展趋势
资料来源：课题组绘制。

游市场发展环境等重点任务。粤港澳大湾区既是广府文化、潮汕文化、客家文化等地域传统文化的传承地，也是海洋文化、西方文化、科技文化等现代文化的融合区，要以岭南文化为纽带，以中西文化融合为特色，以文塑旅、以旅彰文，打造大湾区文旅IP，推动形成文旅融合高质量发展新格局。当前，大湾区以打造世界级文化地标和旅游目的地为目标，正在建设一批文化特色鲜明的旅游景区和旅游休闲城市。同时，粤港澳三地政府建立了文旅合作机制，大力培育"文旅+"新动能，推进粤港澳大湾区北部生态文化旅游合作区建设，构建粤港澳大湾区文旅一体化发展新格局。人文湾区与休闲湾区有机结合，将有力推动粤港澳大湾区构建文旅融合示范圈，打造世界级文旅胜地。

二　加快构建粤港澳大湾区文化产业圈政策体系的思路

高质量打造粤港澳大湾区文化产业圈，需要政府在遵循市场规律的前提下，发挥调控引导、环境营造和培育扶持等重要作用，构建"综合+分类"相结合的系统性政策体系，以综合性政策解决产业共性问题，以分类性政策解决优势文化产业做大做强、文化新兴产业抢先发展的特性问题，分类指导、精准施策，通过一系列政策组合拳提升粤港澳大湾区文化产业圈建设水平。

（一）完善区域产业合作机制，搭建产业交流合作平台

以区域合作机制为保障，充分发挥合作平台作用，以规则衔接、机制对接为重点，支持横琴粤澳深度合作区、前海深港现代服务业合作区等重大合作平台建设，进一步推动粤港澳文化产业交流合作。

1. 创新文化产业区域合作机制

加强统筹和组织领导。支持珠三角九市建立完善地方政府文化产业合作机制，主动对接香港、澳门特别行政区，统筹研究粤港澳大湾区文化产业圈发展思路，加强对区域合作的统筹指导协调。支持各市发挥比较优势，制定参与大湾区文化产业圈建设的政策措施，协调调动各方资源，推动更多粤港澳大湾区文化产业合作的政策措施和重大项目落地。

创新交流合作机制。建立省、市与港澳常态化的文化产业交流合作机制，成立文化产业交流联络机构，对接各项工作。建立大湾区文化产业建设联席会议机制，定期召开联席会议，协商解决粤港澳大湾区文化产业圈建设中的重大问题。支持粤港澳社团加强文化产业交流合作。建设好大湾区文化创意促进会，鼓励在文化创意、出版、印刷、发行、影视、网络文化、音乐、游戏、动漫等领域组建产业联盟，构建"政府+行业+企业"的区域合作架构。

2. 搭建文化产业交流合作平台

高水平办好文化产业展览会和比赛。推动以广州、深圳为中心的珠三角各市完善会展场馆和设施，重点办好中国（深圳）国际文化产业博览交易会、中国（广州）文化产业交易会、广州艺术博览会等重大文化会展，支持办好香港国际影视展、香港书展、设计营商周以及深港设计双展、深

圳澳门国际文化旅游创意产品设计大赛等。鼓励粤东西北地区根据地区特色举办各类专业文化会展。推动粤港澳三地联合办展，高水平办好一批具有国际影响力的专业文化展会，支持文化企业参加国内外重要国际性展会。支持举办线上展会，探索线上线下同步互动的办展新模式。

发挥前海、南沙、横琴等重大合作平台制度创新优势。以规则衔接、机制对接为重点，深度对接港澳文旅资源，积极争取放宽外资文化业务开展与投资限制等政策。创新文化领域行政审批与监管方式，进一步促进中国（广东）自由贸易试验区文化行政审批和管理制度创新、先行先试，向南沙、前海蛇口、横琴自贸片区下放、委托更多的省级文化管理权限。对开展文化交流人员提供通关便利，简化从事文化和旅游工作人员赴港澳签注申请审批手续。完善便利港澳青年在湾区内开展文化活动、创业就业的政策。

（二）优化文化产业空间布局，推动产业集聚集群发展

统筹大湾区各城市资源要素、产业发展等基础条件，强化广深港澳四大中心城市辐射带动作用，推动文化产业园区提质增效和联动发展，构建区域协同、优势互补、产业联动的文化产业协同发展新格局。

1. 引导区域文化产业特色化发展

建设珠江两岸文化创意产业带。以广州、深圳、香港、澳门为核心，珠三角地区其他七个地级市为支点，共同发展文化创意、出版、影视、音乐、版权、演艺娱乐、动漫游戏等产业，打造"珠江两岸文化创意产业带"。

建设东西两翼文化产业新增长极。粤东、粤西地区结合"海上丝绸之路"建设，挖掘特色文化资源，与珠三角融合互动，形成与"沿海经济带"同步发展的文化产业格局。支持汕头做强"动漫+玩具+游戏+影视"文化产业；支持潮州、揭阳和汕尾擦亮"中国瓷都""中国玉都""中国民间文化艺术之乡"品牌，发展特色文旅产业；支持湛江、茂名和阳江加

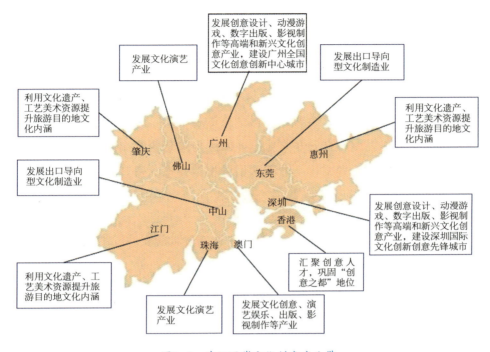

图9-3　珠江两岸文化创意产业带
资料来源：根据《粤港澳大湾区文化和旅游发展规划》绘制。

快发展工艺美术、滨海旅游等文化产业。鼓励粤东粤西地区积极承接珠三角地区文化产品和设备制造等产业转移。

　　发展粤北特色文化产业。支持粤北五市围绕生态发展区建设，推动特色生态旅游产业做大做强，打造粤北生态休闲旅游高地。加强粤北特色文化资源开发，支持韶关、梅州发展工艺美术、红色旅游、康养生态旅游；支持河源、清远、云浮发展特色文旅产业。

2. 推动文化产业园区提质增效和联动发展

　　推进文化产业园区建设。支持粤港澳大湾区建设国家级文化产业示范园区基地。鼓励各地市进一步规范发展省级文化产业（示范）园区，加强重点园区的储备培育，重点支持香港PMQ元创坊、澳门设计中心、深圳华侨城创意产业园、羊城创意产业园、广州北京路文化核心区、TIT文创园、

1850文创园、江门（塘口）江澳青年文创小镇、肇庆鼎湖（港澳）文创小镇等基础和发展前景较好的文化产业园区提升质量和打造品牌。①鼓励创建市、县级文化产业示范园区。

鼓励文化产业园区联动发展。支持珠三角文化产业园区间建立协作体，加强园区之间信息、企业、项目、技术、市场、运营管理等方面的常态化交流与合作。引导珠三角文化产业园区与粤东西北文化产业园区开展结对合作，支持珠三角文化产业园区引导相关业态向粤东西北地区转移，探索"飞地经济""伙伴园区"等合作模式。

（三）培育壮大文化市场主体，打造具有国际竞争力的文化企业集团

加强政策扶持引导力度，积极培育壮大文化市场主体，形成不同所有制文化企业共同发展、大中小微文化企业相互促进的文化产业格局。

1. 做大做强做优国有文化企业

深化国有文化企业改革，建立健全有文化特色的现代企业制度，鼓励符合条件的企业开展股份制和混合所有制改革，健全激励保障体系，建立职业经理人等制度，加强国有文化企业社会效益和经济效益的综合考核。组建省级国有文化资本运营公司，推进新闻出版、广播影视、演艺以及新媒体等领域国有文化资源优化布局，实现战略性重组。

2. 大力培育新型文化企业

实施文化科技领域大型骨干企业培育计划、高新技术企业树标提质计划，打造一批文化科技融合的领军企业和特色企业。支持重点文化科技企业瞄准产业链关键环节和核心技术实施兼并重组，培育一批文化科技"链主"企业、生态主导型企业和"隐形冠军"。鼓励中小文化企业向"专、精、特、新"方向发展，培育一批瞪羚企业和独角兽企业。打造文化企业

---

① 《粤港澳大湾区文化和旅游发展规划》，中华人民共和国文化和旅游部，2020年12月24日，http://zwgk.mct.gov.cn/zfxxgkml/ghjh/202012/t20201230_920403.html.

孵化载体、众创空间，促进大众创业、万众创新。

3. 打造龙头文化企业

充分发挥企业市场主体作用，鼓励行业优势文化企业通过跨地区、跨行业、跨所有制兼并重组、联盟合作等方式优化整合资源，在新闻信息服务、内容创作生产、创意设计服务、文化传播流通、文化新型业态等领域打造一批具有竞争力的龙头文化企业。

4. 培育具有国际竞争力的外向型文化企业

围绕新闻出版、广播影视、动漫游戏、创意设计等重点领域，定期发布《粤港澳大湾区文化出口重点企业目录》，综合运用财政金融等多种政策，对文化出口重点企业加大支持力度，扶优扶强一批具有国际竞争力的外向型文化企业。鼓励文化企业通过绿地投资、兼并收购等方式扩大境外投资合作，支持有条件的文化企业搭建海外营销网络。

（四）提升文化与科技、旅游融合度，激发文化产业发展新动能

顺应文化产业融合发展新趋势，探索文化与旅游、科技深度融合的新业态新模式，共同激发文化产业发展新动能。

1. 共建粤港澳大湾区数字文化产业带

携手打造具有国际竞争力的数字文化产业中心。依托广深港澳科技创新走廊建设，加强粤港澳数字文化产业合作，促进文化产业与数字经济深度融合，培育壮大数字文化产业集群，共建"数字经济创新发展试验区""粤港澳大湾区国家级文化产业创新试验区"，打造深度互动与合作的数字文化产业示范区。

加强文化领域核心技术研发运用。探索建立粤港澳大湾区文化领域重点实验室、技术创新中心和公共技术平台，共同部署一批文化共性关键技术研发项目，重点突破关键系统集成应用技术，支持研发具有自主知识产权的核心技术、关键元器件，推动重大文化科技成果产业化。支持文化科技企业承担国家技术创新中心、国家工程（技术）研究中心、国家企业重

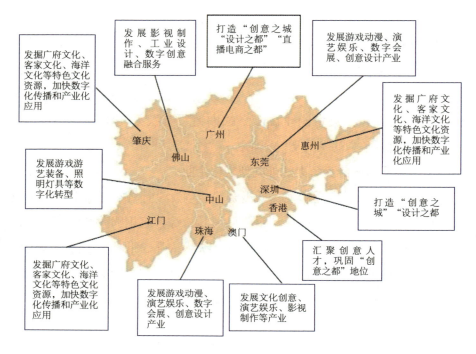

图9-4　粤港澳大湾区数字文化产业集群
资料来源：根据《广东省促进文化和科技深度融合实施方案（2021—2025年）》绘制。

点实验室等平台建设任务。

　　加强文化科技创新载体建设。共同建设大湾区国家文化和科技融合示范基地，推动成为国内外知名的文化科技研发创新中心。依托条件成熟的高新区、可持续发展实验区、文化产业园区、企事业单位等，组织开展文化和科技融合示范基地遴选工作，培育一批省级文化类众创空间、科技企业孵化器等孵化载体，优先推荐省文化科技企业孵化载体申报国家孵化载体。支持组建文化科技创新联盟，推动文化科技公共技术服务平台建设运营。

　　2. 联手打造大湾区世界级旅游目的地

　　打造世界级旅游景区和旅游城市。对标对表世界一流湾区，建设一批

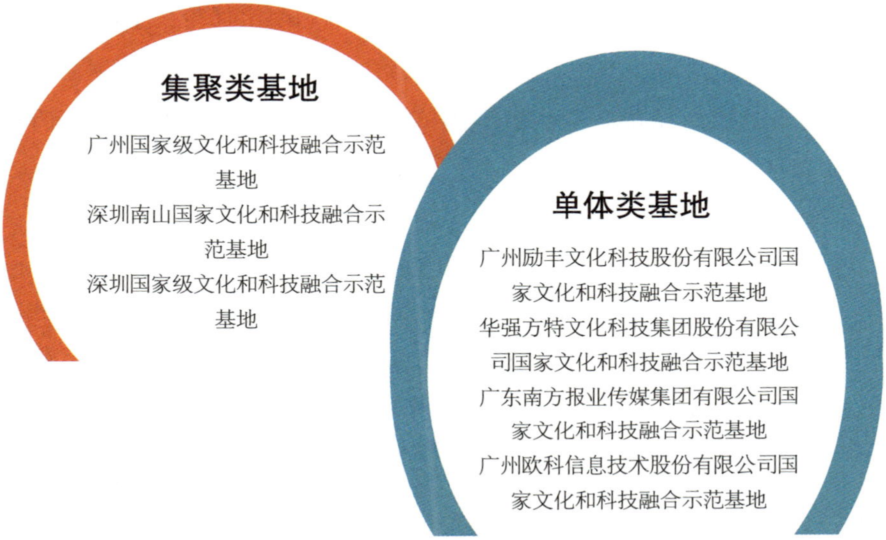

集聚类基地

广州国家级文化和科技融合示范
基地
深圳南山国家文化和科技融合示
范基地
深圳国家级文化和科技融合示范
基地

单体类基地

广州励丰文化科技股份有限公司国
家文化和科技融合示范基地
华强方特文化科技集团股份有限公
司国家文化和科技融合示范基地
广东南方报业传媒集团有限公司国
家文化和科技融合示范基地
广州欧科信息技术股份有限公司国
家文化和科技融合示范基地

图9-5　粤港澳大湾区国家文化和科技融合示范基地
资料来源：根据科技部发布的前四批文化和科技融合示范基地名单整理。

富有文化底蕴的世界级旅游景区，支持珠三角九市开展文化和旅游小镇、美丽乡村建设，推动深圳、珠海、惠州、中山、广州番禺区等建设国家级全域旅游示范区。

培育世界级旅游产品体系。以粤港澳特色文化和旅游资源为依托，开发特色文化旅游产品，培育一批精品旅游路线。促进滨海旅游高品质发展，协同完善滨海旅游基础设施与公共服务体系，有序发展粤港澳大湾区出入境自驾游。支持粤港澳合作开发海岛游，打造大湾区"一程多站"连线旅游新路线产品。促进邮轮游艇健康发展，推动香港、广州、深圳国际邮轮港建设，协同推进粤港澳邮轮旅游、物资配送、商品交易、邮轮制造维修全产业链发展，加快实施粤港澳游艇自由行。

推动旅游资源要素互联互通。优化便利通关手续，共同建立无缝连接的旅游交通体系和互联互通的旅游集散体系，推动航空、航运、高铁联程联运，加快实施"144小时过境免签"政策。推动简化邮轮、游艇及旅客出入境手续，争取进一步放宽游艇自由行政策。

联合开展旅游品牌整体形象宣传和营销。加强大湾区"9+2"城市间合作，共塑区域旅游品牌形象，联合开展市场推广。共建智慧旅游平台，推进大湾区城市在旅游交通、信息和服务网络等方面互联互通。

共同完善旅游市场发展环境。共同倡导"品质旅游"、诚信旅游和文明旅游，推进旅游标准化体系共建。加强游客消费权益保障合作，共同建立旅游企业诚信机制。建立完善旅游市场监管信息共享、旅游执法协作以及旅游安全保障和预警机制。

共同培养旅游人才。依托粤港澳大湾区旅游教育培训基地，聚焦文化创意、会议展览等重点领域，加强港澳与内地旅游人才培训交流，探索多种合作办学模式，培育国际化旅游经营管理人才和专业技术人才。

（五）激发文化消费潜力，培育更加完善的现代文化市场

发挥文化消费对文化产业发展的拉动作用，共育粤港澳大湾区文化消费市场，加快构建充满活力、互联互通的现代文化市场，推动大湾区文化产业蓬勃发展。

1. 共育粤港澳大湾区文化消费市场

推进区域性消费中心城市建设。支持广州率先开展国际消费中心城市培育建设，支持深圳创建国家文化消费城市。推动广州、深圳、惠州、佛山等国家文化和旅游消费试点城市建设成为示范城市。鼓励珠三角各地市积极创建国家级夜间文化和旅游消费集聚区。

优化文化市场消费环境。改造提升现有文化和旅游消费场所设施，推动传统技艺、岭南美食、艺术展演等项目聚集转化，引导打造一批高水平的文体商旅综合体。发挥好展会经济、假日经济拉动消费的积极作用，支持各地因地制宜举办文化消费季（月、周）等多形式促消费活动，完善消费补贴、积分奖励、景区门票减免等消费惠民措施。

引导发展新型文化消费。顺应文化消费转型升级新趋势，以市场需求为导向，加强开发适合不同消费群体的特色文化产品和服务。推动线上线下消费融合发展，积极培育网络消费、定制消费、体验消费等新兴文化消费模式。大力发展夜间文旅消费，引导各地开展"粤夜粤美"夜间文化和旅游消费主题活动，支持文化场馆延长开放时间，繁荣夜间文化演出市场，不断丰富与优化夜间文旅产品供给。

2. 构建充满活力、互联互通的现代文化市场

发展文化产品和服务交易市场。充分利用港澳自由贸易港的优势，支持澳门设立中国与葡语国家文化产业交易中心。规划建设一批全国性和区域性的书报刊和电子出版物、动漫游戏、广播影视节目、演艺节目、音像制品、工艺美术等文化产品和服务交易市场，推动各类文化交易市场拓展规模，增强辐射力和影响力。规划建设一批大型文化商业综合体。大力发展文化电子商务，建立完善文化产品线上、线下相结合的交易模式。

建设现代文化传播体系。整合粤港澳三地发行渠道，合作建设覆盖粤港澳大湾区的出版物发行网络，培育新兴出版物销售模式，建设粤港澳大湾区出版物物流配送中心。鼓励合作建设覆盖粤港澳大湾区的广播电视传输网络、数字电影院线以及演出院线。

创新文化市场管理政策。深入推进文化领域简政放权，压缩减少大湾区文化领域备案立项审查程序和时限，探索放宽文化产业发展领域市场准入政策措施，实施准入前国民待遇加负面清单管理制度。全面提升文化市场管理水平，加快构建以信用监管为基础的文化市场新型监管机制。加强文化市场综合执法，营造良好的市场环境。

（六）优化要素资源保障，增强文化产业发展协同力

强化产业发展要素支撑，有效引导金融、人才等高端资源要素向粤港澳大湾区集聚，努力提升现代金融、人力资源与文化产业发展的协同性，夯实产业发展基础。

1. 建立完善"文化+金融"体系

支持广州创建国家文化与金融合作示范区。加强与香港、澳门金融机构的合作，吸引更多符合条件的港澳地区金融机构在合作示范区设立合资证券、基金、期货和保险公司，进一步拓宽文化产业融资渠道。深化与粤港澳相关研究机构合作，探索制定粤港澳大湾区文化金融标准。

构建多层次文化金融服务体系。鼓励银行机构加大对文化企业的信贷支持，推广知识产权质押融资、并购融资、订单融资等贷款业务。发挥好深圳湾泛文化产业基金、省创新创业基金（新媒体产业子基金）、南方媒体融合发展投资基金等引导示范作用，建立大湾区"文创+金融"产业中心，鼓励湾区内设立并规范运作各类文化产业投资基金。建立大湾区重点文化企业上市培育库，推动符合条件的文化企业到港交所、深交所挂牌上市。整合大湾区文化金融资源，建立健全文化四板股权交易平台、文创引导基金平台、文化企业融资担保平台、文化综合金融服务平台等四大文化金融平台。

打造具有大湾区特色的文化金融品牌。借鉴汽车金融、消费金融等专业化金融机构的发展模式与经验，建立文化金融的专营机构，探索粤港澳大湾区文化产业银行、文化保险公司（或艺术品保险公司）的金融牌照创设。

2. 强化人才支撑

加大高层次文化人才引进力度。优化高层次文化人才发现机制和项目团队遴选机制，加快实施文化人才高地计划、"宝贝人才"计划，建立健全高层次文化人才引进服务保障体系，大力引进一批文化名家、领军人才、文化企业家。

构建多层次文化人才培养体系。对接大湾区文化产业发展需求，支持广东高校、职业院校办好与文化产业相关的各类专业，建立完善教学体系及教学模式。支持文化企业、文化产业园区等与高校科研机构共建博士后工作站、创新实践基地、人才实训基地，加强知识型、技能型人才培养。

促进大湾区人才交流与合作。积极开展大湾区文化产业人才联合培养计划，探索组建粤港澳文化产业教育联盟，支持粤港澳三地共建文化产业人才培养基地，实现优质文化产业教育资源互通互享。探索制定动漫游戏、电竞等文化新业态新职业从业人员职称评价标准和职业标准，构建粤港澳大湾区互通互认的文化产业人才评价体系。建立大湾区文化产业人才信息库，搭建大湾区文化产业人才综合服务平台，研究实施促进大湾区出入境、工作、居住等更加便利化的政策措施，引导大湾区内文化产业人才自由流动。

表9-1 粤港澳大湾区与国内主要省市文化产业政策比较

政策来源（发布年份）	壮大市场主体	引导集群发展	加大金融支持	强化人才引育
粤港澳大湾区文化和旅游发展规划（2021）	培育文化和旅游融合发展、竞争力强的领军企业	支持粤港澳大湾区建设国家级文化产业示范园区基地。支持在广东建立综合性大型演艺机构后勤服务基地	支持广州创建国家文化与金融合作示范区	支持粤港澳大湾区旅游教育培训基地和澳门旅游学院粤港澳大湾区旅游教育合作中心、横琴培训基地建设
广东省文化和旅游发展"十四五"规划（2021）	推动大型文化集团引领发展，中型文化企业专业化发展，小微文化企业特色化发展	推进文化产业示范园区、文化产业和旅游产业融合发展示范区建设	推进国家文化与金融合作示范区建设，鼓励设立文化和旅游金融服务中心	建立符合文化和旅游行业特点的人才培养模式。加大人才引进工作力度，强化人才交流
广东省关于加快文化产业发展的若干政策意见（2019）	推动文化企业制兼并重组，打造具有全国竞争力的龙头文化企业	支持争创国家级文化产业示范园区，推进省级文化产业示范园区创建，鼓励创建市、县级文化产业示范园区	规范发展文化产业投资基金，创新文化产业投融资体制，推动文化企业融资渠道多元化，推动文化金融服务创新	将文化产业人才纳入广东省人才分类评价评估体系

（续上表）

政策来源 （发布年份）	壮大市场主体	引导集群发展	加大金融支持	强化人才引育
广州市文化和旅游发展"十四五"规划（2021）	发展壮大文化和旅游龙头企业，引导中小文化和旅游企业集群发展	实施文化创意产业百园提质计划。打造动漫游戏产业之都，建设全国电子竞技中心、粤港澳大湾区世界级电子竞技中心。建设中国流行音乐数字产业基地、国际一流影视制作与音乐体验基地。建设全球文化装备产业集聚基地	完善政府主导、社会参与的多元化投入机制。构建文化和旅游金融发展平台、投资风险补偿机制。拓宽文化和旅游企业融资渠道	健全文化与旅游人才引进、培养、激励、评价和服务保障机制
深圳市文体旅游发展"十四五"规划（2022）	培育和壮大文化总部企业，集聚一批有较强竞争力的龙头文化企业	培育一批具有显著示范效应的文化产业园区、产业发展带和功能区，打造若干个在全国有重要影响力的产业集群	争取艺术品经营金融支持政策	实施文体旅游领域引进高层次人才工程，引进培养文体旅游产业人才、文化名人名家。建立多元化人才评定体系
北京市"十四五"时期文化和旅游发展规划（2021）	推进企业兼并重组，吸引国际知名企业总部在京发展。培育一批龙头企业和"专、精、特、新"中小型企业	建设世界级旅游景区和国际知名文化和旅游商圈，支持创建通州国家文旅商融合发展示范区	支持符合条件的企业上市，鼓励金融机构加大信贷支持。引导企业积极探索利用权利质押等担保方式获得融资	开展文化名家暨"四个一批"、京郊"百千万"等重点人才培养工程
北京市推进全国文化中心建设中长期规划（2020）	深化央地合作模式，持续实施"十百千"文化企业培育工程	建设市级文化产业园区、示范园区、特色小镇、文创街区、文创空间	优化"投贷奖"政策。深化与"一行两会"在京派出机构的合作，推动打造"文创板"，设立北京文创银行	实施一流文化人才涵养计划和文化名家暨"四个一批"人才培养工程

（续上表）

政策来源（发布年份）	壮大市场主体	引导集群发展	加大金融支持	强化人才引育
上海市社会主义国际文化大都市建设"十四五"规划（2021）	实施文化创意产业领军企业培育计划，支持"腰部"文化创意企业向"专、精、特、新"方向发展	强化市级文化创意示范园区（楼宇、空间）标准建设，推进文化创意园区管理运营向专业化、品牌化、特色化发展	健全文创产业"补、贷、投、保、担、奖"投融资联动机制	选拔集聚一批高层次文化人才，加大青年人才培育力度，优化职称评审、技能认定等人才评价机制
全力打响"上海文化"品牌深化建设社会主义国际文化大都市三年行动计划（2021—2023年）（2021）	深化国有文艺院团改革。实施文物拍卖领军企业扶持计划	推动影视产业园、影视基地、影视特色小镇建设。加快浦东外高桥、徐汇滨江艺术集聚区建设。加强"演艺大世界"核心功能承载区建设。加快网络视听、直播经济集聚地建设	健全文创产业"补、贷、投、保、担、奖"投融资联动机制	深入实施重大人才项目及引才计划和青年文艺家培养计划、新闻人才计划。完善人才褒奖制度
浙江省文化改革发展"十四五"规划（2021）	实施百家文化名企创优工程和百家文化名企创优工程	推进之江文化产业带建设，支持中国寓言小镇、黄酒小镇、禅意小镇等文化特色小镇建设	建设文化金融合作示范区，创设一批文创银行，引导各类投资基金向文化产业倾斜	加强高端文化人才引进，推进浙江籍知名文化专家学者回归工程

资料来源：课题组整理。

参考文献

［1］司长强、黄奕：《粤港澳大湾区文化产业发展的环境，策略及价值》，《特区经济》2019年第8期。

［2］段莉：《粤港澳大湾区文创产业协同发展路径探析》，《文化产业》2018年第13期。

［3］范玉刚：《跨界融合是文化产业提质增效的新动能》，《北京文化创意》2017年第6期。

［4］黄玉蓉、曾超：《文化共同体视野下的粤港澳大湾区文化合作研究》，《广州大学学报》（社会科学版）2018年第10期。

［5］林庆勋、陈海东：《粤港澳大湾区战略下文化产业协同发展模式探析》，《经营管理者》2019年第10期。

［6］林先扬、谈华丽：《深化粤港澳大湾区文旅产业创新发展的思考》，《广东经济》2020年第10期。

［7］单婧：《粤港澳大湾区文化产业协同发展策略研究》，《广东经济》2021年第1期。

［8］王林生：《现代文化市场体系：粤港澳大湾区文化产业高质量发展的路径与方向》，《深圳大学学报》（人文社会科学版）2019年第4期。

［9］杨睿博、刘伟：《粤港澳大湾区文化科技融合发展动因与路径分析》，《科技管理研究》2020年第20期。

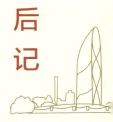

后记

推进粤港澳大湾区文化产业圈建设是坚决推动国家战略落地落实、发挥文化建设引领支撑作用的必然要求。在纵深推进粤港澳大湾区建设、扎实推进广东文化强省建设的背景下，课题组系统梳理了粤港澳大湾区文化资源存量，以文化产业圈层、文化产业发展规律及区域合作理论作为学理支撑，以图文并茂的形式对粤港澳大湾区文化产业的空间格局、发展图谱、内部分工合作及外部溢出效应作了全面考察，特别是从空间—产业—区域合作等多个维度系统考察了粤港澳大湾区文化产业发展的历史、现状及未来趋势，为全省、粤港澳大湾区乃至广东沿海经济带和北部生态发展区文化产业发展的理论研究和实践提供重要参考借鉴。

本书的框架结构注重理论与实践相结合。首先，本书基于空间圈层理论及产业链演化理论，探讨粤港澳大湾区文化产业圈的理论逻辑，分析大湾区文化产业圈形成和发展的空间动力机制；进而探究粤港澳大湾区的文化特质及文化资源的分布状况；在此基础上，从空间、产业、区域合作三个维度展开具体考察。一是从空间维度对粤港澳大湾区文化产业圈的圈层结构进行描述，分析圈层耦合之下形成的核心圈层、近域圈层、外围圈层不同的结构特征，提出粤港澳大湾区文化产业圈的战略定位及空间格局构想，创新性提出"三极五片六廊N组团"（"356N"）的总体格局构想；二是基于产业维度，从优势文化产业和新兴文化产业深入分析粤港澳大湾区文化产业的现状利弊、发展重点和空间布局，提出了做大做强粤港澳大湾区文化优势产业，培育发展新兴产业的指引，既揭示了文化产业传统属性，又展望了文化与科技融合后文化消费所呈现出的新业态新趋势；三是从区域角度深入分析粤港澳大湾区内地九个城市的文化禀赋优势，提出了文化产业发展特色方向及城市间的合作机制与策略，合作重点与路径。其次，本书还将粤港澳大湾区文化产业发展置于广东全省视域下进行研究，分别从三个层级提出发展路向，在加快构建"一核一带一区"发展格局的背景下分析大湾区文化产业发展与沿海经济带、北部生态发展区之间的联动互促。最后，本书对粤港澳大湾区文化产业圈的发展趋势作出展望预测，提出促进粤港澳大湾区文化产业圈发展的政策建议。

广东省社会科学院高度重视本重要课题的推进工作。由院党组书记郭跃文研究员负责全书的统筹、谋划、观点文字审定；副院长向晓梅研究员负责全书的框架与总体思路确定、全过程督导及统稿；经济研究所副所长吴伟萍研究员承担了大量的沟通协调组织工作。研究团队由经济研究所、文化产业研究所、国际问题研究所长期从事文化资源、文化产业、港澳合作、区域经济、开放经济研究的专家组成。

具体分工是：第一章由曹佳斌、严若谷、万陆、范西斌、刘一鸣执笔；第二章由詹双晖、谢开来、揭英丽、涂俊仪、严若谷执笔；第三章由陈世栋、童玉芬、向晓梅执笔；第四章由胡晓珍、杨志云、向晓梅执笔；第五章由林正静、陈小红、曹佳斌执笔；第六章由吴伟萍、王秀婷、杨志云、段润执笔；第七章由张拴虎、杨娟、武文霞执笔；第八章由邓江年、杨海深、谢许潭、金凯执笔；第九章由燕雨林、何颖珊、郭跃文执笔。

广东人民出版社原总编辑钟永宁、副总编辑卢雪华、编辑廖智聪等鼎力支持本书出版，从选题开始，对提纲、初稿、终稿写作进行了专业指导；我院科研处发挥了重要而有效的组织协调作用。在此一并致以诚挚谢意！

粤港澳大湾区文化产业的加速发展对理论研究和实践探索提出了新命题。本书是我院研究团队通力合作产生的集体研究成果，如有纰漏谬误，敬请读者方家教正。我们将沿着文化产业、文化经济发展路径，不懈努力，继续深耕粤港澳大湾区文化经济领域，为助推粤港澳大湾区高质量发展贡献绵薄力量。

广东省社会科学院课题组

2023年10月